PESQUISA CLÍNICA

uma abordagem prática

Dados Internacionais de Catalogação na Publicação (CIP)
(Câmara Brasileira do Livro, SP, Brasil)

Rosa, Eduardo Maffini da
Pesquisa clínica : uma abordagem prática / Eduardo Maffini da Rosa, Edna de Freitas Lopes. -- São Paulo : Ícone, 2011.

Bibliografia.
ISBN 978-85-274-1149-3

1. Clínica médica 2. Ensaios clínicos 3. Evidências 4. Medicina - Prática I. Lopes, Edna de Freitas. II. Título.

CDD-610
10-10910 NLM-WB 100

Índices para catálogo sistemático:

1. Medicina baseada em evidências 610

Eduardo Maffini da Rosa
Edna de Freitas Lopes

PESQUISA CLÍNICA

uma abordagem prática

1ª edição
Brasil – 2011

Revisão técnica
Eduardo Maffini da Rosa

Revisão
Edna de Freitas Lopes
Saulo C. Rêgo Barros
Juliana Biggi

Design de capa
Adriano Oliveski

Miolo e adaptação de capa
Richard Veiga

ÍCONE EDITORA LTDA.
Rua Anhanguera, 56 – Barra Funda
CEP: 01135-000 – São Paulo/SP
Fone/Fax.: (11) 3392-7771
www.iconeeditora.com.br
iconevendas@iconeeditora.com.br

Autores

EDUARDO MAFFINI DA ROSA

Médico cardiologista. Doutor em Medicina (Cardiologia) pelo Instituto de Cardiologia do RS/Fundação Universitária de Cardiologia. Professor do Curso de Medicina da Universidade de Caxias do Sul/Centro de Ciências da Saúde. Coordenador do Instituto de Pesquisa Clínica para Estudos Multicêntricos (IPCEM/UCS). Orientador da Liga Acadêmica de Estudos e Ações em Cardiologia (LAEAC). Coordenador do Curso de Pesquisas Clínicas na modalidade ensino a distância (NEAD/IPCEM/UCS). Autor dos livros *Fármacos em Cardiologia*, Editora Roca, 2010, e *Atualização em Cardiologia 2009*, Editora Ícone.

EDNA DE FREITAS LOPES

Acadêmica do 8° semestre do Curso de Medicina da Universidade de Caxias do Sul. Tutora do Curso de Pesquisas Clínicas na modalidade ensino a distância (NEAD/IPCEM/UCS). Coordenadora de publicações da Liga Acadêmica de Estudos e Ações em Cardiologia (LAEAC). Autora do livro Fármacos em Cardiologia, Editora Roca, 2010, e revisora do livro *Atualização em Cardiologia 2009*, Editora Ícone.

Agradecimentos

Dra.Greyce Lousana;
Prof. Dr. José Roberto Goldim;

Que tão gentilmente nos cederam seu material.

Prefácio

Este é um livro que trata de pesquisa clínica, com enfoque especial na abordagem prática do tema, que, com certeza, não tem a pretensão de esgotar o assunto, mas sim ser uma ferramenta facilitadora do processo de aprendizagem, abordando os tópicos mais relevantes. A proposta inicial deste livro é preencher a lacuna que visualizamos nos materiais e cursos disponíveis até o momento, pois estes, em geral, partem do pressuposto de que o leitor/aluno já tem algum conhecimento prévio sobre o assunto, o que nem sempre é uma verdade. Acreditamos que uma base sólida de conhecimento nos levará a compreender a base racional, estimulando o raciocínio lógico e associativo e diminuindo a possibilidade de que se cometam erros de execução, de julgamento ou de método, para que, por exemplo, as regras e métodos já consagrados não sejam vistos como desnecessários ou meras burocracias, o que tenderia a gerar um não cumprimento ou, ainda, um cumprimento sem a observância e diligência necessárias. Além disso, cremos que somente após compreendermos a correta forma de execução de uma pesquisa clínica é que poderemos analisar com segurança um estudo ou pesquisa que nos é apresentado, pois há algum tempo muito se fala em medicina baseada em evidências, e mais recentemente em saúde baseada em evidências, mas pouco se ensina de efetivo para que consigamos de fato selecionar as melhores e mais confiáveis evidências dentre as milhares disponíveis.

Por fim, nós, autores, esperamos que você ao ler e estudar nosso livro desenvolva um forte interesse pela pesquisa clínica e queira aprofundar seus conhecimentos para, num futuro próximo, ser um profissional que atue junto ao sistema de pesquisa clínica. Boa leitura!

Eduardo Maffini da Rosa
Edna de Freitas Lopes

Índice

Parte 1

INTRODUÇÃO

APLICABILIDADE DOS CONHECIMENTOS GERADOS A PARTIR DESTE LIVRO

Este livro irá lhe proporcionar conhecimentos e informações suficientes para você fazer parte de uma equipe de trabalho em um centro de pesquisa, tendo uma linguagem clara e objetiva, ao mesmo tempo em que irá oferecer ao leitor o conhecimento dos termos técnicos necessários.

O livro tem por objetivo a apresentação do processo de pesquisa clínica, ou seja, como executar um ensaio clínico. À diferença de outras publicações, não iremos nos deter na metodologia científica da elaboração de um projeto de pesquisa, nem nos ateremos às matérias relacionadas à bioestatística e a questões epidemiológicas puras, pois o intuito é apresentar ao leitor a técnica para executar um ensaio clínico.

Nosso livro é dividido em cinco partes. Na primeira parte será abordada a problemática da pesquisa clínica, que por meio de fatos históricos apresentará as dificuldades, os erros e os abusos que ocorreram no passado e que servirão de base para a compreensão dos capítulos sobre legislação, boas práticas clínicas e regulatório.

Na segunda parte do livro será apresentada a nomenclatura peculiar e técnica da pesquisa clínica, básicas de epidemiologia e fases da pesquisa de um novo fármaco para que o leitor tenha facilidade tanto na assimilação como na utilização desse material para consultas *a posteriori*.

Na parte seguinte veremos os aspectos regulamentadores e legais que envolvem a pesquisa clínica, tais como bioética, boas práticas clínicas e a legislação brasileira em vigor.

Na quarta parte será mostrada a aplicação dos conhecimentos prévios, na qual será apresentado todo o processo de início e condução de uma pesquisa clínica em um centro de pesquisa.

A quinta e última parte do livro trará os anexos com modelos de documentos, trabalhados na quarta parte do livro, e os dispositivos legais mais relevantes para a pesquisa clínica. Por fim, o leitor terá a sua disposição um guia com *sites* e livros como sugestões de leitura complementar.

Desejamos a você uma boa leitura e esperamos atender às suas expectativas e necessidades ao procurar esta obra.

APRESENTAÇÃO DO MERCADO DE TRABALHO EM PESQUISAS CLÍNICAS

A pesquisa clínica tem um mercado diversificado e em expansão, em particular no Brasil, onde a pesquisa clínica passa por um processo de crescimento e profissionalização progressivos. Os profissionais que atuam em pesquisas clínicas podem ter diferentes origens de formação: área da saúde, secretariado executivo, administradores, contadores, advogados, setor de transportes, de arquivamento de documentos ou dados digitais, técnicos de informática e *internet*, estatísticos, dentre outros, cada um contribuindo em uma fase do processo de geração de dados, uns mais diretamente que outros, mas todos sendo peças fundamentais do processo.

Direcionando para o setor da saúde, temos pelo menos três grupos de concentração de oportunidades: nos centros de pesquisas, junto aos patrocinadores, ou junto às agências de pesquisas, conhecidas como CROs. Nos centros de pesquisas, as funções de atendimento de consulta, de coordenação de estudo, de coleta de exames e de farmácia. Junto ao patrocinador, compondo a equipe que participa da geração e da implementação do estudo. E com as CROs exercendo os papéis de monitores e gerentes de pesquisas.

FUNDAMENTOS BÁSICOS DA PESQUISA CLÍNICA

CONCEITO DE PESQUISA CLÍNICA

A pesquisa clínica é o conjunto de ações médicas, jurídicas, administrativas, financeiras, estatísticas e regulatórias usado para a geração de dados que respondam a questões específicas referentes a seres humanos. Estas questões podem ser o efeito de uma nova medicação, o efeito de uma medicação numa nova indicação, o efeito a longo prazo de uma cirurgia, de orientações nutricionais ou de educação física, enfim, intervenções realizadas sobre os sujeitos de pesquisa.

A técnica de pesquisa visa à geração de uma informação sólida, que reflita de maneira fidedigna um determinado fato ou medida, ou, ainda, uma relação de causa-efeito. Para que a informação gerada atinja um padrão de prova irrefutável, vários instrumentos epidemiológicos e estatísticos estão disponíveis, como técnicas de randomização, de cegamento, testes estatísticos, etc. E assim a pesquisa clínica é uma ferramenta central no desenvolvimento médico-científico da humanidade.

OS RISCOS E OS BENEFÍCIOS DA PESQUISA CLÍNICA

A pesquisa clínica quando aplicada a novas alternativas de tratamento é realizada de maneira progressiva e fortemente regulada pelas agências de saúde nacionais e internacionalmente pela agência norte-americana (FDA), de tal maneira que todo este aparato de segurança existe para minimizar os riscos de morte ou eventos adversos nos sujeitos de pesquisa. Quando uma medicação recebe a indicação de entrar na fase clínica de avaliação, ela já teve uma trajetória em animais de laboratório e já se tem informações de segurança e benefícios em animais, as quais podem não se confirmar em seres humanos.

A primeira fase do desenvolvimento de um fármaco ou intervenção ocorre com sujeitos de pesquisa sadios e tem por finalidade avaliar especificamente os riscos à saúde causados pelo novo medicamento. As informações geradas nesta fase começam a compor a brochura do produto e, com o desenvolvimento dos estudos, dia a dia, se conhece com mais precisão a segurança do produto e seus benefícios. Uma contribuição que merece destaque especial é o avanço dos sistemas de transporte e comunicação atuais, de tal maneira, que um estudo multicêntrico internacional tem suas informações conhecidas e divulgadas entre os pesquisadores envolvidos num fluxo quase contínuo e instantâneo à medida que são gerados, permitindo a interrupção do teste de uma medicação muito próximo ao momento que começam a surgir os primeiros sinais de risco.

Convivemos diariamente com os benefícios gerados pela pesquisa clínica, como, por exemplo, o aumento da expectativa de vida das pessoas, a redução da mortalidade por patologias, o aumento da capacidade de prevenção das doenças, a detecção precoce de doenças como o câncer, o uso de medidas promotoras de saúde como os alimentos funcionais e medidas que avançam a capacidade física dos atletas frente aos limites nos esportes.

HISTÓRIA DA PESQUISA CLÍNICA

SURGIMENTO DA VIGILÂNCIA SANITÁRIA EM ÂMBITO MUNDIAL

Os primórdios da pesquisa clínica são registrados já no século I a.C., quando os médicos egípcios eram submetidos a julgamentos no caso de desobediência em decorrência a problemas relacionados à segurança dos remédios. O juramento de Hipócrates já fazia referências aos efeitos tóxicos da maioria dos remédios e Aulo Cornélio Celso menciona a preocupação sobre a adulteração de remédios e fórmulas.

Nos países muçulmanos, na Idade Média, com a medicina mais avançada que na Europa, a produção de remédios era atividade submetida à rígida vigilância. As cidades europeias que receberam influência moura passaram a adotar a legislação de regulação da prática médica e na Escola de Medicina de Salerno surgiu a primeira sugestão europeia de farmacopeia.

Em 498, a Associação de Médicos e Apotecários de Florença elaborou a primeira farmacopeia da Europa (*Nouvo Receptario Composto dal Famossisimo Chollegio degli Eximii Doctori della Arte et Medicina della Inclita Cipta di Firenze*). Mas o primeiro registro de normas que regulassem os remédios surgiu na Noruega em 1679. Nos Estados Unidos, só em 1813 que surgiram os conceitos de vigilância sanitária e saúde pública.

Em 1902, após ter ocorrido o desastre em St. Louis, quando num surto de difteria a inoculação de vacina antidiftérica foi feita com contaminação e resultou em dezenas de mortes por tétano, foi promulgada a lei *Biologics Arts.* E em

1906 foi constituído o órgão norte-americano que mais tarde iria dar origem ao FDA (*Food and Drug Administration*), que, em 1910, iria constituir a divisão de fármacos e alimentos, contando com 21 laboratórios de referência e 35 inspetores. Em 1931, se deu a fundação da FDA onde se estabeleceu o modelo mundial para a vigilância sanitária.

SURGIMENTO DA VIGILÂNCIA SANITÁRIA EM ÂMBITO NACIONAL

A atuação da indústria farmacêutica no Brasil teve sua primeira regulação no Decreto n° 20.397 de 14 de janeiro de 1946, que ficou em vigor por 30 anos. A Secretaria Nacional de Vigilância Sanitária (SNVS), do Ministério da Saúde, surgiu em 1976. O Serviço Nacional de Fiscalização de Medicina surgiu em 1942, o qual, em 1957, foi sucedido pelo Serviço Nacional de Fiscalização de Medicina e Farmácia, passando a ser o órgão de normas e fiscalização no setor do País, até a criação da Anvisa em 1999.

A área de pesquisa clínica da Anvisa vinculou-se à gerência de medicamentos novos, pesquisa e ensaios clínicos, sendo um setor decisivo para o controle de produtos farmacêuticos.

HISTÓRIA DA PESQUISA CLÍNICA NO BRASIL

Em 1990, a empresa americana Merck Sharp & Dohme deu início, em nosso País, ao primeiro mega *trial* que avaliou a eficácia de um inibidor da protease destinado a pacientes portadores de HIV/Aids, em 900 sujeitos de pesquisa. A partir do êxito deste projeto, outros foram conduzidos no País.

A primeira intervenção realizada pelo FDA ocorreu em 1996 quando auditou e concedeu os dois primeiros certificados de aprovação a dois centros de pesquisas nacionais. Segundo registros, o primeiro centro de pesquisa clínica, com estrutura voltada a protocolos de pesquisa, surgiu na Universidade Federal de São Paulo em 1996.

A Resolução do CNS n° 196/96 determinou o surgimento dos Comitês de Ética em Pesquisa (CEP) e da Comissão Nacional de Ética em Pesquisa (CONEP), que surgiram em virtude da necessidade de se ter uma regulação específica para a condução de estudos em seres humanos. Em junho de 1999 criou-se a Sociedade Brasileira de Profissionais em Pesquisa Clínica (SBPPC) e, em 2000, foi realizado o I Encontro Nacional de Profissionais em Pesquisa Clínica.

DESENVOLVIMENTO FARMACÊUTICO NO BRASIL

Pode-se dizer que há três fases de desenvolvimento das indústrias:

- **Fase emergente:** surgiu na época do obscurantismo dos antigos formulários das Santas Casas de Misericórdia existentes no Brasil desde o século 18. Sofreu forte influência dos grandes avanços científicos e metodológicos ocorridos no século 19. Caracterizada pela importação de produtos farmacêuticos por grandes concessionários e pelo lento aparecimento de especialidades nacionais.

- **Fase biológica:** surgiu próximo à virada do século 19, período no qual se dá a fundação do Instituto Butantan e do Instituto Oswaldo Cruz concomitantemente ao desenvolvimento de soros e vacinas de ações de saúde pública.

- **Fase da síntese química:** iniciada a partir da descoberta, por Paul Eirlich, do tratamento da sífilis com o Salvarsan, à base de arsênico. Nessa fase se dá a "explosão dos fármacos", durante e depois da Segunda Guerra Mundial, no mundo inteiro aumentando o desnivelamento científico e tecnológico dos laboratórios nacionais e estrangeiros. No fim da Segunda Guerra o País foi invadido por empresas farmacêuticas transnacionais e a inferioridade tecnológica brasileira foi reconhecida. O Decreto n° 4.282 de 16 de dezembro de 1957, que permitia a importação de equipamentos sem taxa cambial, resultou no esmagamento de uma parcela de laboratórios nacionais forçados a realizar fusões.

Parte 2

NOMENCLATURA E CONCEITOS BÁSICOS

Neste capítulo apresentaremos a terminologia técnica objetivando tanto o conhecimento destes termos novos, advindos de diferentes fases da pesquisa clínica, como sua correlação com os aspectos mais relevantes do tema estudado, permitindo que se tenha uma visão mais ampla do assunto e do contexto no qual essa nomenclatura está inserida.

TERMOS EPIDEMIOLÓGICOS

- **Amostragem:** é um grupamento de pessoas gerado a partir de um critério, seja ele sorteio ou uma característica, por exemplo, demográfica, profissional, regional, dentre outras.

- **Cegamento:** procedimento no qual um ou mais participante do estudo, quer seja sujeito de pesquisa ou pesquisador, não tem acesso às designações do tratamento.

- **Comparador:** produto comercializado ou placebo utilizado como referência, ou medida de comparação, em estudos clínicos.

- **Desenho do estudo:** é um diagrama usado para registrar o planejamento do estudo. Existe um código de sinais padronizados e que são utilizados para se fazer este modelo peculiar de comunicação.

- **Desfecho:** é o parâmetro ou conjunto de parâmetros utilizados para medir o efeito do objeto em estudo. Por exemplo, queremos saber o efeito de um novo medicamento para o tratamento da hipertensão arterial sistêmica sobre a mortalidade cardiovascular. Neste caso, a morte por causa cardíaca é o desfecho.

- **Exposição:** é o fator testado. No exemplo acima, o novo medicamento é a exposição. A exposição é o produto investigacional, que é comparado com placebo ou com outra droga com o mesmo fim terapêutico.

- **População:** é o conjunto de indivíduos de uma região ou nacionalidade, ou ainda, com uma característica em comum, como uma doença ou um aspecto fenotípico ou genotípico que será o fator em estudo.

- **Produto sob investigação ou produto investigacional:** é uma forma de apresentação farmacêutica, de um princípio ativo ou placebo, sendo testada ou usada como referência em um estudo clínico.

- **Randomização:** processo aleatório de designação da intervenção a ser aplicada, ao longo de uma pesquisa clínica, ao sujeito de pesquisa.

- **Tamanho amostral:** é o número de sujeitos de pesquisa que devem ser avaliados para que o estudo chegue ao final. O tamanho amostral é calculado tendo em vista vários aspectos, dentre eles o tamanho do efeito do produto investigacional já descrito na literatura, o efeito do comparador, a ocorrência do desfecho na população, o poder do estudo, o número de perdas de sujeitos de pesquisa no decorrer do estudo por motivos alheios aos fatores em estudo, dentre outros. O correto cálculo do tamanho amostral é fundamental, pois se determinarmos um número amostral inferior ao necessário para se evidenciar o potencial do fator em estudo nós não detectaremos o efeito deste fator e, se por outro lado, usarmos um número amostral muito maior do que seria necessário, teremos um aumento de custo e trabalho que podem, em alguns casos, inviabilizar a pesquisa em sua fase de planejamento.

Quadro 1. Simbologia utilizada em pesquisas clínicas

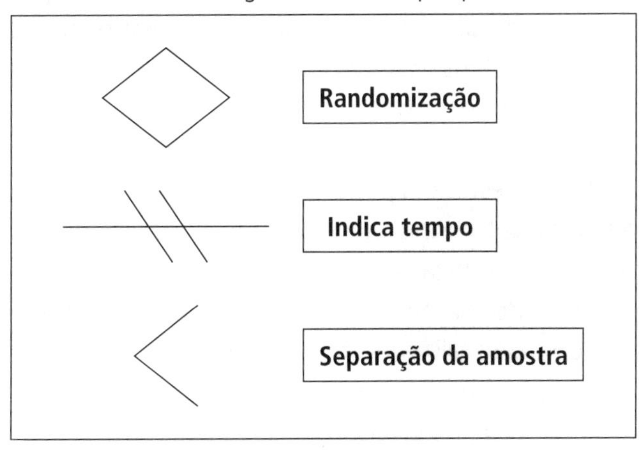

TIPOS DE ESTUDO

É o nome dado para as estratégias epidemiológicas utilizadas no planejamento de uma pesquisa. As características e os tipos de estudo mais comuns são:

- **Estudos clínicos:** investigações objetivando descobrir efeitos farmacológicos, efeitos clínicos, identificação de reações adversas, perfil de absorção, distribuição, metabolização e excreção do produto, objetivando averiguar a segurança e/ou eficácia da droga.
- **Estudos não-clínicos:** estudos biomédicos que não envolvem seres humanos.
- **Estudos de superioridade:** estudos nos quais se tenta provar que uma droga investigacional é superior a outra quanto à eficácia.
- **Estudos de não-inferioridade:** estudos nos quais se tenta provar que uma droga é tão eficiente quanto à outra droga testada. Este tipo de estudo é usado quando a droga já desenvolvida tem uma eficácia plena, mas apresenta limitações ao uso devido aos efeitos colaterais gerados.
- **Estudos multicêntricos:** estudos clínicos conduzidos por um único protocolo, porém, em mais de um centro e, portanto, desenvolvido por mais de um investigador.
- **Caso-controle:** neste tipo de estudo a amostra é composta por sujeitos de pesquisa com a doença, ou a característica objeto de medida, e o controle

é composto por sujeitos sem esta característica ou doença. É utilizado em pesquisas feitas com doenças raras, para determinar quais são os fatores de risco ou as suas características mais frequentes, sendo um grande desafio a composição do grupo-controle a ser utilizado como comparador.

- **Coorte:** neste tipo de estudo a população é dividida em dois grupos, segundo a presença não do fator de risco em estudo, sendo o resultado baseado na comparação da ocorrência da doença nesses dois grupos. Neste tipo de estudo a presença do tempo de exposição ao fator de risco é fundamental, estando indicado para avaliar questões que envolvam determinação de fatores de risco para uma doença. Exemplos de estudo: o efeito do uso do álcool no desenvolvimento de hipertensão arterial sistêmica; o efeito do consumo de alimentos embutidos no surgimento de câncer de intestino; o efeito do uso de luz artificial na ocorrência de osteoporose.

- **Ensaios clínicos:** neste tipo de estudo a população é dividida em grupos, segundo sorteio aleatório, para uso do fármaco ou intervenção em teste. O que fundamenta este tipo de estudo é que a intervenção é aplicada ao sujeito de pesquisa e diferentemente dos demais tipos de estudo aqui vistos, neste a intervenção é um fator determinante, estando indicado para a avaliação de drogas, dispositivos, cirurgias, dietas, orientações e quaisquer tipos de intervenção. Exemplos de estudo: o uso de *stent* recoberto *versus* trombolítico na mortalidade do infarto agudo do miocárdio; o uso de insulina *versus* glibenclamida na ocorrência de retinopatia em pacientes com diabetes.

- **Transversais:** neste tipo de estudo uma população é avaliada segundo um fator comum, geralmente utilizado para descrever a população com uma característica de interesse do investigador. Este desenho de estudo objetiva, principalmente, levantar hipóteses que futuramente serão testadas. Exemplos de estudo: o perfil antropométrico de alunos matriculados nos cursos de saúde de São Paulo; a estatura dos moradores de regiões de baixa renda e escolaridade; a pressão arterial de pacientes com sobrepeso. Indicado para levantar hipóteses.

VIESES

Os vieses são fatores que interferem na capacidade da metodologia científica da pesquisa clínica refletir a verdade sobre os objetos em avaliação. Os vieses podem ter várias origens e meios de apresentação e podem ser gerados a partir do pesquisador no momento da avaliação dos sujeitos de pesquisa, no momento da construção do projeto de pesquisa ou ainda ao fazer a interpretação dos dados. Geralmente, o pesquisador tem sua convicção sobre o que está sendo testado e acaba tendo atitudes tendenciosas frente às diferentes fases de uma pesquisa. O viés pode estar presente na maneira como é formado o grupo de sujeitos de pesquisa ou na maneira como são feitas as mensurações dos eventos e parâmetros de interesse. Outras vezes, fatores subjacentes ao objeto de estudo, que num primeiro momento passam despercebidos, podem determinar o resultado da pesquisa ao invés do produto investigacional.

Para melhor apresentar os tipos de viés vamos partir desse exemplo: faremos uma avaliação de um produto investigacional destinado à redução de peso. O protocolo manda pesar o paciente com a roupa, sendo necessário retirar apenas os sapatos. Os pacientes servirão de controle para eles mesmos. O estudo inicia no verão com uso da medicação, dura seis meses e depois os pacientes irão utilizar por mais seis meses de placebo. O resultado do estudo é baseado na variação do peso no período de uso do produto investigacional e do uso do placebo. O resultado desse estudo foi: o placebo teve efeito superior ao produto investigacional na redução do peso.

Tipos de Viés

- **Viés de seleção:** ocorre no momento da formação dos grupos amostrais, quando as características dos sujeitos de pesquisa de um grupo são diferentes das características do grupo comparador, sendo que esta característica tem que ter o potencial de determinar o resultado da pesquisa. Esse viés pode, por exemplo, ser representado por diferenças na idade quando se avalia a mortalidade e se tem um grupo amostral significativamente mais velho que o outro. Entretanto, esse viés pode se apresentar muito sutilmente, sendo necessário o olhar atento de um especialista na área para identificá-lo, que é o que ocorreria, por exemplo, em um estudo que pretendesse avaliar a capacidade dos diuréticos inibirem o remodelamento cardíaco, neste estudo, o viés está no fato de os diuréticos reduzirem o volume sanguíneo circulante e, portanto, reduzirem o tamanho da cavidade ventricular não por um efeito direto sobre o miocárdio, mas sim por um efeito sobre a volemia. Os vieses de seleção, geralmente, estão apresentados na primeira tabela dos artigos científicos.

- **Viés de confusão:** é representado por fatores com comportamento próprio e próximo à variável em estudo, que tem o poder de determinar o resultado de uma pesquisa, por exemplo, no estudo citado na introdução (produto investigacional destinado à redução de peso), a sazonalidade é um fator de confusão, pois em período de maior frio há aumento da ingesta de alimentos calóricos e uma redução da disposição para a realização de atividades físicas.

- **Viés de aferição:** se apresenta sutilmente e só é identificado se observarmos se o método utilizado para medir o desfecho é realmente fidedigno, se é considerado o padrão-ouro, se tem boa reprodutividade intra e interobservador e se conhecermos quais outros fatores podem interferir no resultado do método. No exemplo da introdução, o viés de aferição está presente na metodologia utilizada na aferição do peso, ou seja, os pacientes no verão usaram menos roupa do que no inverno. A primeira fase do estudo – do verão para o inverno – registrará um aumento de peso, enquanto a segunda fase – do inverno para o verão – registrará uma redução do peso, tudo isso independentemente do efeito das intervenções utilizadas e avaliadas. Este tipo de viés será encontrado, nos artigos científicos, na descrição dos métodos.

Quadro 2. Principais características dos diferentes tipos de estudo

Tipo de Estudo	Como a amostra é dividida	Qual parâmetro é medido	Indicação do estudo	O fator tempo é usado?	É utilizada alguma exposição?
Transversal	Fator	Fator	Geração de hipótese	Não	Não
Caso-controle	Desfecho	Fator em teste	Fatores de risco	Variável	Não
Coorte	Desfecho	Fator em teste	Fatores de risco	Aplicável	Não
Ensaio clínico	Exposição	Desfecho	Teste terapêutico	Aplicável	Aplicável

ORGANIZAÇÃO

- **Código de identificação do paciente:** é um código identificador exclusivo, designado pelo comitê gestor do estudo.

- **Confidencialidade:** garantia de que os dados coletados não serão divulgados a indivíduos que não estejam autorizados a ter acesso a essas informações.

- **Contrato:** acordo escrito, datado e assinado entre duas ou mais partes envolvidas, que dispõe sobre a delegação e a distribuição de tarefas e obrigações.

- **Comitê de coordenação:** comitê organizado pelo patrocinador com o intuito de coordenar a condução de um estudo multicêntrico.

RECURSOS HUMANOS NA PESQUISA CLÍNICA

- **Coordenador do centro:** pessoa designada para assessorar o investigador principal.
- **Investigador-coordenador:** responsável pela coordenação dos investigadores de diferentes centros em um estudo multicêntrico.
- **Investigador:** pessoa responsável por conduzir o estudo clínico em um centro de pesquisa.
- **Subinvestigador:** qualquer membro específico da equipe do estudo clínico, designado e supervisionado pelo investigador do centro de pesquisa.
- **Monitor de pesquisa:** é a pessoa designada pelo patrocinador para assessorar o centro de pesquisa na condução de uma pesquisa clínica, segundo o protocolo proposto e as boas práticas clínicas em vigor.
- **Sujeito de pesquisa:** é a pessoa incluída numa pesquisa clínica para ser avaliada.
- **Testemunha imparcial:** é uma pessoa independente do estudo, ou seja, que não sofre influência da equipe de pesquisa, que acompanha o procedimento do termo de consentimento livre e esclarecido (TCLE) caso o sujeito de pesquisa ou seu representante legal não souber ou não puder ler.
- **Representante legal:** pessoa física, jurídica ou órgão autorizado pela legislação aplicável para consentir, em nome do sujeito de pesquisa, a incluí-lo no estudo clínico.
- **Populações vulneráveis ou sujeitos vulneráveis:** indivíduos pertencentes a grupos especiais, menores de idade e incapazes física e/ou emocionalmente de manifestar seu consentimento, cuja vontade de participar do estudo possa ser indevidamente influenciada pela expectativa, justificada ou não, de benefícios associados à participação ou de uma reação negativa, em caso de recusa, por parte de membros seniores de alguma hierarquia da qual façam parte ou à qual estejam submetidos. Exemplo: população indígena, prisional e militar.

MACRO-ORGANIZAÇÃO DE UM ESTUDO

- **Centro de pesquisa:** local(is) onde usualmente as atividades ligadas ao estudo são conduzidas.

- **Comitê independente de monitoramento de dados:** avalia periodicamente o desenvolvimento de um estudo clínico, os dados de segurança e os limites críticos de eficácia para recomendar ao patrocinador a continuidade, a modificação ou o encerramento do estudo.

- **Organização de pesquisa contratada (CRO):** essa organização é contratada pelo patrocinador para realizar um ou mais de seus deveres e funções relativos a estudos clínicos.

- **Relatório interino de estudo/ensaio clínico:** é um relatório dos resultados intermediários e sua avaliação, baseada em análises realizadas no decorrer de um estudo.

PADRONIZAÇÃO INTERNACIONAL DE CUIDADOS NA PESQUISA CLÍNICA

- **Bem-estar:** é a qualidade da integridade física e mental dos sujeitos envolvidos em um estudo clínico.

- **Boas práticas clínicas (BPC):** padrão de desenho, condução, desenvolvimento, monitoria, auditoria, registro, análise e relatórios de estudos clínicos objetivando assegurar que os dados e os resultados relatados são precisos e possuem credibilidade, bem como os direitos, a integridade e a confidencialidade dos sujeitos de pesquisa estão protegidos.

REGULATÓRIO

- **Aprovação (em relação ao CEP):** é a conclusão afirmativa do CEP de que o estudo clínico foi revisto e pode ser conduzido em um centro de estudo da instituição.

- **Comitê de ética independente:** constituído por profissionais da área médica/científica e membros pertencentes a outras áreas, cuja responsabilidade é garantir a proteção dos direitos, segurança e bem-estar dos sujeitos envolvidos em estudos clínicos.

- **Exigências regulatórias aplicáveis:** legislações e regulamentos referentes à condução de estudos clínicos.

- **Parecer (em relação ao comitê de ética independente):** é a decisão e/ou conselho fornecido pelo CEP.

- **Termo de consentimento livre e esclarecido (TCLE):** é o processo por meio do qual um sujeito voluntariamente confirma sua intenção de participar de um estudo em particular.

DOSSIÊ

- **Brochura do investigador:** é uma compilação dos dados clínicos e não clínicos sobre os produtos sob investigação.

- **Dossiê:** é o conjunto de documentos necessários para que um projeto de pesquisa clínica seja encaminhado para o CEP e às demais instâncias regulatórias.

- **Protocolo:** é o documento que descreve os objetivos, o desenho, a metodologia, as considerações estatísticas e a organização do estudo, além de conter a base e a justificativa para o estudo.

- **Emenda ao protocolo:** é uma descrição escrita das alterações ou esclarecimentos formais que devem ser incluídos no protocolo.

ATIVIDADES DESENVOLVIDAS PELO PATROCINADOR

- **Acesso direto:** permissão para examinar, analisar, verificar e reproduzir quaisquer registros e relatórios que sejam importantes para avaliar o estudo clínico.

- **Ficha clínica:** documento destinado a registrar todas as informações, requeridas pelo protocolo e relatadas ao patrocinador, sobre cada sujeito do estudo clínico.

- **Auditoria:** exame sistemático para avaliar se as atividades relacionadas ao estudo foram conduzidas e se os dados foram registrados, analisados e relatados com total precisão, de acordo com o protocolo, o procedimento operacional padrão, com as boas práticas clínicas e com as exigências regulatórias em vigor.

- **Declaração de auditoria:** declaração dada pelo auditor que confirma a realização da auditoria.

- **Relatório de auditoria:** é avaliação, por escrito, do auditor relatando os resultados da auditoria.

- **Sequência de auditoria:** é a documentação que permite reconstruir o curso dos eventos.

- **Inspeção:** é a revisão oficial, realizada pela autoridade regulatória, de todos os documentos, instalações, registros e quaisquer outros recursos que julgar pertinente.

- **Monitoria:** é a atividade de acompanhamento do progresso de um estudo clínico com o intuito de garantir que este esteja sendo conduzido corretamente.

- **Relatório de monitoria:** é o relatório escrito feito pelo monitor, a ser encaminhado para o patrocinador, após cada visita do estudo e/ou outros comunicados.

- **Relatório de estudo clínico:** é a descrição escrita do estudo, incluindo a descrição clínica e estatística, além das apresentações e análises em um único relatório.

ASPECTOS RELATIVOS À QUALIDADE DE UM CENTRO DE PESQUISA

- **Controle de qualidade:** são as técnicas e as atividades operacionais adotadas para assegurar que todas as exigências de qualidade, relacionadas às atividades do estudo ou aos grupos de controle, sejam atendidas.

- **Garantia de qualidade:** são todas as ações planejadas e sistemáticas realizadas para garantir que o estudo é desenvolvido em conformidade com as boas práticas clínicas e as exigências regulatórias aplicáveis.

- **Procedimentos operacionais padrão (POPs):** são instruções escritas e detalhadas que objetivam gerar a uniformidade de desempenho de uma determinada função.

TERMOS RELACIONADOS À SEGURANÇA DOS SUJEITOS DE PESQUISA

- **Evento adverso:** qualquer sinal ou sintoma desfavorável e indesejável, doença ou trauma temporários que ocorram durante um estudo clínico e que possam estar associados ou não ao uso do produto medicinal em estudo.

- **Reação adversa ao medicamento:** qualquer resposta nociva ou indesejada relacionada ao medicamento em estudo, que ocorre na dose normalmente usada para profilaxia, diagnóstico ou tratamento de doença, ou para modificação de função fisiológica.

- **Reação adversa inesperada à droga:** é uma resposta inesperada, cuja natureza ou severidade não seja condizente com as informações aplicáveis ao produto em estudo.

- **Evento adverso sério:** qualquer ocorrência médica adversa que, em qualquer dose, resulte em morte, represente risco à vida, implique hospitalização do paciente ou resulte em persistente inabilidade/incapacidade significativa.

- **SUSAR ou SIOMS:** relatório padrão para a notificação de eventos adversos.

FASES DE DESENVOLVIMENTO DE UM FÁRMACO

Em busca de drogas com características ideais, que sejam eficazes, seguras, melhorem a qualidade de vida e a segurança, apresentem facilidade de fabricação, custo razoável e possibilidade de administração em seres humanos, pesquisadores de todo o mundo seguem fazendo suas pesquisas para diversos compostos com a finalidade de tratar diferentes doenças.

As características das drogas são investigadas *in vitro* e mais tarde em animais de laboratórios, mas aspectos como eliminação de produtos tóxicos durante o desenvolvimento dos testes de segurança *in vitro* (células ou tecidos) e em animais (alterações genéticas) nem sempre são correlacionados com a administração em seres humanos, em especial quanto aos aspectos como dose e intervalo entre as doses.

Os estudos clínicos foram concebidos para que a investigação de novas drogas possa ser feita, mas que seja mantida a maior margem de segurança possível. Apesar disso, os estudos clínicos apresentam algumas limitações, que fazem com que as características de uma nova droga possam não ser totalmente conhecidas até o fim dos trâmites exigidos para sua aprovação e uso pela população. As principais causas para isso são: o número pequeno de sujeitos expostos, a curta duração da exposição, os critérios rígidos de inclusão e exclusão, a população homogênea com uma única doença, as crianças e os idosos serem geralmente excluídos, os sujeitos não fazerem uso de medicação concomitante nem todos os eventos adversos serem relatados adequadamente. Para exemplificarmos a situação, são necessários 3.000 a 4.000 pacientes sob risco para que tenhamos a chance de 95% de detecção de um evento adverso que tenha incidência de 1:1.000. Após o lançamento no mercado, seguramente, num prazo de semanas este número seria alcançado e um evento adverso até então desconhecido iria aparecer.

Apesar das limitações apresentadas, as fases para investigar o efeito de uma nova droga em seres humanos são:

- **Fase 1:** esta fase se caracteriza pelo uso do produto investigacional em indivíduos sadios e tem por finalidade comprovar o efeito biológico do novo produto, ou seja, verificar se em seres humanos o produto mantém o efeito apresentado na fase pré-clínica. Por exemplo, um produto anti-hipertensivo avaliado quanto a sua capacidade de reduzir a pressão arterial: nesta fase ele seria utilizado em sujeitos de pesquisa normotensos, o número de indivíduos desta fase seria pequeno e o placebo seria o comparador, além disso, os aspectos quanto à segurança também seriam observados.

- **Fase 2:** esta fase se caracteriza pelo uso do produto investigacional em sujeitos de pesquisa portadores da patologia em questão. Além da eficácia, nesta fase se observam as propriedades de biodisponibilidade e biodistribuição, através dos estudos de PK, mas, principalmente, se observam aspectos de segurança.

- **Fase 3:** esta é uma fase que antecede a aprovação da medicação e constituição da bula definitiva. É uma fase na qual o produto investigacional é testado em sujeitos de pesquisa portadores da doença em questão, o comparador frequentemente é o produto líder de mercado e o número de sujeitos de pesquisa é bem maior que nas fases anteriores, algo em torno de 1.000 a 12.000 sujeitos em média. Nesta fase, se avalia o benefício clínico da medicação, que deve ser diferenciado do efeito biológico. Por exemplo, em um produto investigacional anti-hipertensivo seu efeito biológico é reduzir a pressão arterial e isso é avaliado nas fases 1 e 2. Já o efeito clínico seria a avaliação da redução da mortalidade cardiovascular.

- **Fase 4:** esta fase ocorre após a aprovação do produto investigacional pela agência sanitária do país em questão. Um estudo de fase 4 para um país pode ser fase 3 em outro, basta que neste último ele não tenha seu registro na agência de vigilância sanitária. São estudos de posicionamento de receituário ou também chamados de estudos de *marketing*. O produto investigacional é testado e comparado com outras alternativas terapêuticas, objetivando ser superior a estes e ocupar seu espaço no mercado. É incluído um número elevado de sujeitos de pesquisa, algo em torno de 12.000 a 16.000.

Quadro 3. Comparação entre as fases de desenvolvimento de uma nova droga

	Indivíduos	Nº de sujeitos	Comparador	Objetivo	Comercialização
Fase 1	Sadios	10 a 20	Placebo	Efeito	Não
Fase 2	Doentes	50 a 100	Ativo	Segurança e cinética da droga	Não
Fase 3	Doentes	5.000 a 10.000	Ativo	Segurança e eficácia	Não
Fase 4	Doentes	10.000 a 160.000	Ativo	Segurança e posição	Sim

Parte 3

BIOÉTICA EM PESQUISA

O tema central desta seção será a bioética, porém, para falar deste tema tão em voga atualmente precisamos, antes, conceituá-lo, mas também diferenciá-lo de outros temas que constantemente são fatores de confusão e erro. Por isso, não nos manteremos estoicamente centrados no tema objeto desta seção, fazendo, ainda, uma viagem ao longo da história para entendermos não apenas o panorama histórico em que surgiu a bioética, mas o panorama histórico em que surgiu a legislação e os regramentos da pesquisa clínica.

MORAL, ÉTICA E BIOÉTICA

Muito se tem falado em bioética, mas, enfim, o que é bioética? Será que podemos conceituá-la de forma simplista dizendo apenas que é a ética aplicada à vida? A bioética é uma ciência com estatuto próprio ou um movimento de sensibilização social? Quais conceitos estão relacionados à bioética?

A bioética, a ética e a moral são áreas do conhecimento diferentes, mas que em muitos momentos se intercomunicam gerando muita dúvida e confusão. Ambas foram criadas a partir de um denominador comum, que é a interação do ser humano com seu semelhante, que por meio do "contrato social" abandona parte da sua liberdade ao optar pela segurança e facilidade da vida em sociedade, que para ser mantida se vale de regramentos e normatizações.

MORAL

A moral é um sistema de valores e regras que tem por objetivo garantir um convívio harmônico entre as pessoas, independendo de fronteiras geográficas. Para Augusto Comte, a moral consiste em fazer prevalecer os instintos simpáticos (que aproximam os indivíduos) sobre os impulsos egoístas.

Alguns autores afirmam que o direito é um subconjunto da moral, porém, em inúmeras situações fica evidente a existência de conflitos entre a moral e o direito, conforme advertia Abraham Lincoln ao dizer: "Não se esqueça que o que é justo do ponto de vista legal pode não ser do ponto de vista moral".

A moral tem três características básicas:

- Seus valores não são questionáveis;
- É imposta;
- A desobediência às regras pressupõe um castigo (que pode ser, por exemplo, imposto por um juiz se a infringência ao preceito moral também constituir uma infringência a um dispositivo legal, por Deus ou, ainda, pela consciência).

Em 1970, Gert propôs cinco normas básicas:

- Não matar;
- Não causar dor;
- Não inabilitar;
- Não privar da liberdade ou de oportunidades;
- Não privar do prazer.

Atualmente a moral é considerada uma interação entre os juízos de valores individuais e aqueles impostos, ou seja, os sociais ou coletivos.

ÉTICA

A ética é o estudo do que é bom e do que é mau, ela surgiu como uma estratégia para organizar o pensamento sobre a adequação do viver humano. Diferentemente da moral e do direito, a ética não estabelece regras, sendo caracterizada pela reflexão sobre a ação humana e fundamenta-se em três pré-requisitos:

- Percepção dos conflitos: é a consciência;
- Autonomia: é a condição de posicionar-se entre a emoção e a razão, sendo esta uma escolha de foro íntimo (autônomo);
- Coerência.

A ética é o agir próprio do ser humano no exercício de sua liberdade, ou seja, não é uma norma impositiva, são preceitos que orientam a ação, ou melhor, a interação humana. Para ela, a essência é a liberdade, porém, com compromisso e responsabilidade; dessa forma, não se vale de proibições, limitações e normatizações. Para a ética, e, por conseguinte, a bioética, o importante é o desejo livre, soberano e consciente, desde que não invada a liberdade e os direitos de outros indivíduos.

A ética pode ainda ser caracterizada como um conjunto de normas e princípios que regulamentam o comportamento de um grupo determinado de pessoas, como advogados, médicos e psicólogos, sendo um exemplo o Código de Ética Médica.

BIOÉTICA

A bioética é entendida como a procura de um comportamento responsável por parte daqueles que devem decidir tipos de tratamento, de pesquisa ou de outras formas de intervenções relativas à humanidade e ao próprio biossistema terrestre. Pode, ainda, ser definida como uma área de pesquisa que tem por objetivo o exame sistemático da conduta humana no campo da ciência da vida e da saúde, à luz de valores e princípios morais. Sendo assim, a reflexão bioética está muito ligada a questões relacionadas a honestidade, rigor científico, procura da verdade (características consideradas como exigências de boa formação científica), mas também inclui questões que fogem da racionalidade científica e que não constam nos currículos universitários, como a maturidade emocional, que nos permite lidar com emoções conflitantes mantendo o equilíbrio e se adaptando às situações reais e, muitas vezes, não previstas, possibilitando-nos suportar frustrações, buscando novas alternativas e soluções para os problemas enfrentados.

Podemos dizer, de forma resumida, que a bioética trata de questões relacionadas à responsabilidade e à autoridade dos profissionais das áreas biomédicas frente ao direito e ao dever do paciente, bem como das intervenções e limites aceitáveis de certas experiências. A bioética não tem o compromisso de tomar decisões, ela auxilia o responsável por esse processo indicando as diferentes alternativas e suas consequências, por meio da experiência acumulada sobre o problema, não tendo como objetivo apontar uma solução ideal, mas, sim, a melhor solução disponível nas circunstâncias reais.

HISTÓRIA DA BIOÉTICA

O pastor luterano alemão Fritz Jahr, em 1927, foi possivelmente a primeira pessoa a utilizar a palavra *bioética* ao propor uma ampliação das noções dos deveres dos seres humanos, para com outros seres humanos e, também, para com os animais e as plantas. Porém, o início mais aceito data de 1970, época em que o oncologista norte-americano Potter propôs a necessidade de uma relação de equilíbrio entre os seres humanos e o ecossistema, como condição para a manutenção da vida no planeta, interligando, assim, problemas ambientais às questões da saúde. Ele defendia a utilização das ciências biológicas como fator de aperfeiçoamento da qualidade de vida da sociedade.

Potter, acompanhando a evolução das áreas biomédicas ao longo do tempo, fez revisões e adições conceituais a sua tese inicial, subdividindo a bioética em três estágios:

- **Bioética ponte (1970):** recebeu essa denominação em virtude da característica interdisciplinar utilizada como base de suas ideias;

- **Bioética global (1988):** recebeu essa denominação, pois pretendia englobar todos os aspectos relativos à vida, envolvendo a saúde e a questão ecológica;

- **Bioética profunda (1998):** tinha por objetivo resgatar a sua reflexão original.

É importante destacar que Potter manteve, em todas as suas propostas, cinco características fundamentais:

- Ampla abrangência;
- Pluralismo;
- Interdisciplinaridade;
- Abertura;
- Incorporação crítica de novos conhecimentos.

A bioética tem sido dividida em três modalidades gerais:

- **Bioética geral:** se ocupa dos aspectos filosóficos e morais que fundamentam a ética médica e a deontologia;

- **Bioética especial:** analisa tanto os aspectos médicos quanto os biológicos, envolvendo, por exemplo, a engenharia genética, o aborto, a eutanásia e os experimentos clínicos.

- **Bioética clínica:** estuda a situação real da prática médica, estabelecendo um vínculo direto com a ética médica.

Quando se fala em bioética, em geral, o que vem à cabeça são os quatro princípios básicos: autonomia, justiça, beneficência e não-maleficência. Os três primeiros foram criados em 1978 pelo Relatório Belmont e o último em 1979 pelos autores Beauchamp e Childress. Atualmente, além desses preceitos, os pesquisadores que trabalham na construção da bioética têm proposto a adição de novos pilares para balizar a conduta nesse campo, os chamados "4 pês": a) prudência; b) prevenção; c) precaução; d) proteção. Contudo, possivelmente, o modelo referencial mais utilizado atualmente é o do *principialismo*.

EVOLUÇÃO DA EXPERIMENTAÇÃO CIENTÍFICA

É altamente provável que a ciência seja a mais complexa, poderosa e influente das instituições contemporâneas. Desde o seu nascimento nada fez senão se sofisticar, multiplicar e estabelecer parâmetros de existência e validade em todas as dimensões da vida.

O desenvolvimento da ciência em seus diferentes ramos deu-se a partir da ciência experimental. Aceita-se como marco referencial do nascimento da experimentação científica o século XVI, com Galileu (1520-1591), personagem de importância histórica não só pelas descobertas e invenções, mas principalmente pela postura assumida na procura da verdade. Para ele a verdade não deveria ser aceita simplesmente porque os escolásticos ou a igreja afirmavam ser verdade, ela devia ser buscada por meio da experimentação e da observação. Um exemplo foi o questionamento da tese geocentrista aristotélica adotada pela igreja, a partir da sua observação do sistema solar e do postulamento da teoria heliocentrista. Não podemos deixar de citar também Erasistratus (304-258 a.C.) que, na Grécia antiga, foi provavelmente o primeiro a testar experimentos em animais vivos, como nos moldes adotados atualmente.

A partir do século XVII, os médicos já sentiam a necessidade de encontrar métodos e suportes que os auxiliassem na busca de respostas e de orientações para as problemáticas que o cotidiano lhes apresentava. Mas somente no início do século XVIII que o controle de variáveis em um experimento científico, como metodologia, começou a ser amplamente utilizado. Após esse período, a medicina descobre que a incerteza pode ser tratada como a soma de diversos graus de certeza atribuídos a elementos isolados e passíveis de cálculos rigorosos. Essa mudança conceitual foi decisiva, pois por meio dela percebeu-se que cada fato pode ser analisado e (potencialmente) medido, sendo então confrontado a um conjunto ou incluído numa série de acontecimentos. Com o saber probabilístico, a medicina e a clínica renovam internamente seus valores e a visibilidade do campo adquire estrutura probabilística. As ideias de normal e patológico adquirem conotações quantitativas mais do que qualitativas. O saber clínico torna-se assim um saber sobre a doença e não sobre o homem, uma vez que para tomar a doença como objeto de estudo foi preciso tratá-la como um *ente* ou um *ser* com existência própria. Nessa época, a medicina era vista como:

> uma ciência que se ocupa de um objeto muito complicado, abarca uma multidão de fatos bastante variados, opera sobre elementos demasiadamente sutis e numerosos para sempre dar, às imensas combinações de que é suscetível, a uniformidade, a evidência e a certeza que caracterizam as ciências físicas e matemáticas. (C. L. Dumas *apud* FOUCAULT, 1977)

Durante o século XIX, a França tornou-se o maior centro de biologia experimental e medicina, com nomes como Claude Bernard (1813-1878), na fisiologia experimental, e Louis Pasteur (1827-1895), na microbiologia, que contribuíram para a validação do método científico, incluindo o uso de animais. Bernard, considerado o maior fisiologista de todos os tempos, afirmava que o uso de animais para os propósitos científicos era tão adequado quanto o uso para a alimentação e que a pesquisa com animais era necessária para o progresso científico, sendo errado empregar uma nova terapia em humanos sem testá-la antes em animais. Com Bernard, ficam definitivamente constituídos os paradigmas da medicina experimental, iniciados no século XVI com Galileu e Andreas Vesalius (1515-1564), pai da anatomia moderna.

No final do século XIX algumas companhias farmacêuticas começaram a estabelecer pesquisas para desenvolver novos fármacos. Em virtude da expansão e desenvolvimento dessas pesquisas, a partir do século XX, a realização de testes prévios de segurança, e mais tarde de eficácia, em animais começou a ser exigida, iniciando em 1938 com a criação do *U. S. Food, Drug and Cosmetic Act,* sendo o uso de animais dividido em três categorias: pesquisas científicas, testes de produtos e educação. Os testes comportamentais com uso de produtos químicos é o campo onde a utilização de animais é amplamente difundida.

PESQUISA CLÍNICA ENVOLVENDO SERES HUMANOS

Quando se fala em experimentação ou pesquisa com seres humanos, pensa-se quase que exclusivamente nas realizadas no campo da medicina. Contudo, é bom salientar que seres humanos são utilizados em experimentações por pesquisadores de várias áreas, como nutrição, farmácia, fisioterapia, educação física, economia, etc., e, o que é mais grave, muitas vezes não se reconhece seu caráter experimental não sendo, portanto, observadas a metodologia científica e a regulamentação adequadas.

Como vimos anteriormente, a experimentação com seres vivos, sejam eles humanos ou não, tem sido praticada ao longo dos séculos, mas com diferentes padrões técnicos e de controle de qualidade. Sendo assim, a aplicabilidade de novos conhecimentos para o bem da humanidade, por meio da experimentação, deve ser assegurada, mas também devem ser criados mecanismos de controle sobre a experimentação para evitar abusos? Então afinal, quais serão os limites da pesquisa e da intervenção em seres vivos? A ciência precisa de limites?

A ciência precisa de liberdade, sem liberdade ela não existe. Essa é uma afirmação que tem sua porção de verdade, mas não devemos nos esquecer que a ciência abandonada a si mesma e à própria lógica é um animal selvagem e furioso, que em nome da sua liberdade e sobrevivência poderá sacrificar outras dimensões e valores tão importantes quanto à ciência e seu avanço, ou até mesmo superiores a estes, como a vida. A necessidade da criação de mecanismos de controle sobre a experimentação com seres humanos tornou-se aguda quando se tomou conhecimento dos abusos cometidos durante a Segunda Guerra Mundial, decorrentes de *pseudoexperimentos* científicos.

Mas não devemos nos esquecer que a medicina por milênios esteve situada em posição fronteiriça à das religiões, recebendo respeito quase místico; que através da sua benemerência assumiu papel transcendental diante das atividades e das relações humanas. Sendo difícil imaginar a existência de objeto defensável, em procedimentos propostos por essas "autoridades" cercadas de uma aura de bondade, doação e amor ao próximo (filantropia), gerando um elo de profunda confiança. Outro ponto a ser ressaltado é que muitos dos conceitos e princípios que orientam e regulamentam o ato médico nos dias atuais já constavam, no século IV a.C., nos ensinamentos de Hipócrates, o pai da medicina ocidental. Para Hipócrates, o fundamento do raciocínio clínico era um misto de arte e de técnica que poderia ser aprendido e ensinado e que os médicos, sendo capazes de dominá-las, passariam a ter um poder amplo, abrangente e profundo, ditando ordens, normas e regras sobre a vida de outro ser humano. Contudo, esse poder ou competência estaria condicionado a alguns princípios a que o médico deveria se subordinar. Nascia assim um dos primeiros esboços de regulamentação do ato médico e a ideia da relação médico-paciente.

REGULAMENTAÇÃO E NORMATIZAÇÃO EM PESQUISA CLÍNICA

No juramento hipocrático se vê claramente os princípios da não-maleficência, da beneficência e, de certa forma, também o da justiça, quando este diz: "aplicarei os regimes para o bem do doente, segundo o meu poder e entendimento, nunca para causar o mal ou dano a alguém. A ninguém darei, por comprazer, nem remédio mortal nem um conselho que induza à perda..." (*Corpus Hippocraticum*, 450 a.C.). Esses princípios também estão expressos em duas frases atribuídas a Hipócrates: "curar às vezes, cuidar sempre" e "antes de tudo não prejudicar".

Vale salientar que o princípio da beneficência deve ser analisado hoje de maneira mais profunda, indo além do "apenas fazer o bem" como era entendido à época de Hipócrates, acrescentando à reflexão a avaliação dos riscos e benefícios que a pesquisa e/ou intervenção trarão ao paciente.

Epicuro (341-270 a.C.) em seus princípios doutrinários também apresenta raízes indicativas do princípio da não-maleficência quando afirmava: "A justiça não tem existência por si própria, mas sempre se encontra nas relações recíprocas, em qualquer tempo e lugar em que exista um pacto de não produzir nem sofrer dano".

O Código de Hamurabi (1700 a.C.) já apresentava uma nítida preocupação com o bem-estar e a saúde dos pacientes, ao prever sanções para o atendimento prestado impropriamente pelos profissionais da saúde; apresentava também regulamentações que refletiam o princípio da equidade, como quando, por exemplo, determinou que os honorários médicos variassem de acordo com a classe social do enfermo. No seu epílogo, Hamurabi afirma que elaborou esse conjunto de leis "para que o forte não prejudique o mais fraco".

Em 1865, Claude Bernard afirmou que "o princípio da moralidade médica e cirúrgica consiste em nunca realizar um experimento no ser humano que possa prejudicá-lo, mesmo que o resultado seja altamente vantajoso para a ciência, ou seja, para a saúde dos outros".

Os gregos afirmavam que o médico deveria exercer sua competência com amor pelo ser humano e com amor pela técnica médica. E que este, por dominar a técnica e a arte médica, e por ser justo, saberia o que é bom para o seu paciente.

Mas essas boas intenções e os preceitos milenares que buscavam guiar o profissional da área da saúde, em especial o médico, pelo caminho da retidão, empatia e amor ao próximo, não impediram que o famoso cirurgião francês Ambroise Paré (1510-1590) solicitasse ao Rei Carlos IX autorização para testar o valor do afamado antídoto de reconhecida eficácia contra qualquer tipo de envenenamento e melancolia, a *Pedra de Bezoar*, em um prisioneiro condenado à morte por arsênico. Paré assim narrou o experimento: "uma hora depois, fui encontrar o homem de quatro, os olhos e as faces vermelhas, sangrando pelas orelhas e boca". Em 1900, o médico Walter Reed, com o objetivo de testar a eficácia da vacina contra a febre amarela, inoculou em soldados americanos o vírus, durante a guerra dos EUA contra a Espanha, por sorte a vacina mostrou-se eficaz. Em 1963 no Brooklin, em Nova Iorque, células tumorais foram injetadas, sem consentimento, em idosos na tentativa de se criar uma vacina antitumoral. No período de 1961 a 1971, também em Nova Iorque, foi realizado um estudo sobre hepatite viral através da inoculação de vírus em crianças com deficiência mental. O médico Sigmund Rascher, responsável pelo campo de concentração de Dachau, foi um dos pioneiros entre os 350 médicos a se envolver em experimentos com seres humanos durante a Segunda Guerra Mundial. Ele afirmou à época: "sou, sem dúvida, o único que conhece por completo a fisiologia humana, porque faço experiências com homens e não ratos".

Diante de tantos fatos aterradores, o mundo se viu na obrigação moral de criar medidas para impedir que novas brutalidades como essas fossem repetidas no futuro. Lembrando apenas que, em 1931, a Alemanha estabeleceu de forma pioneira uma legislação que controlava rigidamente os experimentos com seres humanos, sendo esse o primeiro dispositivo legal a tornar obrigatório o uso do consentimento informado, a divulgação de todos os experimentos, a proibir a utilização de moribundos e a impedir a obtenção de qualquer vantagem monetária; sendo considerado mais rigoroso que o Código de Nuremberg. Essa lei permaneceu vigente durante toda a Segunda Guerra, porém, os experimentos nos campos de concentração não foram enquadrados nela, pois os ciganos, judeus, poloneses e russos não tinham a condição de seres humanos reconhecida pelos alemães.

O Código de Nuremberg, criado em 1947 em resposta ao clamor do período pós-guerra, como resultado do julgamento de 23 pessoas, desses 20 eram médicos, dos quais apenas sete foram condenados à morte. Essa regulamentação foi considerada um marco histórico, pois pela primeira vez um documento visando à preservação da dignidade e da integridade do sujeito de pesquisa ganhou repercussão internacional. Algumas determinações desse código:

- Uma pesquisa clínica deve ser conduzida por pessoas capazes e sem incorrer em riscos acima da importância da doença em estudo e sempre com base em experimentos prévios conduzidos em animais.
- O grau de risco a ser suportado nunca deverá exceder o que está determinado pela importância humanitária do problema a ser resolvido pelo experimento.
- Nenhum experimento deve ser iniciado quando há uma razão *a priori* para acreditar que morte ou dano incapacitante ocorrerá; exceto, talvez, naqueles experimentos em que os médicos experimentadores também sirvam de sujeitos de pesquisa.

- Deve-se evitar todo sofrimento e/ou injúria física ou mental ao voluntário de pesquisa.
- No ensaio clínico, os participantes deverão dar o seu consentimento voluntário (atualmente conhecido como TCLE).

Em 1964, a Associação Médica Americana lançou a Declaração de Helsinque, como um reflexo da bula papal (Carta Encíclica *Mater et Magistra*, 1961, Papa João XXIII) que analisa aspectos morais envolvendo a pesquisa com seres humanos, e do incidente com a talidomida (1962). Essa declaração tinha como objetivo gerar uma reflexão sobre os aspectos éticos envolvidos na pesquisa com seres humanos, constituindo um reforço aos termos do Código de Nuremberg, dando início a uma discussão mundial sobre a adequação das formas de utilização de seres humanos em pesquisas. É importante notar que a Declaração de Helsinque recomenda que um médico, com competência clínica, seja o responsável pelos indivíduos submetidos aos experimentos, devendo garantir o bem-estar destes. Além dessa determinação, estabelece que:

- O processo médico baseia-se na pesquisa, devendo alicerçar-se, em parte, em pesquisa envolvendo seres humanos.
- A preocupação pelos interesses do indivíduo deve prevalecer sobre os interesses da ciência ou da sociedade.
- Será interrompida qualquer investigação na qual se verifique que os riscos sobrepõem-se aos benefícios.
- A participação em estudos de experimento é livre e voluntária, sendo a consciência do voluntário sobre os propósitos, riscos e benefícios da pesquisa indispensável.

Essa declaração foi revisada em outras oportunidades. A penúltima revisão, realizada na Escócia em 2000, restringiu o uso do placebo aos estudos envolvendo patologias que apresentem baixa mortalidade ou pequeno desconforto, sendo o placebo substituído pelo tratamento padrão vigente, como modelo de comparação. A última revisão ocorreu em 2008, estando a Declaração de Helsinque em sua 7ª versão.

Em 1978, uma comissão oficial constituída pelo congresso americano elaborou o Relatório Belmont, que introduziu ao campo da bioética três princípios básicos ligados à pesquisa com seres humanos, que pautariam a conduta e a análise dos problemas nas áreas biomédicas. Em 1979, Beauchamp e Childress lançaram as bases das Correntes Principialistas da Bioética ao introduzir um quarto princípio básico aos já existentes, englobando, assim, além das pesquisas biomédicas, o campo da prática clínica e assistencial, que devem ser respeitados de forma relativa e não absoluta, devendo ser cumpridas, a menos que entrem em conflito, numa situação particular, com outro princípio de igual ou maior porte. Dessa forma, podem, quando há conflito, estes ser ponderados ou priorizados:

- **Princípio da autonomia:** diz respeito à soberania do indivíduo sobre as decisões que toma, isto é, o indivíduo tem o direito de agir de acordo com os próprios julgamentos e convicções, decidindo se participa ou não do estudo proposto. Essa decisão, para ser válida, deve seguir algumas premissas básicas, que deverão constar no TCLE:
  a) **Informação:** o participante deve receber informações claras e detalhadas quanto à natureza da pesquisa, seus objetivos, riscos e benefícios, além dos procedimentos a que será submetido caso aceite participar;
  b) **Compreensão:** refere-se à capacidade de compreender e avaliar as informações recebidas; do contrário, como ocorre, por exemplo, com crianças e deficientes mentais, deverá ter um responsável legal com capacidade de avaliar a situação, que será quem tomará a decisão de incluir ou não o sujeito na pesquisa;
  c) **Voluntariedade:** a participação deve ser totalmente voluntária, devendo, portanto, o TCLE ser obtido de forma livre, evitando-se qualquer tipo de relação de poder (como a que pode ocorrer, por exemplo, com presidiários, estudantes e funcionários das áreas biomédicas, militares das Forças Armadas, religiosos) que possa influenciar a decisão, pois estes podem ter sua voluntariedade e autonomia reduzidas, sendo enquadrados como grupos vulneráveis. Não se podem realizar experimentos em que todos os sujeitos, ou a maioria, pertençam a esse grupo;
  d) **Confidencialidade:** é a garantia do resguardo à privacidade, ao sigilo da identidade, imagem e dos dados dos sujeitos envolvidos na pesquisa.

- **Princípio da justiça:** todos os participantes devem ter direito a receber o melhor tratamento possível, com igual razão risco-benefício, não sendo possível utilizar tratamento reconhecidamente superior para uns e inferior para outros. Esse princípio está associado à equidade na distribuição de tratamento e benefícios e, também, ao dever de proteger as pessoas vulneráveis;

- **Princípio da beneficência:** esse princípio engloba uma dupla obrigação, a de não causar danos e a de ampliar o número de possíveis benefícios, reduzindo os prejuízos. Na prática, implica usar todas as habilidades e conhecimentos técnicos a serviço do paciente, não sendo admissível que, em nome de um possível benefício à humanidade, cause-se dano a um só indivíduo;

- **Princípio da não-maleficência:** segundo esse princípio, não é aceito que um voluntário possa, de modo previsível, ser lesado no ensaio. É considerado o princípio fundamental da ação hipocrática.

Habitualmente a avaliação dos riscos envolvidos no projeto é relacionada apenas aos indivíduos pesquisados, não sendo realizada qualquer consideração em relação aos pesquisadores e trabalhadores envolvidos; no entanto, esses princípios devem ser estendidos a *todas* as pessoas que possam vir a ter alguma relação com a pesquisa.

Em 1988, o FDA, lançou o Guia de Boas Práticas Clínicas *(Good Clinical Practices – GCP),* que é um conjunto de critérios e procedimentos que buscam assegurar a confidencialidade e a consistência dos dados, além da proteção à integridade dos interesses dos participantes do experimento. Esse documento foi aos poucos adotado por vários países, até que, em 1995, a Organização Mundial da Saúde divulgou uma versão consolidada, na qual são apresentados procedimentos que buscam garantir estudos confiáveis e eticamente corretos. Esse documento enfatiza que todos os procedimentos legais deveriam ser especificados e divulgados em um meio oficial de comunicação, para que não houvessem dúvidas da responsabilidade inerente ao Estado.

Também em 1988 surge, no Brasil, a Resolução nº 01/88 do Conselho Nacional de Saúde (CNS), estabelecendo normas para a pesquisa na área da saúde. Porém, esse documento não alcançou a adesão almejada, sendo, em 1996, lançada a Resolução nº 196/96, do CNS, aprofundando aspectos envolvendo a ética em pesquisa, tendo por base o principialismo. Essa resolução criou a Comissão Nacional de Ética em Pesquisa (CONEP), como instância de acreditação e controle dos Comitês de Ética em Pesquisa (CEP), que tiveram sua importância enfatizada. Surgiu a partir da premissa de que a enorme biodiversidade e o patrimônio genético brasileiros devem ser preservados para o futuro. Esse documento está progressivamente sendo detalhado em diferentes áreas temáticas, recebendo regulamentação específica. As primeiras foram: pesquisas envolvendo fármacos, medicamentos, vacinas e testes diagnósticos novos (Resolução nº 251/97); pesquisas coordenadas do exterior ou com participação estrangeira e pesquisas que envolvam remessa de material biológico para o exterior (Resolução nº 303/2000) e pesquisas em populações indígenas (Resolução nº 304/2000). As demais áreas temáticas especiais são: genética humana; reprodução humana; equipamentos, insumos e produtos médico-farmacêuticos novos ou não registrados no País; novos procedimentos ainda não avaliados na literatura científica.

A partir da Resolução nº 196/96 a realização de projetos de pesquisas clínicas no País passou a ser vista sob outro ângulo, tanto pelos pesquisadores quanto por indústrias farmacêuticas, que passaram a investir mais tempo e recursos no desenvolvimento de pesquisa com fármacos.

Essa resolução definiu, entre outras coisas, o que é:

- **Pesquisa:** classe de atividade cujo objetivo é desenvolver ou contribuir para o conhecimento generalizável. O conhecimento generalizável consiste em teorias, relações ou princípios, ou no acúmulo de informações sobre as quais estão baseados, que possa ser corroborado por métodos científicos aceitos de observação e inferência.

- **Pesquisa envolvendo seres humanos:** pesquisa que, individual ou coletivamente, envolva o ser humano, de forma direta ou indireta, em sua totalidade ou partes dele, incluindo o manejo de informações ou materiais.

- **Consentimento livre e esclarecido:** anuência do sujeito da pesquisa e/ou de seu representante legal, livre de vícios (simulação, fraude ou erro), dependência, subordinação ou intimidação, após explicação completa e pormenorizada sobre a natureza da pesquisa, seus objetivos, métodos, benefícios previstos, potenciais riscos e o incômodo que esta possa acarretar, formulada em um termo de consentimento, autorizando sua participação voluntária na pesquisa.

Afirma, ainda, que *"todo procedimento de qualquer natureza envolvendo o ser humano, cuja aceitação não esteja consagrada na literatura científica, será considerada como pesquisa e, portanto, deverá obedecer às diretrizes da presente resolução"*; e que as conclusões que se pretende obter por meio de experimentos com seres humanos devem, antes, ter esgotado todas as possibilidades de obtenção por meio da utilização de simulações, modelos animais ou culturas de células.

AVALIAÇÃO ÉTICA DE PROJETOS DE PESQUISA

A ética médica não surgiu com o objetivo de preservar prerrogativas corporativas, mas, sim, como uma forma de proteger e garantir a observância dos direitos e a segurança dos pacientes; sendo assim, a avaliação ética de projetos é reflexo desse desejo, buscando proteger os indivíduos envolvidos na pesquisa de práticas científicas abusivas. Para isso, se vale de três preceitos básicos:

- **Relevância:** avalia a importância da pesquisa, pois esta deve trazer vantagens significativas para os sujeitos de pesquisa e para a população em geral.

- **Geração de conhecimentos:** característica básica de qualquer atividade de pesquisa.

- **Exequibilidade:** é a demonstração da potencialidade real do projeto a ser reproduzido, exigindo adequação, tanto da metodologia empregada, quanto dos aspectos éticos.

Os projetos devem estar adequados às normas vigentes, pois um projeto inadequado acarreta riscos e custos sem que seus resultados possam ser realmente utilizados; para isso devem observar, além das orientações e normatizações citadas, os seguintes critérios, para serem considerados válidos: a) relação risco-benefício; b) minimização dos riscos; c) seleção equitativa dos indivíduos; d) TCLE; e) privacidade e confidencialidade; f) armazenamento de material biológico; g) monitoramento da segurança e dos dados obtidos ao longo da pesquisa.

CONSIDERAÇÕES FINAIS

Diante do exposto, fica clara a angústia e a ânsia que motivaram a busca por um modelo de tomada de decisões que pudesse nos apontar um norte diante de questões e dilemas que envolvem a vida e o bem-estar de nossos semelhantes. A pesquisa em saúde está em constante ampliação, tanto em termos de abrangência, quanto em complexidade. Esse desenvolvimento gerou e gera um crescente questionamento ético sobre os métodos e procedimentos empregados. As normatizações e regulações sobre o tema são muitas, diferindo, em alguns casos, de país para país, mas podemos observar entre essas diretrizes alguns pontos de similaridade, tais como: a) a necessidade de obtenção do TCLE; b) a preservação da integridade dos participantes; c) os princípios da beneficência e não-maleficência.

Nosso objetivo principal ao traçar o panorama histórico da bioética e dos vários aspectos relacionados à pesquisa clínica, sobretudo a pesquisa envolvendo seres vivos, é mostrar que as regulações, os preceitos e os ensinamentos sempre existiram, mas, no final, somos nós quem decidimos qual caminho seguir, qual escolha fazer. Claro, não devemos nos esquecer de que para cada ação teremos uma reação (consequência), mas no final das contas a decisão cabe a nós, e não à legislação, não queremos dizer com isso que devemos rasgar todos os diplomas legais, não, longe disso; queremos apenas salientar que a nossa conduta e a nossa preocupação devem estar voltadas para preceitos éticos e humanistas sólidos, que estes, automaticamente, irão nos conduzir pelo caminho indicado e almejado pelos juristas, que é o da harmonia e do bem-comum, em que repousa a solidariedade. Até mesmo porque todo sistema criado para facilitar, regular, instruir e auxiliar, seja em que área for, é um sistema criado por nós, seres humanos e, por isso, sujeito a falhas e erros, mas cabe a nós, ao menos, tentar minimizar esses erros e falhas. Por isso, sei que muitas vezes pode ficar repetitivo e enfadonho dizer que as respostas "certas" para as nossas dúvidas e angústias, enquanto estudiosos e futuros profissionais da saúde, podem estar em muitas pesquisas e estudos que facilmente temos acesso, mas nelas também podem estar contidas as respostas "erradas", sendo *nossa* a tarefa de selecionar as evidências com qualidade suficiente para pautar nossa conduta e desconsiderar as demais, pois a bioética não vai dar as respostas, não vai tomar as decisões por nós, será um elemento a mais, de reflexão, na busca de uma solução.

LEGISLAÇÃO

A legislação brasileira tratou de pesquisa clínica primeiramente em 1988, com a Resolução nº 01/88, do Conselho Nacional de Saúde (CNS). Antes desta, na verdade, existia a Lei nº 6.360/76 e o Decreto nº 79.094/77 do Congresso Nacional que regulamentavam alguns pontos relacionados à importação de drogas destinadas à pesquisa clínica e que não tinham registro no Brasil. Em 1996, a publicação da Resolução nº 196/96 do CNS e outras que a complementam, particularmente a Resolução nº 251/97 do CNS, é que se começou a consolidar uma legislação brasileira sobre pesquisa clínica.

A legislação brasileira para pesquisa clínica é fundamentada nos principais documentos internacionais sobre pesquisas em seres humanos, tais como a Declaração dos Direitos Humanos (1948), a Declaração de Helsinque (1964 e suas versões posteriores), o Acordo Internacional sobre os Direitos Civis e Políticos (ONU, 1966, aprovado pelo Congresso Nacional Brasileiro em 1992).

As propostas de Diretrizes Éticas Internacionais para Pesquisas Biomédicas envolvendo Seres Humanos e as Diretrizes Internacionais para Revisão Ética de Estudos Epidemiológicos dão sustentação ao surgimento dos Comitês de Ética em Pesquisa e a Comissão Nacional de Ética em Pesquisa (CONEP).

Em 1988, a Portaria nº 911, da Secretaria Nacional de Vigilância Sanitária Pública, elencou quais são os documentos e procedimentos necessários para a aprovação de protocolos de ensaios clínicos no Brasil, contemplando e complementando as atividades previstas pela Lei nº 6.360/76, servindo para todos os estudos conduzidos com quaisquer produtos sobre vigilância sanitária.

Em 1996, foi promulgada a Resolução nº 196, que trata das responsabilidades e atribuições do investigador, do patrocinador e do sujeito de pesquisa, do TCLE, do protocolo de pesquisa, da criação dos CEPs e da integridade dos voluntários.

Esta é a resolução estruturante, pilar da legislação brasileira em pesquisa clínica e o verdadeiro marco regulatório na pesquisa clínica.

Em 1997, a Resolução n° 251 define as normas de pesquisa para a área temática com novos fármacos, medicamentos, vacinas e testes diagnósticos. Definições de pesquisa de fase I, II, III, IV e novas indicações, combinações ou vias de administração de produtos já registrados, responsabilidades do pesquisador, arquivo, relatórios periódicos e finais para o CEP e a CONEP.

A Lei n° 9.782/99, do Congresso Nacional, cria o Sistema Nacional de Vigilância Sanitária e a Agência Nacional de Vigilância Sanitária (Anvisa).

Em 1999, a Resolução n° 292, do CNS, passou a regulamentar as pesquisas coordenadas do exterior, ou com participação estrangeira, em pesquisas que envolvam remessa de material biológico para o exterior.

Em 2004, a Anvisa legisla a RDC n° 219 para regulamentar a elaboração de dossiê para a obtenção de comunicado especial (CE) para a realização de pesquisa clínica com medicamentos e produtos para a saúde. Uma resolução também importante para a pesquisa clínica foi a Resolução n° 347, de 2005, que aprova as diretrizes para a análise ética de projetos de pesquisa que envolvam armazenamento de materiais ou uso de materiais armazenados em pesquisas anteriores.

A tramitação de projetos de pesquisa multicêntricos no sistema de Comitês de Ética em Pesquisa (CEPs e CONEP) foi regulamentada pela Resolução n° 346/2005 do CNS. Ela cria a figura do *centro coordenador* ou do *primeiro centro* e determina que o protocolo em primeiro lugar dê entrada no SISNEP/CEP que o analisa e emite um parecer consubstanciado para a CONEP. Essa resolução vem trazer agilidade ao processo quando determina que apenas o primeiro protocolo deva ser submetido à CONEP, pelo centro coordenador, devendo este encaminhar aos demais centros o mesmo protocolo, os quais deverão enviar para seu CEP local, que tem autonomia para não aprovar o dossiê, apesar de este ter sido aprovado pela CONEP.

Em 2007, a Resolução n° 370 do CNS estabelece critérios para o registro e o credenciamento de novos CEPs institucionais, definindo as condições mínimas de funcionamento.

Somente em 2008, através da RDC n° 39, é publicado o Regulamento para a Realização de Pesquisa Clínica, revogando, ainda, a RDC n° 219/04 e trazendo importantes inovações para a aprovação de protocolos de pesquisa no Brasil. Desvincula o aspecto ético da pesquisa (CEP/CONEP) do aspecto de proteção sanitária (segurança e eficácia) e permite a aprovação única para todos os centros envolvidos em um protocolo de pesquisa clínica. Considera a aprovação do licenciamento de importação (LI) juntamente com o CE.

No ano de 2008, a Anvisa publicou duas resoluções que são de fundamental conhecimento ao pesquisador nacional:

A Resolução RDC nº 39, art. 1º: aprova o regulamento para a obtenção do comunicado especial único para a realização de pesquisa clínica em território nacional. Nela se encontrará toda a documentação necessária para o encaminhamento à Anvisa:

- **Anexo I:** regulamento para a elaboração de dossiês e obtenção de comunicado especial para a realização de pesquisa clínica com medicamentos em território nacional;
- **Anexo II:** formulário de declaração de responsabilidade e compromisso do patrocinador;
- **Anexo III:** formulário de solicitação de anuência em licenciamento de importação;
- **Anexo IV:** formulário de petição em pesquisa clínica 1;
- **Anexo V:** formulário de petição em pesquisa clínica 2;
- **Anexo VI:** formulário de apresentação do estudo;
- **Anexo VII:** formulário da estimativa do quantitativo de produtos a serem importados;
- **Anexo VIII:** formulário de declaração de responsabilidade e compromisso do investigador.

E, por fim, a Resolução RDC nº 81, que traz o Regulamento Técnico de bens e Produtos Importados para fins de Vigilância Sanitária.

BOAS PRÁTICAS CLÍNICAS

O objetivo do Manual da ICH (Conferência Internacional de Harmonização) é fornecer um padrão unificado para a União Europeia, o Japão e os EUA, para facilitar a aceitação mútua de dados clínicos pelas autoridades dessas jurisdições. Ele deve ser seguido sempre que forem gerados dados de estudos clínicos para apresentação às autoridades regulatórias.

PRINCÍPIO DA BOA PRÁTICA CLÍNICA

Os estudos clínicos devem ser conduzidos com ética, cumprir as normas das boas práticas clínicas (BPC) e as exigências regulatórias e devem ter bases científicas sólidas e descritas em protocolos aprovados pelo CEP. Devem trazer mais benefícios que riscos aos envolvidos, bem como o direito, a segurança e o bem-estar do sujeito devem estar acima dos interesses da ciência e da sociedade. Além disso, deve haver informação clínica e não-clínica adequada e disponível sobre um produto sob investigação e confidencialidade.

Os profissionais devem ser academicamente qualificados, treinados e experientes. Todas as informações sobre o estudo devem ser registradas e arquivadas, deve ser concedido consentimento livre e esclarecido, por escrito, a cada sujeito de pesquisa. Deve haver a implementação de sistemas com procedimentos que assegurem a qualidade dos aspectos do estudo.

COMITÊ DE ÉTICA EM PESQUISA

- **Documentos do CEP:** Protocolo/emenda, TCLE por escrito e suas atualizações, procedimentos para o recrutamento de sujeitos, brochura do investigador, informações de segurança, pagamentos e indenizações disponíveis aos sujeitos, documentação das qualificações do investigador (*curriculum vitae*).

- **O CEP deve revisar os estudos em um tempo razoável e documentar seu parecer e as datas por escrito para:** aprovação, modificações necessárias, reprovação e término.

- **Funções:** revisão contínua de cada estudo em andamento, garantia de que os documentos tratem dos assuntos éticos e satisfaça às exigências regulatórias, revisão da quantia e da forma de pagamento realizado aos sujeitos de pesquisa, sendo que esses pagamentos devem ser prefixados e escritos no TCLE e não devem depender do fato de o sujeito participar até a conclusão do estudo. Deve manter registros escritos de suas atividades por no mínimo três anos após a conclusão do estudo e seguir os procedimentos operacionais, devendo tomar as decisões em reuniões marcadas com antecedência e com a presença de um *quorum* mínimo.

- **Composição:** deve ter um número razoável de membros qualificados e experientes (mínimo de cinco membros, sendo, pelo menos, um de caráter não-científico e, ao menos um, independente da instituição). Os membros poderão convidar especialistas externos para fornecer assistência qualificada.

INVESTIGADOR

Deve ter qualificação acadêmica, treinamento, experiência e tempo suficiente para conduzir o estudo, devendo estar familiarizado com o produto sob investigação, conhecer e cumprir as normas de BPC e exigências regulatórias aplicáveis. Deve permitir monitoramento pelo patrocinador e uma lista de pessoas qualificadas, às quais tenha delegado tarefas importantes.

Deve garantir ao paciente que todos os cuidados médicos para efeitos adversos sejam proporcionados e informar seu médico particular da participação no estudo. Informar ao CEP qualquer mudança no estudo e todos os documentos necessários. Deve obedecer ao protocolo assinado e ao contrato, não implementando nenhuma alteração, porém, pode-se implementar esse desvio, visando eliminar um risco aos sujeitos de pesquisa e devem ser apresentados ao CEP patrocinador e autoridades regulatórias.

Responsabilidades do Investigador

- **Produto sob investigação:** é responsável pela contabilidade do produto utilizado no estudo, devendo designar um farmacêutico ou um responsável para a função. Este deve manter os registros de recebimento dos produtos, do inventário, do uso por cada sujeito de pesquisa, da devolução do produto não utilizado, das datas, das quantidades, dos números de série, da validade e do código de cada produto. Além disso, deve haver registros de que os sujeitos de pesquisa receberam as doses especificadas no protocolo e a estes deve ser explicada a forma correta de utilização do produto, checando periodicamente se está sendo utilizado corretamente.

- **TCLE:** devem ser aprovados pelo CEP antes da aplicação e revistos sempre que haja novas informações, devendo estas serem comunicadas aos sujeitos de pesquisa. O sujeito não pode ser influenciado ou coagido a participar da pesquisa e deve receber todas as informações necessárias por parte do investigador. Caso o paciente não saiba ler, deve haver uma testemunha imparcial durante toda a discussão dos termos relativos ao TCLE.

- **Conteúdo do TCLE:** a finalidade do estudo, as intervenções/tratamentos do estudo, os procedimentos, a randomização, as responsabilidades do sujeito de pesquisa, os aspectos do estudo que são experimentais, os riscos, os benefícios, os tratamentos alternativos disponíveis, a indenização, a antecipação do pagamento, as despesas previstas, a participação voluntária, a confidencialidade da pesquisa, as informações sobre as alterações, os contatos das pessoas envolvidas, as razões pelas quais o paciente pode sair do estudo, a duração e o número de sujeitos envolvidos.

- **Registros e relatórios:** o investigador deve certificar-se da precisão dos dados relatados ao patrocinador. Alterações nas fichas clínicas devem ser datadas, rubricadas e justificadas e os documentos devem ser conservados. Há um contrato entre patrocinador e investigador sobre os dados financeiros. Todos os eventos adversos sérios devem ser notificados ao patrocinador, ao CEP e às autoridades regulatórias detalhadamente, exceto aqueles identificados no protocolo ou em outro documento. Para notificar óbitos, o investigador deve fornecer todas as informações adicionais solicitadas pelo patrocinador.

- **Encerramento prematuro do estudo:** deve informar os sujeitos de pesquisa, garantir a terapia e o acompanhamento apropriado aos sujeitos. Quando encerrado pelo investigador, deve-se informar o CEP e o patrocinador detalhadamente. Se encerrado pelo patrocinador, o investigador deve informar o CEP e a instituição detalhadamente. Se encerrado pelo CEP, o investigador deverá informar a instituição e o patrocinador detalhadamente.

Brochura do Investigador

É uma compilação de dados clínicos e não-clínicos sobre o(s) produto(s) sob investigação relevantes ao estudo do(s) produto(s) em seres humanos. Deve conter: a) página de título; b) declaração de confidencialidade; c) índice; d) resumo (informações físicas, químicas, farmacêuticas, farmacológicas, toxicológicas, farmacocinéticas, metabólicas e clínicas significativas disponíveis); e) introdução; f) propriedades da formulação; g) estudos não-clínicos (resultados de todos os estudos relevantes de farmacologia, toxicologia, farmacocinética e de metabolismo do produto sob investigação devem ser fornecidos de forma resumida, podem incluir espécies testadas, número e sexo dos animais, dose, administração, distribuição sistêmica e resultados); h) efeitos em humanos (biodisponibilidade, farmacocinética, segurança e eficácia, experiência de comercialização, resumos dos dados).

PATROCINADOR

É responsável pela implementação e manutenção da garantia de qualidade por meio dos POPs, do estabelecimento de acordos impressos com as partes envolvidas, do controle de qualidade aplicado em cada estágio do manuseio de dados, visando gerar confiabilidade aos dados, deve designar um grupo médico e de profissionais qualificados para assessorar os problemas do estudo.

Responsabilidades do Patrocinador

- **CRO:** é responsável pela implantação da garantia e controle de qualidade, mas a responsabilidade final continua sendo do patrocinador. As obrigações e funções transferidas a estes devem ser feitas por escrito e todas as referências dadas ao patrocinador servem também a um CRO.

- **Gerenciamento de estudo, manuseio de dados, arquivamento de registros:** profissionais qualificados ou um comitê independente para manejar dados, conduzir as análises estatísticas e preparar os relatórios de estudo. No manuseio de dados eletrônicos de estudos e/ou sistemas eletrônicos, ou dados de estudo a distância deve-se: certificar e documentar o processamento de dados, comparar os dados e as observações originais com os dados processados, usar códigos de identificação não sujeitos à ambiguidade, todos os documentos devem ser retidos conforme as normas do país de aprovação ou no mínimo por dois anos. Se houver interrupção o patrocinador deve notificar todos os investigadores e as autoridades regulatórias e as autoridades apropriadas, como solicitado pelas exigências regulatórias aplicáveis.

- **Seleção do investigador:** o patrocinador é responsável pela seleção do investigador, este deve ser qualificado por treinamento e experiência, devendo possuir recursos adequados. A este deve ser fornecido o protocolo e a brochura do Investigador.

- **Indenização:** no caso de queixas o patrocinador deve proporcionar um seguro ou indenização ao investigador e deve considerar os custos de tratamentos dos pacientes no caso de lesões.

- **Confirmação de revisão pelo CEP:** o patrocinador deve obter junto ao investigador/instituição o nome e o endereço do CEP e do investigador, a confirmação quanto a sua organização e operacionalização segundo as normas de BPC, legislação e regulamentos aplicáveis, aprovação do CEP documentada, modificações no protocolo e no TCLE.

- **Produto sob investigação:** é responsável pelo fornecimento dos produtos em estudo para o investigador, não devendo fornecê-lo até que tenha recebido toda a documentação requerida. Deve, ainda, assegurar que a entrega do produto em estudo, ao investigador, seja feita dentro do prazo, manter registros que documentem tudo e um sistema que garanta a recuperação e a administração. Manter estabilidade do produto, informações de segurança, relatório de reações adversas e demais relatórios.

- **Acesso aos registros:** deve ter livre acesso aos documentos do investigador, conferir o consentimento do paciente e a avaliação do produto sob investigação, notificar todos os centros envolvidos e realizar o relatório de reação adversa para todos os centros envolvidos.

- **Monitoria:** ter certeza de que o protocolo está sendo seguido, selecionar e qualificar os monitores que devem saber tudo sobre o estudo, sendo responsabilidade dos monitores as seguintes atividades: atuar como meio de comunicação, verificar as instalações, a equipe e os equipamentos dos centros, verificar o produto sob investigação (armazenamento, materiais, pacientes que recebem, a dose utilizada, uso, devolução e documentação, produtos não utilizados) e as funções da equipe do centro, verificar todos os documentos do centro, checar o CRF, os eventos adversos, as medicações concomitantes, os teste e os exames, comunicar quaisquer desvios do protocolo, das BPC e dos POPs.

- **Procedimentos de monitoria:** deve seguir os POPs estabelecidos pelo patrocinador, submeter um relatório escrito ao patrocinador, incluindo um resumo do que o monitor analisou e as suas declarações.

- **Auditoria:** a finalidade de uma auditoria realizada pelo patrocinador, a qual é separada da monitoria de rotina ou das funções relacionadas ao controle de qualidade, é a de avaliar a condução do estudo e a adesão ao protocolo, aos POPs, às BPC e às exigências regulatórias aplicáveis. O patrocinador deve indicar profissionais que sejam independentes dos estudos e qualificados, não devendo ser rotineiras e ao final se deve fazer um relatório de auditoria.

- **Não-adesão:** a não-adesão ao protocolo, aos POPs, às BPC e/ou às exigências regulatórias pelo investigador/instituição ou pelos membros da equipe do patrocinador deve ensejar uma ação imediata do patrocinador, no sentido de garantir o cumprimento dessas regras. Se a monitoria identificar descumprimento sério, deve-se encerrar a participação no estudo e notificar imediatamente às autoridades regulatórias. Se houver o não-cumprimento, o patrocinador deverá encaminhar relatórios às autoridades regulatórias.

- **Estudos multicêntricos:** deve garantir que todos os investigadores conduzam o estudo em estrito cumprimento ao protocolo aceito pelo patrocinador, que as CRFs sejam elaboradas para coletar os dados necessários em todos os centros, que as responsabilidades sejam documentadas, que haja seguimento dos protocolos e que a comunicação entre os investigadores seja facilitada.

PROTOCOLO DO ESTUDO CLÍNICO E EMENDAS AO PROTOCOLO

- **Informações gerais:** título, número de identificação e data, nome e endereço do patrocinador, do monitor, do médico e dos laboratórios clínicos, nome e título das pessoas autorizadas a assinar pelo patrocinador.

- **Informações de base:** produto sob investigação, achados de estudos clínicos e de estudos não-clínicos já existentes, riscos e benefícios potenciais para seres humanos, descrição e justificativa para a via de administração, dosagem, regime de dosagem e períodos de tratamento, declaração de que o estudo será conduzido conforme a lei, descrição da população a ser estudada, referências à bibliografia e aos dados que embasam o estudo, objetivos e finalidade do estudo.

- **Desenho do estudo:** a credibilidade dos dados do estudo depende substancialmente do desenho do estudo, da declaração dos *endpoints* primários e secundários, do diagrama, dos procedimentos e tipo de desenho, de randomização, a duração esperada da participação de um paciente e a descrição da sequência e da duração de todos os períodos do estudo, das "regras para a interrupção do estudo", dos procedimentos de contagem de produtos sob investigação, da manutenção dos códigos de randomização do tratamento do estudo e da quebra dos códigos, da seleção, da retirada, da inclusão, da exclusão, do tratamento dos pacientes e dos procedimentos para monitorar o cumprimento das regras pelo paciente, da avaliação da eficácia e da segurança estatística, do procedimento para a contabilidade dos dados ausentes, da seleção dos pacientes a serem incluídos, do controle de qualidade e da garantia de qualidade, da ética e da descrição das questões éticas relacionadas ao estudo.

TERMO DE CONSENTIMENTO LIVRE E ESCLARECIDO

Uma vez que o paciente é pré-selecionado pelo médico e passa por uma consulta explicativa sobre o protocolo do estudo, este irá assinar um termo de consentimento livre e esclarecido, o TCLE, que é um documento que informa e esclarece o sujeito de pesquisa sobre o protocolo ao qual ele irá ou não participar, de maneira que ele possa tomar sua decisão de forma justa e sem constrangimentos. É uma proteção legal e moral do pesquisador e do pesquisado, visto que ambos assumem nele as suas responsabilidades. A linguagem do TCLE deve ser bastante clara e de fácil acesso, para que possa ser compreendido pelo sujeito, situação essa que deve ser avaliada pelo pesquisador, o qual deve sempre certificar-se de que o termo de consentimento foi realmente entendido. É vetado a qualquer pessoa exercer influência sobre a decisão do sujeito, devendo este sempre ter livre escolha em participar ou não da pesquisa. É importante que o sujeito assine o TCLE em duas vias e leve uma para casa.

Pela legislação brasileira o TCLE é o documento que garante ao sujeito de pesquisa o respeito aos seus direitos e é por meio dele que pode ser feita uma análise ética da pesquisa. A sua aplicação é imprescindível, exceto em casos que é impossível localizar o pesquisado, como, por exemplo, dados a serem coletados de um arquivo, prontuário, ou quando não seria ético identificar, de forma alguma, o sujeito. Em qualquer outra circunstância, o TCLE deve ser aplicado, mesmo quando o pesquisado é menor de idade ou não pode ler nem compreender o que está escrito.

Toda obtenção do TCLE deve ser registrada em documento-fonte pelo pesquisador, que deve retratar toda a forma de obtenção, desde a maneira com que o termo foi aplicado, que as dúvidas do paciente foram sanadas, a forma de explicação, se o paciente teve uma consulta prévia para que o protocolo fosse explicado, se uma cópia foi levada para casa, é de suma importância registrar a versão do TCLE utilizada na aplicação, pois é por meio desse registro que se vai ter a informação no caso de uma nova versão aprovada pelo CEP. O pesquisador deve assinar e datar o registro no prontuário e esse deve ser o primeiro tópico a ser escrito, seguido por todos os outros procedimentos reservados para aquela visita, conforme previsto no protocolo.

Todo e qualquer procedimento, como obtenção de informações para o prontuário, aferição de sinais vitais e coletas de amostras biológicas, por exemplo, só podem acontecer depois de o sujeito e de o pesquisador terem assinado o TCLE.

O TCLE é o documento mais importante no processo de salvaguarda do ser humano participante de uma pesquisa clínica e deve conter, como itens básicos, os seguintes tópicos:

- **Citação expressa de que o presente estudo envolverá uma pesquisa.** Isto para que o sujeito tenha ciência de que está participando de uma pesquisa e qual é ela. Para que ele decida se quer ou não fazer parte desse ensaio.

- **A finalidade do estudo.** Para que o sujeito saiba quais são os objetivos do ensaio no qual ele participará, por exemplo, se é um tratamento inovador para determinada patologia; se há conhecimento de que a droga em estudo possa, por ventura, proporcionar uma possível cura; se é apenas um tratamento da doença, ou se é voltado apenas para melhorar a qualidade de vida, etc.

- **O(s) tratamento(s) do estudo e a probabilidade de designação aleatória para cada tratamento.** No caso da existência de dois ou mais tipos possíveis de tratamento, o paciente deve ser informado da probabilidade de receber qualquer um desses, que podem conter a droga do estudo, um medicamento já comercializado ou até mesmo placebo, em combinação ou não. Sendo que as possibilidades do regime de tratamento devem estar listadas no TCLE.

- **Os procedimentos a serem seguidos no estudo, incluindo todos os procedimentos invasivos.** Dentro dos procedimentos, deve-se abordar qual a duração do estudo, a existência de uma seleção, da ocorrência do fim do tratamento após um determinado período e que, se for o caso, mesmo após o tratamento será realizado um acompanhamento. Nesse tópico, as coletas de amostras biológicas devem estar informadas, quando aplicável, bem como a necessidade da realização de alguns exames no decorrer do estudo.

- **As responsabilidades do sujeito de pesquisa.** São todas as condutas a serem adotadas para o bom andamento do estudo, como, por exemplo: comparecer às consultas agendadas, permitir a coleta de dados e amostras, realizar os exames necessários, preencher os documentos pertinentes ao estudo específico (diários, questionários, etc.).

- **Os aspectos do estudo que são experimentais.** O sujeito deve sempre saber até que ponto a pesquisa é experimental, por exemplo, se a droga utilizada apresenta bons resultados no tratamento de uma patologia e está sendo estudada em outra; ou se a droga foi estudada apenas em laboratório e em animais de pesquisa, não sendo, até o momento, utilizada em seres humanos, enfim, todo e qualquer aspecto experimental relacionado ao protocolo em si, não somente ao produto investigacional.

- **Os riscos ou inconveniências razoavelmente previsíveis para o sujeito e, quando aplicável, para o embrião, feto ou lactante.** Sempre os riscos são aqueles que já foram observados em ensaios anteriores com a droga em estudo, mas sempre é importante ressaltar que eles não se restringem somente aos conhecidos, pois pode haver a ocorrência de eventos adversos inesperados. É necessário que todos sejam bem detalhados.

- **Os benefícios razoavelmente esperados.** Quando não existe nenhuma intenção de benefício clínico ao sujeito, este deverá ser informado. Os benefícios podem compreender a melhora na situação da doença, melhora da qualidade de vida, ou até mesmo não ter um benefício conhecido, mas sempre o sujeito deve ter acesso a todas as informações conhecidas a esse respeito.

- **O(s) procedimento(s) ou tratamentos alternativos que podem estar disponíveis ao sujeito, com seus benefícios e riscos potencialmente importantes.** Lembrando que todo tratamento para determinada patologia, que possa beneficiar o tratamento do sujeito de pesquisa, deve ser informado, para que possa optar pelo tratamento já disponível ou pela pesquisa. Sempre devendo ser levado em consideração o bem-estar do sujeito.

- **A compensação e/ou os tratamentos disponíveis ao sujeito, na ocorrência de lesões/danos relacionados ao estudo.** O sujeito deve ser informado que há um seguro, obrigatório para todo e qualquer estudo a ser realizado, que cobrirá danos porventura causados pelo protocolo de pesquisa. Lembrando sempre que todo caso é analisado para saber a causa do dano, principalmente para que outras pessoas não sejam afetadas.

- **O pagamento prefixado ao sujeito, caso existente, pela sua participação no estudo.** De acordo com a legislação brasileira é proibido qualquer pagamento para a participação de sujeitos de pesquisa. Reembolsos são permitidos, porém, pagamentos por participação não.

- **Despesas previstas, caso existam, para o sujeito pela sua participação no estudo.** Toda e qualquer despesa que o paciente tenha em função do estudo e que seja, ou não, passível de reembolso deve ser informada.

- **A participação do sujeito é voluntária, e este poderá recusar-se a participar ou retirar-se do estudo a qualquer momento, sem ocorrência de multas ou perda de benefícios aos quais ele tenha direito.** Todo sujeito de pesquisa é livre para participar, não participar e desistir de participar de qualquer estudo clínico. É imprescindível que o paciente seja informado desse direito. A decisão de deixar o estudo pode acontecer a qualquer momento e por qualquer motivo.

- **O(s) monitor(es), o(s) auditor(es), o CEP/CEI e as autoridades regulatórias terão acesso direto aos registros médicos originais para a verificação dos procedimentos do estudo clínico e/ou dados, sem violar a confidencialidade do sujeito, como permitem as leis e regulamentos aplicáveis que, ao assinar o formulário de consentimento informado, o sujeito ou seu representante legal estará autorizando esse acesso.** Todo sujeito de pesquisa deve ser informado e deve consentir que as pessoas relacionadas ao estudo tenham acesso às informações e divulgações dos dados obtidos, claro, sempre preservando a sua integridade. Cabe ao centro de pesquisa disponibilizar todos os documentos originais de pesquisa para conferência desses dados.

- **Os registros que identificam o sujeito serão confidenciais como permitem as leis e regulamentos aplicáveis, não sendo de acesso público.** Caso os resultados sejam publicados, a identidade do sujeito continuará sendo confidencial. Toda pesquisa deve ser publicada, esse é um compromisso que o patrocinador assume. Porém, a identidade do paciente sempre deve ser preservada, em qualquer circunstância.

- **O sujeito de pesquisa, ou seu representante legal, será informado com antecedência, caso surjam novas informações que possam ser relevantes à determinação do sujeito em continuar ou não na pesquisa.** Todo centro recebe, do patrocinador, periodicamente relatórios de eventos adversos relacionados à droga em estudo, que podem ser do estudo da fase corrente no centro, ou de outras fases anteriores, mas que podem estar ocorrendo ao mesmo tempo. O paciente deve ser informado para decidir sua permanência no estudo. O paciente deve, também, ser informado de qualquer tratamento que possa porventura vir a trazer benefícios para este.

- **Pessoas a serem contatadas para a obtenção de mais informações sobre o estudo e os direitos do sujeito participante do estudo, bem como contatos a serem feitos na eventualidade de lesões/danos relacionados ao estudo.** É de extrema importância que todo sujeito tenha dados de quem e como contatar em caso de emergência.

- **As circunstâncias e/ou as razões previsíveis pelas quais a participação do sujeito no estudo possa ser encerrada.** O sujeito deve ser informado que pode ser retirado do estudo a qualquer momento e, também, que o estudo pode ser interrompido pelos órgãos competentes ou pelo patrocinador. O que pode ocorrer por uma baixa aderência por parte do paciente, por muitos eventos adversos, por interdição da Anvisa, CEP ou CONEP, dentre outros.

- **Duração esperada da participação do sujeito no estudo.** O sujeito precisa ser informado da duração da sua participação no estudo, pois esse pode ser um tópico a influenciar a sua decisão de participar ou não.

- **Número aproximado de sujeitos envolvidos no estudo.** Para que cada sujeito de pesquisa saiba quantas outras pessoas serão pesquisadas, é de suma importância que ele tenha noção de que existem outras pessoas participando do mesmo estudo e de quantas serão necessárias.

Assim como existem tópicos importantes a serem abordados, existem também casos específicos de participação; dessa forma, é imprescindível que a equipe que irá conduzir o estudo esteja bem treinada e informada para resguardar a segurança dos sujeitos.

- **Crianças e adolescentes:** para todo participante com até seis anos de idade, são os pais, ou representantes legais, que assinam o TCLE. De 7 a 12 anos, o TCLE é assinado pelos pais ou representantes legais, e o participante deve ser informado da sua participação verbalmente, claro, que no limite da sua capacidade de compreensão. Já no caso de adolescentes entre 13 e 17 anos é preciso que dois termos sejam elaborados, um para os pais, ou representantes legais, e outro para o sujeito.

- **Sujeitos que não podem ler nem assinar o TCLE:** nestes casos pede-se que um representante legal assine, essa situação deve ser registrada em prontuário, para que se saiba o motivo de o sujeito não ter assinado o TCLE. Pede-se também que a impressão digital do pesquisado seja colhida, como forma de garantia que ele estava presente na apresentação do termo e que está ciente dos seus direitos, deveres e da pesquisa em si. Pede-se uma testemunha imparcial, que assinará o TCLE também, para garantir que não houve coação para a participação do sujeito e de que este tomou conhecimento de todo o TCLE.

- **Sujeitos que não podem compreender o TCLE:** pede-se que em casos especiais, de portadores de doenças mentais, por exemplo, que não podem compreender os aspectos do TCLE, que um representante legal assine na presença de uma testemunha. Sempre visando a segurança do sujeito e que a pesquisa ocorra sempre de forma ética.

O TCLE deve sempre ser assinado por ambas as partes envolvidas, pesquisador e pesquisado. Sempre deve ser colocada a data e a hora da obtenção das assinaturas, para que esteja comprovado que o sujeito assinou o termo junto com o pesquisador. Se houver rasura, ou um dado inconsistente, pede-se que uma observação seja escrita no TCLE, de preferência pelo paciente, mas se não for possível, que ele ou o representante legal assinem. No caso de um dos termos não conter a mesma informação que o outro, por exemplo, data, hora ou assinatura, pede-se que uma cópia correta seja anexada junto ao item que tem o campo em branco ou incorreto, mas nunca este deve ser preenchido posteriormente. Lembrando, mais uma vez, de que todo e qualquer procedimento deve ser descrito em documento-fonte.

Quem deve aplicar o TCLE é o pesquisador, é ele quem deve estar presente no momento das assinaturas, porém, nada impede que haja uma pré-explicação ao sujeito por um membro da equipe do centro. Em auditorias é comum encontrar discrepâncias no termo, como, por exemplo, datas e horários inconsistentes. O registro no prontuário não deve ser feito pelo mesmo pesquisador que assinou o termo, canetas diferentes devem ser usadas na coleta das assinaturas. No caso de o paciente não colocar a data e/ou a hora, esta deve ser preenchida por um membro do centro.

O TCLE é um documento de responsabilidade do investigador; assim sendo, ele tem autonomia para criar o seu modelo padrão e encaminhá-lo para que o patrocinador siga esse mesmo padrão. É sempre importante ressaltar que os centros, normalmente, recebem os TCLEs prontos, porém, caso alguma informação não esteja em conformidade com a legislação local, o investigador principal poderá ser responsabilizado, pois é sua a tarefa de fazer a verificação de todos os documentos antes de encaminhá-los para o CEP e durante todo o estudo.

A obtenção do TCLE, de todos os participantes do experimento, é um dever moral do pesquisador. Nunca é demais salientar que a sua redação deve ser adequada ao nível de compreensão dos participantes, devendo ser vista como uma garantia de que a participação é efetivamente voluntária. O sujeito de pesquisa é quem decide se participará ou não, podendo, ainda, a qualquer momento retirar o seu consentimento e, assim, não participar mais da pesquisa. Ele deve saber sempre dos seus direitos, nada pode ser omitido, pois só assim se terá uma pesquisa bem conduzida e ética. É de bom-tom que o pesquisador busque sempre saber o motivo da desistência, para que se tenha um registro completo, porém, o sujeito não é obrigado a informá-lo.

DIREITOS DO SUJEITO DE PESQUISA

- **Privacidade (anonimato):** as informações pessoais dos sujeitos de pesquisa não podem ser divulgadas sem sua autorização. Uma vez incluído numa pesquisa clínica, o sujeito de pesquisa será identificado por suas iniciais, data de nascimento e por um código específico para cada estudo.

- **Esclarecimento:** ele deve ser informado sobre todos os procedimentos a que será submetido caso aceite em participar do estudo, e suas dúvidas devem ser esclarecidas antes de assinar o TCLE e sempre que solicitado. Lembrando que é um direito do sujeito de pesquisa expor suas dúvidas e é um dever do pesquisador esclarecê-las.

- **Informação:** o sujeito de pesquisa deve ser informado do andamento do estudo clínico e também de seu resultado.

- **Autonomia:** ele tem a liberdade para decidir se quer participar, sendo que seu modo de pensar, suas crenças e costumes devem ser respeitados.

- **Recusa inócua:** isto quer dizer que não haverá punição caso a pessoa decida não participar do estudo.

- **Desistência:** mesmo após a concordância em participar do estudo, o sujeito de pesquisa pode sair do estudo a qualquer momento, sem penalidades ou prejuízos.

- **Indenização:** o sujeito de pesquisa deverá se indenizado por qualquer dano sofrido por causa do estudo.

- **Ressarcimento:** o sujeito de pesquisa será reembolsado de gastos em decorrência do estudo clínico (como transporte para realizar as consultas e exames previstos no protocolo). Não pode haver despesas pessoais para o sujeito de pesquisa em qualquer fase do estudo, incluindo exames e consultas.

- **Acesso ao investigador e ao Comitê de Ética em Pesquisa:** o sujeito de pesquisa deve saber quem é o investigador e qual é o CEP responsável pela avaliação do estudo. O sujeito de pesquisa deve ter a possibilidade de poder fazer contato com o CEP e com o pesquisador sempre que julgar necessário.

- **Salvaguarda de integridade:** a saúde do indivíduo vem em primeiro lugar. Nenhum estudo clínico deverá ser realizado caso possa prejudicar o sujeito de pesquisa, mesmo que seja altamente vantajoso para a ciência. O investigador deve interromper qualquer estudo clínico no qual os riscos superem os benefícios.

Parte 4

CENTRO DE PESQUISA

CONCEITO

Um centro de pesquisa é uma organização composta de estrutura física e condições funcionais que permita que seja conduzido um estudo clínico segundo as recomendações nacionais e internacionais de boas práticas clínicas e, especialmente, que ofereça segurança ao sujeito de pesquisa.

DEMANDAS DE UM CENTRO DE PESQUISA CLÍNICA

Um centro de pesquisa deve estar apto a receber visitas de qualificação da parte de patrocinadores ou de CROs, ter suporte jurídico para contratação, ter um Comitê de Ética em Pesquisa que exerça a regulamentação dos atos de pesquisa, ter controle dos materiais, medicamentos e documentos que recebe, ter condições de armazenamento de medicamentos e suprimentos, fazer atendimento médico, coleta de sangue, processamento das amostras, envio para o laboratório central, preenchimento de CRFs, monitorias e auditorias.

INSTALAÇÕES BÁSICAS

Um centro de pesquisa deve estar preparado para atender a uma série de demandas que são inerentes à boa condução de estudos clínicos e deve estar em harmonia com as exigências regulatórias vigentes da Agência Nacional de Saúde. Desse modo, para um centro de pesquisa ambulatorial é indispensável que existam os seguintes espaços:

- **Sala para a guarda de documentos:** esta sala deve ter acesso restrito, devendo ser preferencialmente mantida fechada. No seu interior devem estar armários chaveados, à prova de fogo, incêndio ou insetos. Nesta sala serão guardados os contratos, os termos de consentimento assinados, os documentos-fontes dos pacientes e os documentos do estudo.

- **Sala para a guarda de medicamentos ou farmácia:** esta sala deve ter acesso restrito, de preferência ser chaveada e no seu interior devem ser mantidos armários chaveados contendo o produto investigacional. A temperatura da sala deve ser registrada diariamente e pode ser necessário que esta receba equipamentos para manter a temperatura ambiente dentro dos limites das recomendações do produto investigacional. Esta sala também pode conter geladeira(s) ou congelador(es) para conservar as medicações injetáveis.

- **Sala para a guarda de suprimentos:** esta sala é destinada a receber os *kits* de coleta de amostras sanguíneas e de outros fluidos, anticoncepcionais, protetores solares, materiais de transporte e outros materiais e insumos que são complementares à droga de estudo. Também deve ter acesso restrito e, fundamentalmente, controle rígido de entrada e saída dos materiais.

- **Sala de coleta de amostras:** esta sala se destina à coleta de sangue e é composta de cadeira, local para apoiar o braço, uma mesa para apoio do material de coleta e lixeiras adequadas para o descarte do material utilizado.

- **Sala de processamento de amostras:** esta sala costuma ser um anexo da anterior e nela encontra-se a centrífuga para o processamento das amostras. Esta sala também é utilizada para manter o material que aguarda pelo transporte para o laboratório central.

- **Sala de exames complementares:** esta sala se destina a exames como eletrocardiogramas, espirometrias, eletroencefalogramas, eletroneuromiografias, ecografias, dentre outras.

- **Salas de consultas:** são consultórios compostos de escrivaninha, cadeiras e uma mesa de exames. Os equipamentos básicos que compõem esta sala são o negatoscópio, o esfigmomanômetro, o estetoscópio e a balança.

- **Sala de espera:** destinada para os pacientes aguardarem a consulta ou algum procedimento. Deve conter cadeiras, acesso a banheiros e ser bem ventilada e iluminada.

- **Banheiros:** devem atender às normas sanitárias da Anvisa para organizações de saúde.

- **Secretaria:** tem por finalidade atender às demandas documentais e de comunicação de um centro de pesquisa e, por isso, deve possuir computadores conectados à internet, telefones, fax, impressoras e escâner.

- **Local para monitoria:** é destinado ao monitor, quando em visita ao centro de pesquisa, para verificação dos documentos-fontes. Esta sala deve conter mesas e acesso a telefone e internet banda larga.

- **Recepção:** fica junto à sala de espera e se destina a receber e orientar os pacientes quanto aos procedimentos que serão realizados a seguir. É composta de um balcão e cadeiras.

Ambientes complementares, mas também importantes, seriam salas de reuniões e copa, vestiários para os funcionários e refeitório.

Para a condução de estudos que necessitem de estrutura hospitalar, como estudos com drogas injetáveis ou doenças agudas, como o infarto agudo do miocárdio, é necessário que o centro de pesquisa esteja localizado dentro de um hospital, ou que tenha acesso facilitado a serviços como unidade de tratamento intensivo, carro de parada e leitos com suporte de oxigênio e ar comprimido.

ORGANIZAÇÃO FUNCIONAL

Um centro de pesquisa deve estar organizado para atender às demandas regulatórias, próprias do protocolo em questão e inerentes à pesquisa clínica. Além desses, funcionalmente, um centro deve estar preparado para ser apresentado a uma equipe de estudos e oferecer um fácil acesso, ou seja, ter um *site* próprio que faça uma apresentação das características do centro, conta de *e-mail*, número telefônico e fax. Quando recebe o primeiro contato-convite para uma pesquisa, o centro já deve ter investigadores para os quais possa encaminhar este convite para análise e preenchimento. Deve dar preferência a pesquisadores que manifestem interesse, preparo e compromisso com a atividade. Ao investigador selecionado é apresentado um termo de confidencialidade, o qual deve ser lido com atenção, assinado e datado. Após o envio deste termo de confidencialidade ao proponente, este envia uma sinopse e um questionário de qualificação, que avalia os aspectos relacionados ao pesquisador, ao centro e aos demais agentes envolvidos. Ao assinar o termo de confidencialidade, o pesquisador dá início a um longo processo, que pode durar de seis meses a um ano, até receber a visita de iniciação e dar início ao estudo propriamente dito.

Quanto aos profissionais necessários, a função de secretariado é fundamental durante toda a participação do centro na pesquisa, fazendo um fluxo de documentação e informações seguras. A do farmacêutico é indispensável, pois este realiza o controle, o recebimento, a dispensação, o retorno e a devolução do produto investigacional. A função da enfermagem, junto à coleta de amostras, exames complementares e acompanhamento do sujeito de pesquisa, dá segurança à condução do estudo. Finalmente, o papel do investigador principal, além de fazer o registro fonte, avaliar e cuidar do sujeito de pesquisa, deve zelar para que todo o processo envolvido na pesquisa clínica aconteça dentro da previsão do protocolo.

FORMAÇÃO DE EQUIPE DE TRABALHO

Uma equipe de pesquisa bem constituída é fundamental para dar bom andamento ao estudo, esta deve ter capacidade e agilidade no atendimento a situações adversas. No nosso entender, a equipe de pesquisa deve ser formada por profissionais de diferentes áreas, tais como:

- **Médicos:** atuam como investigadores principais ou subinvestigadores.
- **Enfermeiros:** atuam como coordenadores de estudos e assessoram a consulta de pesquisa e os procedimentos complementares junto ao sujeito de pesquisa.
- **Farmacêutica:** atua no recebimento, acondicionamento, dispensação e retorno da droga investigacional.
- **Contador:** é o membro da equipe que avalia os orçamentos, sendo responsável pelo cálculo dos tributos e o controle financeiro do centro. Além disso, é

dele a tarefa de expedir os registros e alvarás necessários para o funcionário do centro de pesquisa, tais como registros de saúde e localização, registro junto à CONEP e Anvisa e CNPJ.

- **Advogado:** assessora quanto aos contratos de serviço.
- **Secretária executiva:** é responsável pela comunicação do centro com o meio externo e toda a sua organização burocrática.

SERVIÇOS DE SUPORTE

Os serviços de suporte são desde o Comitê de Ética em Pesquisa, até os convênios com lancherias/cantinas para o fornecimento do lanche para os pacientes, ou empresas de coleta de lixo, guarda de documentos e prestadores de exames diagnósticos.

FASE INICIAL DE ESCOLHA DE UM CENTRO DE PESQUISA

Uma pesquisa multicêntrica internacional inicia, para um pesquisador-colaborador de um centro de pesquisa convidado, por meio de um convite de interesse. Este pode ser feito via contato telefônico ou por *e-mail*. O pesquisador, tendo interesse em participar de uma pesquisa dessa magnitude, receberá um termo de confidencialidade (TC), o qual deverá ser assinado e datado para dar início ao conhecimento do teor da pesquisa. Após ter lido com atenção e assinado o TC, o pesquisador receberá a sinopse da pesquisa. Nela há um resumo do estudo, com especial foco no perfil do sujeito de pesquisa e no tipo de intervenção que será realizada. Na sequência, o pesquisador irá receber o questionário chamado *Feasibility*, cujas questões objetivam a coleta de dados referentes às características e capacidades de pesquisa do centro. Após a entrega do questionário, a CRO irá marcar uma visita de qualificação, na qual o monitor irá avaliar a viabilidade de condução da pesquisa no centro, bem como verificar as informações respondidas no *Feasibility*. A partir desta visita de qualificação, o centro receberá a confirmação de sua participação, ou não, no estudo. Toda essa fase dura, em média, três meses.

FASE REGULATÓRIA E DE CONTRATO

Antes de darmos início à fase regulatória local, iremos conhecer o caminho que o dossiê deve percorrer antes de chegar até o centro de pesquisa.

O processo regulatório brasileiro determina que o fluxo do dossiê inicie no CEP do centro coordenador, tendo ali sua aprovação. Após ser aprovado, este deve ser encaminhado para a CONEP, a qual, ao aprovar a pesquisa, irá encaminhar o parecer para o CEP-coordenador e este para o patrocinador e, só então, o dossiê será encaminhado aos demais centros de pesquisa para posterior submissão aos CEPs locais.

Agora vamos preparar todos os documentos para encaminhar ao CEP local:

- Declaração de infraestrutura;
- Declaração de responsabilidade do pesquisador principal;
- Declaração de descomprometimento financeiro;
- Declaração de delegação de responsabilidades;
- Protocolo;
- Orçamento;
- Contrato;
- TCLE;
- Folha de rosto da SISNEP.

Após a entrega do dossiê, com todos os documentos necessários, o CEP irá emitir um parecer num prazo de um mês. Caso haja alguma pendência, o pesquisador principal deverá providenciar a resposta ou as alterações caso sejam possíveis. Após ter a aprovação, o pesquisador deverá encaminhar o parecer para o patrocinador, o qual, já tendo a aprovação da CONEP e da Anvisa, marca a visita de iniciação.

A seguir, um fluxograma esquemático da dinâmica regulatória de uma pesquisa clínica.

Fluxograma 1. Apresentação sumarizada da dinâmica regulatória das pesquisas clínicas no Brasil

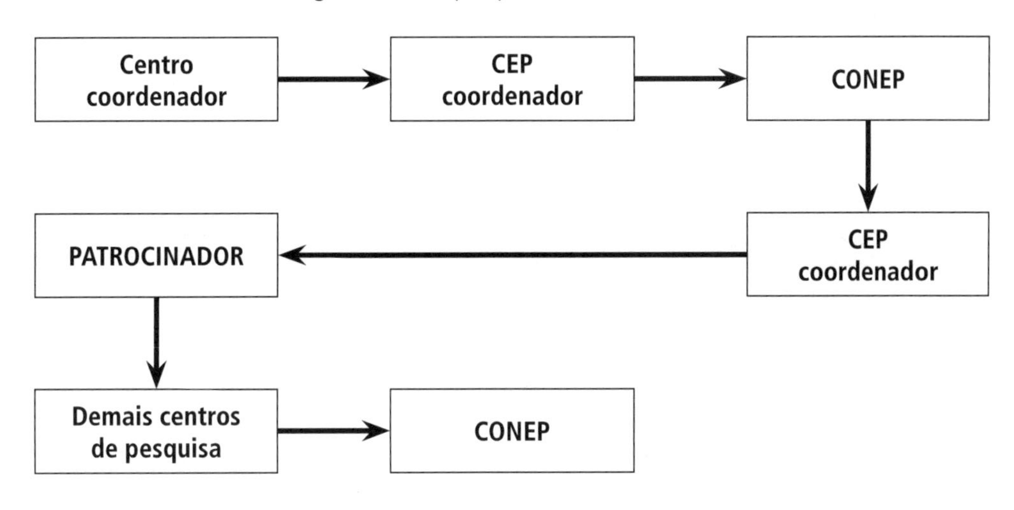

FASE DE IMPLANTAÇÃO DE UM ESTUDO

Esta fase é o momento de início do estudo. O patrocinador ou a CRO vai até o centro de pesquisa para fazer o treinamento final para o estudo, leva a medicação e os *kits* de coletas. Nesta fase também são feitas as coletas de assinaturas e dos documentos complementares.

FASE DE COLETA DE DADOS

Finalmente nesta fase o pesquisador principal pode começar a identificar seus sujeitos de pesquisa. Após identificá-lo, deve apresentar o TCLE antes de qualquer intervenção relacionada à pesquisa. Após convidar o paciente, apresentar o TCLE, entregando duas vias para este e recebendo uma via assinada e datada, o pesquisador principal dá início à coleta de exames para verificação de que aquele paciente selecionado pode se tornar um sujeito de pesquisa ao ser incluído nela. É fundamental o registro detalhado de todos os passos no prontuário do paciente, pois este será a fonte para preencher todos os documentos que virão e dar respostas aos questionamentos e auditorias futuros. Outro aspecto fundamental é o treinamento da IATA para adequado transporte e acondicionamento das amostras, bem como correta geração de documentação. O transcorrer da pesquisa segue com consultas, coletas de exames, dispensação da medicação, contabilidade da medicação retornada, preenchimento das fichas clínicas e monitorias.

AUDITORIAS

- **Definição:** as inspeções baseiam-se na verificação da adesão aos protocolos e na exatidão e honestidade de dados coligidos. Visam, assim, garantir a qualidade e a veracidade das informações fornecidas à Anvisa e a proteção de todos os envolvidos na pesquisa. Aumentam a qualidade do estudo ao induzir melhor controle e planejamento.

- **Objetivos:** proteger os direitos e o bem-estar de todos os sujeitos, verificar a integridade, a qualidade e a veracidade de dados submetidos ao órgão regulador, averiguar o grau de cumprimento do protocolo da pesquisa e da BPC, desenvolver trabalho educativo com profissionais de pesquisa clínica e identificar fraude científica.

- **Prioridade de inspeção:** os critérios para a definição de prioridade na escolha de qual centro ou pesquisa será inspecionado são: a) utilização de métodos diferentes do referenciado no protocolo; b) estudos e pesquisadores suspeitos; c) pesquisadores que participam de grande número de estudos ou que participam de pesquisas fora da sua especialidade médica; d) resultados diferentes dos encontrados por outros pesquisadores ou exageradamente perfeitos; e) estudos com grande número de pacientes e/ou com muitos pacientes incluídos em um curto espaço de tempo; f) resultados laboratoriais discrepantes da faixa de variabilidade biológica esperada.

  Devem-se considerar duas etapas de inspeção nos seguintes casos:

a) **Determinação dos fatos que envolvem a condução de pesquisa:** funções de cada um, grau de competência, como foram realizados os aspectos do estudo, armazenamento de dados, controle do produto sob pesquisa, comunicação do monitor e o progresso do estudo.

b) Auditoria dos dados do estudo clínico: comparação dos dados submetidos ao órgão regulador e ao patrocinador com todos os registros disponíveis, exame dos registros do prontuário médico dos pacientes anteriores ao estudo para ver se todas as condições médicas foram diagnosticadas, revisão dos registros referentes ao período subsequente ao fim do estudo, a certificação de que houve acompanhamento adequado e se foram comunicados todos os sintomas relacionados ao uso do produto.

ANÁLISE DO PROTOCOLO

A análise visa verificar se o protocolo utilizado é o mesmo que foi submetido ao órgão regulador, se houve modificações quanto ao número de sujeitos, seleção e frequência de observação de sujeitos, dose, via de administração, frequência da dose, procedimentos para manter o estudo cego. Deve-se, ainda, determinar se todas as mudanças foram documentadas, datadas, guardadas e aprovadas.

ANÁLISE DOS REGISTROS DOS PACIENTES

Deve-se descrever os dados originais do pesquisador quanto à organização, estado e legibilidade, averiguar se existem documentos que comprovem que todos os sujeitos existem e estão vivos, comparar os dados originais com os formulários para a comunicação de casos enviados ao patrocinador, observar os testes de laboratório clínico e comparar os resultados com os dados originais. Verificar se os efeitos adversos foram notificados nos formulários próprios e notificados ao órgão regulador, se as terapêuticas concomitantes ou doenças intercorrentes foram incluídas nos comunicados, se há anotações ou história clínica compatível a respeito da condição para o qual o fármaco está em teste, examinar se todos os registros estão completos.

ANÁLISE DOS TERMOS DE CONSENTIMENTO LIVRE E ESCLARECIDO

Para a análise do TCLE deve-se obter uma cópia do formulário de consentimento, assinado pelo sujeito de pesquisa, e compará-lo com o formulário registrado no órgão regulador, deve-se, ainda, avaliar se o TCLE foi obtido antes de o sujeito entrar efetivamente na pesquisa.

Outros aspectos importantes quanto ao TCLE são:

- **Análise dos aspectos envolvendo o CEP:** observar se existem todas as cópias de informações submetidas ao CEP, verificar a natureza e a frequência dos comunicados submetidos ao CEP, anotar se o pesquisador submeteu as notificações de óbitos, avaliar se foram submetidos ao CEP todos os documentos necessários antes da entrada do sujeito na pesquisa.

- **Análise referente aos aspectos envolvendo o patrocinador:** a inspeção deve determinar se os comunicados periódicos foram enviados ao patrocinador contendo todas as informações dos casos de óbito, eventos adversos e desistências.

- **Análise quanto ao controle do produto sob pesquisa:** determinar se as pessoas não autorizadas dispensam ou administram o produto sob pesquisa, examinar a data de recebimento, a quantidade e os números de identificação do sujeito, se a distribuição do produto foi limitada àqueles sujeitos sob investigação direta do investigador ou subordinado, verificar se os dados como via de administração, quantidade, frequência, data e quantidade devolvida estão de acordo com o protocolo. Deve-se inspecionar a área de armazenagem.

- **Análise da guarda de registros:** determinar se há a guarda de registros e inspecionar os registros eletrônicos.

CONSOLIDAÇÃO DA INSPEÇÃO

No final da auditoria, o inspetor deve realizar uma entrevista com o pesquisador clínico com o intuito de esclarecer as dúvidas. No caso de irregularidades, deve-se fazer a descrição detalhada das irregularidades encontradas. Logo após a inspeção, o órgão regulador pode enviar uma carta para o pesquisador informando os resultados.

SANÇÕES CONTRA O PESQUISADOR CLÍNICO

Pode-se desqualificar os pesquisadores se houver várias normas não atendidas ou informações falsas. Deve-se fazer a notificação por escrito e o pesquisador tem o direito de se defender solicitando uma audiência formal. Depois da audiência, o gerente da Gepec fará um comunicado, por escrito, formalizando sua decisão. Se depois disso a Gepec constatar que não foram cumpridas as normas de pesquisa, a diretoria irá: notificar os patrocinadores de qualquer pesquisa que tenha ocorrido; notificar os patrocinadores dos estudos clínicos; determinar, depois que os dados do pesquisador forem excluídos do estudo, se os dados remanescentes confirmam que o estudo pode continuar; determinar se a aprovação do produto para comércio será mantida ou não.

O resultado das inspeções pode ser dividido em quatro categorias:
a) livre de deficiências;
b) deficiências aceitáveis;
c) deficiências sérias;
d) deficiências gravíssimas;
e) avaliação pendente.

Parte 5

ANEXOS – MODELOS DE DOCUMENTOS

Tabela 1. Resumo dos modelos de documentos disponíveis

Modelo	Especificação	Pág.
Lista de checagem	Listagem de toda a documentação a ser enviada ao CEP/CONEP	**79**
Confidential Disclosure Agreement	Documento de efeito jurídico relacionado à manutenção do sigilo referente às informações do estudo clínico	**81**
***Statement of Investigator* (Declaração do Investigador)**	Registra o comprometimento do investigador em cumprir os procedimentos previstos no protocolo de pesquisa, bem como manter suas ações guiadas pelas Boas Práticas Clínicas	**84**
Declaração de Infraestrutura	Documenta as condições físicas do centro, constituindo uma exigência regulatória da Anvisa, devendo ser enviada ao CEP	**85**
Lista de Membros da Equipe de Estudo	Elenca a equipe que assumirá a responsabilidade da condução da pesquisa contratada	**86**
Certification/Disclosure Form – Financial Disclosure by Clinical Investigators	Declaração solicitada pelo FDA no qual o investigador declara que não utilizará os conhecimentos obtidos com a pesquisa em prol de benefícios pessoais de qualquer natureza	**87**
Declaração de responsabilidade do investigador	Documento que o investigador assina se comprometendo a cumprir exatamente os termos constantes no protocolo e a atender às normas de Boas Práticas Clínicas	**89**

Modelo	Especificação	Pág.
Folha de Rosto MS/CONEP	Formulário de identificação do estudo, de preenchimento obrigatório	**90**
Fluxograma para pesquisas envolvendo seres humanos	Anexo da Folha de Rosto MS/CONEP, que orienta o preenchimento da folha de rosto	**92**
Código – Áreas do conhecimento	Anexo da Folha de Rosto MS/CONEP que orienta o preenchimento da folha de rosto	**93**
Declaração de recrutamento e obtenção do TCLE	Descrição em prontuário que o investigador faz no momento da seleção de um novo sujeito de pesquisa, no qual deve constar todo o processo de obtenção do TCLE	**95**
Declaração de compromisso	Declaração assinada e produzida pelo pesquisado no qual assume o compromisso de aderir integramente aos procedimentos previstos em protocolo	**97**
Declaração sobre o recrutamento de pacientes	Declaração assinada e produzida pelo pesquisador que documenta a quantidade de pacientes a serem recrutados em seu centro	**98**
Termo de compromisso de cumprimento das resoluções do CNS/MS	Declaração assinada e produzida pelo pesquisador assumindo o compromisso de seguir as Boas Práticas Clínicas na condução do protocolo	**99**
Termo de Consentimento Livre e Esclarecido	Documento angular nas pesquisas clínicas envolvendo seres humanos, que obrigatoriamente deve ser explicado para os sujeitos de pesquisa e registrado em prontuário médico	**100**
Carta de Envio	Carta que nomina todos os documentos que acompanham o dossiê, sendo que cada instituição ou serviço tem seu modelo próprio	**112**

ANEXO 1

LISTA DE CHECAGEM

MINISTÉRIO DA SAÚDE
Conselho Nacional de Saúde – CNS
Comissão Nacional de Ética em Pesquisa – CONEP

Registro CONEP –	SIPAR nº:
Instituição:	
Área Temática Especial:	

SIM	NÃO	LISTA DE CHECAGEM
		01 – Protocolo com páginas numeradas de forma sequenciada da primeira até a última folha, podendo ser manual. O protocolo é o conjunto de todos os documentos enviados, e não apenas o projeto de pesquisa (proposta do estudo a ser realizado). Caso haja páginas numeradas de documentos, essa numeração deve ser desconsiderada. Procedimento sob responsabilidade do Comitê de Ética em Pesquisa (CEP). (Resolução CNS 196/96, VI)
		02 – Cópia digital do protocolo em CD-ROM, conforme a versão impressa (em PDF ou *Word*). A cópia deve conter, no mínimo, a Folha de Rosto, o Projeto de Pesquisa, o TCLE e a Brochura do Investigador (quando aplicável). A cópia digital deve permitir o recurso "copiar e colar".
		03 – Toda a documentação deve estar em língua portuguesa (Res. CNS nº 196/96, VI). Declarações e documentos similares devem estar traduzidos e acompanhados dos documentos originais.
		04 – Folha de Rosto: todos os campos devem ser preenchidos. Atenção aos campos de datas e assinaturas, que devem ser devidamente identificadas (nome completo e cargo, preferencialmente por carimbo), compatíveis com as informações do protocolo. O título deve ser em português e idêntico ao apresentado no projeto de pesquisa. (Res. CNS 196/96, VI.1 e Manual Operacional para CEP, 9.1)
		05 – Documento de encaminhamento do protocolo pelo CEP de origem, devidamente identificado e assinado pelo coordenador ou seu representante legal no CEP. Esse documento deve informar que a cópia digital encaminhada é igual à versão impressa.
		06 – Parecer consubstanciado assinado somente pelo coordenador do CEP ou o vice-coordenador. A assinatura por outro membro deve ser justificada. O parecer consubstanciado deve ser apresentado conforme orientações do Manual Operacional para CEP e Res. CNS 196/96, atestando a aprovação, e não pode estar na forma de *check list.*
		07 – Currículo do pesquisador. Se possuir currículo na Plataforma Lattes, enviar apenas a identificação ("Endereço para acessar este CV: http://lattes.cnpq.br/(número de identificação do currículo)").
		08 – Termo de Consentimento Livre e Esclarecido – TCLE (Res. CNS nº. 196/96, IV) ou a justificativa do pesquisador para isenção do TCLE, se for o caso (Res. CNS nº 196/96, IV.3, c). Essa justificativa deve vir em um documento anexo.
		09 – Os instrumentos de coleta de dados da pesquisa (questionários, formulários, entrevistas e outros) devem vir em um documento anexo.

SIM	NÃO	LISTA DE CHECAGEM
		10 – Orçamento financeiro detalhado e em Reais, contemplando todos os recursos, as fontes e destinações (Res. CNS nº 196/96 VI.2, j).
		11 – Brochura do investigador (Res. CNS nº 251/97, IV.1) ou trabalhos que fundamentem a experimentação prévia (Res. CNS nº 196/96, III.3, b).
		12 – Justificativa, quando for o caso, da utilização de Placebo, em termos de não-maleficência e de necessidade metodológica (Res. CNS nº 196/96 item III.3.f. Res. CNS nº 251/97, IV.1, I). Essa justificativa deve estar em um documento anexo.
		13 – Justificativa para *Washout* (Res. CNS nº 251/97, IV.1, I). Essa justificativa deve estar em um documento anexo.
		14 – Documento de aprovação por comitê de ética no país de origem (Res. CNS nº 292/99, VII.1) ou justificativa para a não apresentação do documento do país de origem (Res. CNS nº 292/99, VII.2).
		15 – Lista dos países participantes. Deve vir em um documento anexo, ainda que a cooperação estrangeira seja com um único país.
		16 – Centros no Brasil. Deve conter: o nome da instituição e o estado a qual pertence (UF), o Comitê de Ética em Pesquisa – CEP (para instituições que não possuem CEP, pedir indicação à CONEP) e o nome do pesquisador em cada centro.
		17 – População indígena: Compromisso do pesquisador de obtenção da anuência das comunidades envolvidas (Res. CNS nº 304/00, III. 2.4 e IV.1) ou justificativa para não apresentação da anuência em documento anexo.
		18 – Declaração de responsabilidade do patrocinador de que cumprirá a Resolução CNS 196/96 e suas complementares (especificar as Resoluções complementares de acordo com a área temática da pesquisa).
		19 – Cronograma de execução da pesquisa (duração total da pesquisa, a partir da aprovação da CONEP).
Nota: O protocolo de pesquisa que não atender aos dispositivos acima relacionados será devolvido mediante ofício, com as especificações apontadas.		
Nome: ________________________________		

ANEXO 2

CONFIDENTIAL DISCLOSURE AGREEMENT

This Agreement is made this day of, 2010 between , a [corporation, partnership, individual], with [his, her, its] principal place of business located at (Hereinafter "Receiving Party") and Worldwide Clinical Trials (Hereinafter "WCT").

WHEREAS, WCT is engaged in the discovery, development and marketing of proprietary biopharmaceutical products, and in the course of discussing certain mutually beneficial business opportunities may disclose to the Receiving Party certain confidential and proprietary information relating to its research and development pipeline, products or business.

NOW, THEREFORE, in consideration of the mutual covenants and agreements contained herein and intending to be legally bound, the parties hereby agree as follows:

1. For purposes of this Agreement, "Confidential Information" shall mean all information, including without limitation data, know-how, unpublished findings, compounds, product information, technologies, processes, patent applications, business documents, marketing plans and the like, which has been or will be disclosed by WCT or its Affiliates, whether disclosed orally or in writing, to the Receiving Party.
2. The Receiving Party hereby agrees to hold in strict confidence and to use all reasonable efforts to maintain the secrecy of any and all Confidential Information (including the existence and nature of any discussions of the sort referenced herein) disclosed by WCT or its Affiliates under the terms of this Agreement without the express, written consent of WCT, with the exception of the following:

a. information which, after disclosure, becomes available to the public by publication or otherwise, other than by breach of this Agreement by the Receiving Party;

b. information that the Receiving Party can establish by prior record was already known to it or was in its possession at the time of disclosure and was not acquired, directly or indirectly, from WCT or its Affiliates;

c. information that the Receiving Party obtains from a third party; provided however, that such information was not obtained by said third party, directly or indirectly, from WCT or its Affiliates under an obligation of confidentiality.

Confidential Information shall not be deemed to be excluded from the application of this Section 2 on the basis of one or more of the above exceptions merely because such Confidential Information is related to or broadly covered by general disclosures in the public domain or general information in the possession of the Receiving Party prior to disclosure (as the case may be).

3. The Receiving Party shall not use the Confidential Information for any purpose other than in connection with the discussions referenced herein, and in connection with its internal consideration of any proposals made in the course of, or subsequent to, such discussions. The Receiving Party will not disclose any such Confidential Information to

any person other than to its directors, officers or employees (or to directors, officers or employees of one of its Affiliates), and only then if they have a clear need to know such Confidential Information in connection with the performance of activities contemplated hereunder. For purposes of this Agreement, "Affiliate" shall mean any corporation or business entity controlling, controlled by or under common control with WCT or with the Receiving Party. The Receiving Party shall exercise the same degree of care in maintaining the Confidential Information as it does with respect to its own proprietary or confidential information and data, and shall ensure that all those persons having access to the Confidential Information are subject to a legal obligation no less restrictive than the legal obligation contained herein to maintain the confidentiality of such Confidential Information. The Receiving Party hereby agrees to notify WCT of any misuse or misappropriation of any Confidential Information which may come to its attention.

4. Neither this Agreement, nor the performance thereof by the parties, shall be construed so as to transfer to the Receiving Party any proprietary right, title, interest or claim to any Confidential Information, nor to grant any license or other right to use the Confidential Information except as set forth herein.
5. Upon written request of WCT, the Receiving Party shall return promptly all written materials and documents, as well as any computer software or other media, made available or supplied by WCT or its Affiliates that contains Confidential Information, together with any copies thereof except that Receiving Party may retain one copy solely for archival purposes, subject to protection and non-disclosure in accordance with the terms of this Agreement.
6. All obligations established hereunder shall expire ten (10) years from the date hereof.
7. Each party represents and warrants to the other that it is duly authorized to enter into this Agreement and that the terms of this Agreement are not inconsistent with any of its respective outstanding contractual obligations.
8. The Receiving Party agrees that the disclosure of Confidential Information without the express written consent of WCT may cause irreparable harm, and that any breach or threatened breach of this Agreement by the Receiving Party may entitle WCT to injunctive relief, in addition to any other legal remedies available to it, in any court of competent jurisdiction.
9. This Agreement constitutes the entire agreement of the parties and shall supersede and prevail over any other prior or contemporaneous arrangements as to the Confidential Information, whether written or oral. This Agreement may be modified only in a writing signed by both parties, and is binding upon the parties hereto and their successors, but may not otherwise be assigned.
10. The execution and performance of this Agreement does not obligate the parties to negotiate or to enter into any other agreement, or to perform any obligations other than as specified herein. The waiver by WCT of a breach of any provisions of this

Agreement shall be effective only if made in writing and shall not be construed as a waiver of any other breach of such provision or the waiver of the provision itself. In the event that any provision of this Agreement is found to be invalid or unenforceable, then the offending provision shall not render any other provision of this Agreement invalid or unenforceable, and all other provisions shall remain in full force and effect and shall be enforceable, unless the provisions which have been found to be invalid or unenforceable shall substantially affect the rights or obligations granted or undertaken by either party.

11. This Agreement shall be construed under and governed by the substantive laws of the State of Delaware, United States of America, without giving effect to the conflict of law's provisions thereof. Any disputes arising between the parties relating to this Agreement shall be subject to the exclusive jurisdiction and venue of the state and federal courts located in the State of Delaware, and the parties hereby waive any objection which they may have now or hereafter to the laying of venue of any proceedings in said courts and to any claim that such proceedings have been brought in an inconvenient forum, and further irrevocably agree that a judgment or order in any such proceedings shall be conclusive and binding upon each of them and may be enforced in the courts of any other jurisdiction.

IN WITNESS WHEREOF, the parties hereto have executed this Agreement as of the day and year first above written.

RECEIVING PARTY	WCT, INC.
By: _______________	By: _______________
Name: _______________	Name: _______________
Title: _______________	Title: _______________

ANEXO 3
STATEMENT OF INVESTIGATOR

<table>
<tr><td>DEPARTMENT OF HEALTH AND HUMAN SERVICES
FOOD AND DRUG ADMINISTRATION

STATEMENT OF INVESTIGATOR

(TITLE 21, CODE OF FEDERAL REGULATIONS (CFR) PART 312)
(See instructions on reverse side.)</td><td>Form Approved: OMB No. 0910-0014.
Expiration Date: May 31, 2009.
See OMB Statement on Reverse.

NOTE: No investigator may participate in an investigation until he/she provides the sponsor with a completed, signed Statement of Investigator, Form FDA 1572 (21 CFR 312.53(c)).</td></tr>
<tr><td colspan="2">1. NAME AND ADDRESS OF INVESTIGATOR</td></tr>
<tr><td colspan="2">2. EDUCATION, TRAINING, AND EXPERIENCE THAT QUALIFIES THE INVESTIGATOR AS AN EXPERT IN THE CLINICAL INVESTIGATION OF THE DRUG FOR THE USE UNDER INVESTIGATION. ONE OF THE FOLLOWING IS ATTACHED.
❑ CURRICULUM VITAE ❑ OTHER STATEMENT OF QUALIFICATIONS</td></tr>
<tr><td colspan="2">3. NAME AND ADDRESS OF ANY MEDICAL SCHOOL, HOSPITAL OR OTHER RESEARCH FACILITY WHERE THE CLINICAL INVESTIGATION(S) WILL BE CONDUCTED.</td></tr>
<tr><td colspan="2">4. NAME AND ADDRESS OF ANY CLINICAL LABORATORY FACILITIES TO BE USED IN THE STUDY.</td></tr>
<tr><td colspan="2">5. NAME AND ADDRESS OF THE INSTITUTIONAL REVIEW BOARD (IRB) THAT IS RESPONSIBLE FOR REVIEW AND APPROVAL OF THE STUDY(IES).</td></tr>
<tr><td colspan="2">6. NAMES OF THE SUBINVESTIGATORS (e.g., research fellows, residents, associates) WHO WILL BE ASSISTING THE INVESTIGATOR IN THE CONDUCT OF THE INVESTIGATION(S).</td></tr>
<tr><td colspan="2">7. NAME AND CODE NUMBER, IF ANY, OF THE PROTOCOL(S) IN THE IND FOR THE STUDY(IES) TO BE CONDUCTED BY THE INVESTIGATOR.</td></tr>
</table>

ANEXO 4

DECLARAÇÃO DE INFRAESTRUTURA

Cidade, ____ de ________________ de ______.
Protocolo ____________
Título do Estudo: "Estudo ____________________________"

DESCRIÇÃO DA INFRAESTRUTURA DO CENTRO DE PESQUISAS

Fazer breve descrição do seu centro de pesquisas, em relação à infraestrutura para conduzir o estudo:

- Local de atendimento dos pacientes;
- Internação se necessário – número de leitos disponíveis;
- Local de armazenamento da medicação – quem dispensará a medicação está qualificado para isto? (anexar CV);
- Equipamentos necessários para a realização dos procedimentos do estudo (calibração, manutenção, etc.);
- Haverá necessidade de terceirizar algum exame? Em caso afirmativo, informar o endereço, telefone para contato, etc. – estas informações precisarão ser adicionadas ao TCLE;
- Armazenamento e manuseio dos prontuários médicos;
- Local de coleta de amostras e preparo para envio ao laboratório central – quem estará envolvido diretamente nesta atividade está qualificado para a função? (anexar CV);
- Local de armazenamento de materiais do estudo (medicação, arquivos, equipamentos, etc.).

Atenciosamente,

____
Nome e Assinatura do representante da instituição
Cargo exercido

____
Nome e Assinatura
Investigador Principal

OBS: Imprimir em papel timbrado.

ANEXO 5

LISTA DE MEMBROS DA EQUIPE DE ESTUDO

Investigador Principal: ______________________
Centro de Pesquisa: Nome
Endereço completo
Estudo: ______________________

LISTA DE MEMBROS DA EQUIPE DE PESQUISA CLÍNICA

Nome	
Formação acadêmica	
Função na pesquisa	
Telefone	
Fax	
Celular	
E-mail	
Nome	
Formação acadêmica	
Função na pesquisa	
Telefone	
Fax	
Celular	
E-mail	
Nome	
Formação acadêmica	
Função na pesquisa	
Telefone	
Fax	
Celular	
E-mail	

ANEXO 6

CERTIFICATION

CERTIFICATION/DISCLOSURE FORM
Financial Disclosure by Clinical Investigators

1. Study Name:	
2. Protocol number:	
3. Investigator:	Subinvestigator:
4. Investigator/Subinvestigator Name:	
5. Address:	
6. Telephone:	7. Fax:
8. Indicate by marking Yes or No if any of the financial interests or arrangements with (nome do laboratório farmacêutico) of concern to FDA (and describe below) apply to you, your spouse, or dependent children:	
Yes ❑ No ❑	Financial Arrangements whereby the value of the compensation could be influenced by the outcome of the study. This could include, for example, compensation that is explicitly greater for a favorable outcome, or compensation to the investigator in the form of an equity interest in the sponsor or in the form of compensation tied to sales of the product such as a royalty interest. If yes, please describe: __________ __________
Yes ❑ No ❑	Significant payments of other sorts, excluding the costs of conducting the study or other clinical studies. This could include, for example, payments received by the investigator to support activities that have a monetary value greater than $ 25,000 (i.e. a grant to the investigator or the institution to fund ongoing research, compensation in the form of equipment, or retainers for ongoing consultation or honoraria). If yes, please describe: __________ __________
Yes ❑ No ❑	A proprietary or financial interest in the test product such as a patent, trademark, copyright, or licensing agreements. If yes, please describe: __________ __________
Yes ❑ No ❑	A significant equity interest in the sponsor of the study. This would include, for example, any ownership interest stock options, or other financial interest whose value cannot be easily determined through reference to public prices, or any equity interest in a publicly traded company exceeding $ 50,000. If yes, please describe: __________ __________

<table>
<tr><td colspan="2">Or</td></tr>
<tr><td colspan="2">❑ I hereby certify that none of the financial interest or arrangements listed above exist for myself, my spouse, or my dependent children.</td></tr>
<tr><td colspan="2">In accordance with 21 CFR Parts 54.1 to 54.8, I declare that the information provided on this form is, to the best of my knowledge and belief, true, correct, and complete. Furthermore, if my financial interests and arrangements, or those of my spouse and dependent children, change from the information provided above during the course of the study or within one year after the last patient has completed the study as specified in the protocol, I will notify (company name) promptly.</td></tr>
<tr><td>9. Name:
Signature</td><td>10. Date</td></tr>
</table>

ANEXO 7

DECLARAÇÃO DE RESPONSABILIDADE DO INVESTIGADOR

<table>
<tr><td colspan="2">AGÊNCIA NACIONAL DE VIGILÂNCIA SANITÁRIA
Gerência de Pesquisas, Ensaios Clínicos,
Medicamentos Biológicos e Novos – GPBEN
Coordenação de Pesquisas e Ensaios Clínicos – CEPEC
Declaração do Investigador</td><td>RDC 39/08
Nota: A pesquisa somente poderá ser iniciada após a aprovação ética e a emissão do CE.</td></tr>
<tr><td>1. Nome e Endereço do Investigador:</td><td colspan="2">CPF:</td></tr>
<tr><td colspan="3">2. Nome e Endereço da Instituição onde a pesquisa será desenvolvida:</td></tr>
<tr><td colspan="3">3. Nome e Endereço dos Serviços (Laboratório de Análises Clínicas, Radiológicas, etc.) que serão utilizados na pesquisa.</td></tr>
<tr><td colspan="3">4. Nome e Endereço do Comitê de Ética em Pesquisa responsável pela aprovação da pesquisa clínica:</td></tr>
<tr><td colspan="3">5. Nome dos Subinvestigadores que participarão da pesquisa:</td></tr>
<tr><td colspan="3">6. Titulo e Código da Pesquisa que será conduzida pelo Investigador: (incluir data e versão)</td></tr>
<tr><td colspan="3">7. Responsabilidades:
• Eu concordo em conduzir a pesquisa de acordo com o protocolo de pesquisa, as Boas Práticas Clínicas e a Resolução 196/96.
• Somente implementarei mudanças no protocolo depois de notificar o patrocinador e o Comitê de Ética em Pesquisa, exceto quando for necessário proteger a segurança, direitos e bem-estar do sujeito da pesquisa.
• Eu concordo em conduzir e supervisionar a pesquisa clínica pessoalmente.
• Eu concordo em informar o patrocinador do estudo e o Comitê de Ética em Pesquisa sobre os eventos adversos graves que venham a ocorrer durante o desenvolvimento da pesquisa.
• Eu li e entendi a informação contida na Brochura do Investigador, incluindo os riscos potenciais e efeitos colaterais da droga em estudo.
• Eu concordo em somente iniciar a pesquisa clínica após obter as devidas aprovações éticas (CEP/CONEP) e a aprovação sanitária (Anvisa).</td></tr>
<tr><td colspan="3">Assumo, civil e criminalmente, a veracidade das informações aqui apresentadas</td></tr>
<tr><td colspan="3">8. Assinatura do Investigador
____________________________________ Data: ___/___/_____</td></tr>
</table>

ANEXO 8

FOLHA DE ROSTO

MINISTÉRIO DA SAÚDE – Conselho Nacional de Saúde –
Comissão Nacional de Ética em Pesquisa – CONEP
FOLHA DE ROSTO PARA PESQUISA ENVOLVENDO SERES HUMANOS
(versão outubro/99) Para preencher o documento,
use as indicações da página 2.

1. Projeto de Pesquisa:
Protocolo nº:____________
Versão: ________________ Patrocinador:________________

2. Área do Conhecimento (Ver relação no verso)	3. Código:	4. Nível: (somente áreas do conhecimento)
5. Área(s) Temática(s) Especial(is) (Ver fluxograma no verso)	6. Código(s):	7. Fase: I ( ) II ( ) III ( ) IV ( )

8. Unitermos: (3 opções)

SUJEITOS DA PESQUISA

9. Número de sujeitos: No Centro: No Brasil: No Mundo:	10. Grupos Especiais: <18 anos ( ) Portador de Deficiência Mental ( ) Embrião/Feto ( ) Relação de Dependência (Estudantes, Militares, Presidiários, etc.) ( ) Outros ( ) Não se aplica ( )

PESQUISADOR RESPONSÁVEL

11. Nome:				
12. Identidade:	13. CPF:	19. Endereço (Rua, nº):		
14. Nacionalidade:	15. Profissão:	20. CEP:	21. Cidade:	22. UF:
16. Maior Titulação:	17. Cargo	23. Fone:	24. Fax:	
18. Instituição a que pertence:			25. *E-mail*:	

Termo de Compromisso: Declaro que conheço e cumprirei os requisitos da Res. CNS 196/96 e suas complementares. Comprometo-me a utilizar os materiais e dados coletados exclusivamente para os fins previstos no protocolo e a publicar os resultados sejam eles favoráveis ou não. Aceito as responsabilidades pela condução científica do projeto acima.

Data: ____/____/_____ ____________________________
Assinatura

INSTITUIÇÃO ONDE SERÁ REALIZADO			
26. Nome:	29. Endereço (Rua, nº):		
27. Unidade/Órgão:	30. CEP:	31. Cidade:	32. UF:
28. Participação Estrangeira: Sim ( ) Não ( )	33. Fone:	34. Fax.:	
35. Projeto Multicêntrico: Sim ( ) Não ( ) Nacional ( ) Internacional ( ) (Anexar a lista de todos os Centros Participantes no Brasil)			
Termo de Compromisso (do responsável pela instituição): Declaro que conheço e cumprirei os requisitos da Res. CNS 196/96 e suas complementares e como esta instituição tem condições para o desenvolvimento deste projeto, autorizo sua execução Nome: Dr. ______________ Cargo: ______________ Data: ____/____/____ ______________ Assinatura			

PATROCINADOR Não se aplica ( )			
35. Nome:	38. Endereço:		
36. Responsável:	39. CEP:	40. Cidade:	41. UF:
37. Cargo/Função:	42. Fone:	43. Fax:	

COMITÊ DE ÉTICA EM PESQUISA – CEP			
44. Data de Entrada: ____/____/____	45. Registro no CEP:	46. Conclusão: Aprovado ( ) Data: ____/____/____	47. Não Aprovado ( ) Data: ___/___/____
48. Relatório(s) do Pesquisador responsável previsto(s) para:			
Encaminho à CONEP: 49. Os dados acima para registro ( ) 50. O projeto para apreciação ( ) 51. Data: ____/____/____	52. Coordenador/Nome: ______________ Assinatura	Anexar o parecer consubstanciado	

COMISSÃO NACIONAL DE ÉTICA EM PESQUISA – CONEP	
53. Nº Expediente: 54. Processo:	55. Data do Recebimento: 56. Registro na CONEP:
57. Observações:	

ANEXO 8.1

FLUXOGRAMA PARA PESQUISAS ENVOLVENDO SERES HUMANOS

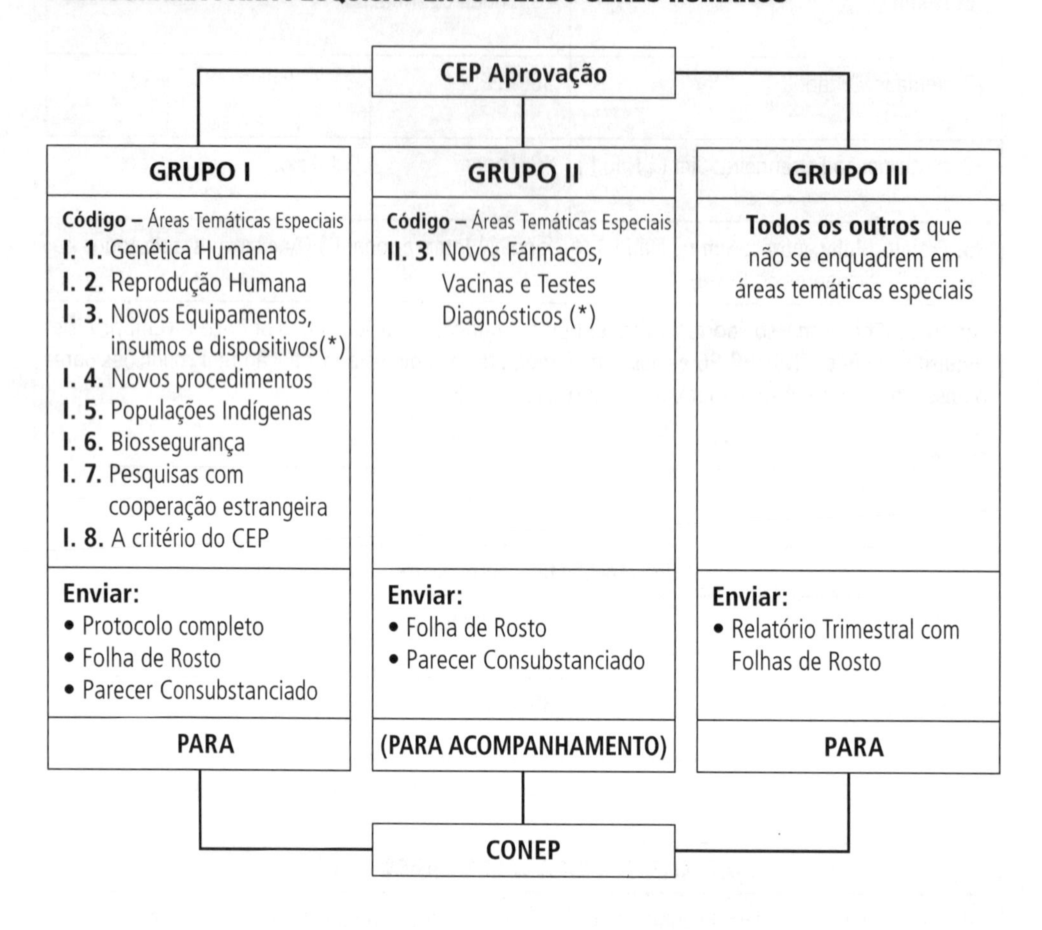

ANEXO 8.2

CÓDIGO – ÁREAS DO CONHECIMENTO (FOLHA DE ROSTO CAMPOS 2 E 3)

1 – CIÊNCIAS EXATAS E DA TERRA	**2 – CIÊNCIAS BIOLÓGICAS(*)**	**3 – ENGENHARIAS**
– MATEMÁTICA – PROBABILIDADE E ESTATÍSTICA – CIÊNCIA DA COMPUTAÇÃO – ASTRONOMIA – FÍSICA – QUÍMICA – GEOCIÊNCIAS – OCEANOGRAFIA	2.01 – BIOLOGIA GERAL 2.02 – GENÉTICA 2.03 – BOTÂNICA 2.04 – ZOOLOGIA 2.05 – ECOLOGIA 2.06 – MORFOLOGIA 2.07 – FISIOLOGIA 2.08 – BIOQUÍMICA 2.09 – BIOFÍSICA 2.10 – FARMACOLOGIA 2.11 – IMUNOLOGIA 2.12 – MICROBIOLOGIA 2.13 – PARASITOLOGIA 2.14 – TOXICOLOGIA	3.01 – ENGENHARIA CIVIL 3.02 – ENGENHARIA DE MINAS 3.03 – ENGENHARIA DE MATERIAIS E METALÚRGICA 3.04 – ENGENHARIA ELÉTRICA 3.05 – ENGENHARIA MECÂNICA 3.06 – ENGENHARIA QUÍMICA 3.07 – ENGENHARIA SANITÁRIA 3.08 – ENGENHARIA DE PRODUÇÃO 3.09 – ENGENHARIA NUCLEAR 3.10 – ENGENHARIA DE TRANSPORTES 3.11 – ENGENHARIA NAVAL E OCEÂNICA 3.12 – ENGENHARIA AEROESPACIAL
4 – CIÊNCIAS DA SAÚDE(*)	**5 – CIÊNCIAS AGRÁRIAS**	**6 – CIÊNCIAS SOCIAIS APLICADAS**
4.01 – MEDICINA 4.02 – ODONTOLOGIA 4.03 – FARMÁCIA 4.04 – ENFERMAGEM 4.05 – NUTRIÇÃO 4.06 – SAÚDE COLETIVA 4.07 – FONOAUDIOLOGIA 4.08 – FISIOTERAPIA E TERAPIA OCUPACIONAL 4.09 – EDUCAÇÃO FÍSICA	5.01 – AGRONOMIA 5.02 – RECURSOS FLORESTAIS E ENGENHARIA FLORESTAL 5.03 – ENGENHARIA AGRÍCOLA 5.04 – ZOOTECNIA 5.05 – MEDICINA VETERINÁRIA 5.06 – RECURSOS PESQUEIROS E ENGENHARIA DE PESCA 5.07 – CIÊNCIA E TECNOLOGIA DE ALIMENTOS	6.01 – DIREITO 6.02 – ADMINISTRAÇÃO 6.03 – ECONOMIA 6.04 – ARQUITETURA E URBANISMO 6.05 – PLANEJAMENTO URBANO E REGIONAL 6.06 – DEMOGRAFIA 6.07 – CIÊNCIA DA INFORMAÇÃO 6.08 – MUSEOLOGIA 6.09 – COMUNICAÇÃO 6.10 – SERVIÇO SOCIAL 6.11 – ECONOMIA DOMÉSTICA 6.12 – DESENHO INDUSTRIAL 6.13 – TURISMO

7 – CIÊNCIAS HUMANAS	8 – LINGUÍSTICA, LETRAS E ARTES	(*) NÍVEL: (Folha de Rosto Campo 4)
7.01 – FILOSOFIA	8.01 – LINGUÍSTICA	**(P) P**revenção
7.02 – SOCIOLOGIA	8.02 – LETRAS	**(D) D**iagnóstico
7.03 – ANTROPOLOGIA	8.03 – ARTES	**(T) T**erapêutico
7.04 – ARQUEOLOGIA		**(E) E**pidemiológico
7.05 – HISTÓRIA		**(N)** Não se aplica
7.06 – GEOGRAFIA		
7.07 – PSICOLOGIA		
7.08 – EDUCAÇÃO		
7.09 – CIÊNCIA POLÍTICA		
7.10 – TEOLOGIA		

(*) OBSERVAÇÕES:

- As pesquisas das áreas temáticas 3 e 4 (novos fármacos e novos equipamentos) que dependem de licença de importação da **ANVS/MS** devem obedecer ao seguinte fluxo – Os projetos da área 3 que se enquadrarem simultaneamente em outras áreas que dependam da aprovação da **CONEP** e os da área 4 devem ser enviados à **CONEP**, e esta os enviará à **ANVS/MS** com seu parecer.
- Os projetos exclusivos da área 3 aprovados no CEP (Res. CNS 251/97 – item V.2) deverão ser enviados à ANVS pelo patrocinador ou pesquisador.

ANEXO 9
DECLARAÇÃO DE RECRUTAMENTO E OBTENÇÃO DO TCLE

PLANO DE RECRUTAMENTO DOS SUJEITOS, CIRCUNSTÂNCIAS DE OBTENÇÃO DO TCLE E QUEM IRÁ OBTÊ-LO (RESOLUÇÃO CNS 196/96 VI. 3 ITEM E)

Referência: (Resumo do estudo)
Protocolo nº:
Versão:
Patrocinador:

Eu, Dr. ______________________, CRM nº ________, Pesquisador Responsável pelo presente Projeto de Pesquisa a ser conduzido na (Nome da Instituição), localizada na Rua ______________________________, declaro que todos os pacientes serão recrutados e acompanhados apenas na (nome da Instituição).

Adicionalmente, esclareço que a (Instituição) poderá receber referência de pacientes com o perfil necessário para este estudo de médicos de outras instituições na cidade e arredores (os quais tenham conhecimento que este estudo esteja sendo conduzido e possuam pacientes que tenham demonstrado interesse em participar deste). Neste caso, os pacientes deverão procurar a (Instituição) para saber mais detalhes do estudo.

Ou seja, a (Instituição) estará aberta para receber "referência" de todo e qualquer hospital/clínica, o que não significa que haverá um atendimento diferenciado para este ou outro paciente. Todos serão registrados devidamente na (Instituição), a qual assumirá toda e qualquer responsabilidade inerente aos pacientes.

Além disso, cabe enfatizar que a forma de pagamento dos exames desses pacientes, relacionados ao estudo, será coberta pela bolsa do investigador e que nem o SUS, nem o plano de saúde particular dos pacientes, se for o caso, serão onerados por tais exames.

Também esclareço que **o processo de obtenção do TCLE** será realizado apenas por pessoas autorizadas deste centro, **a saber:**

1) Dr. ________________________ – investigador principal
2) Dra. ________________________ – subinvestigador

A obtenção do TCLE por tais pessoas autorizadas acontecerá por meio das seguintes circunstâncias:

1. O Termo de Consentimento Livre e Esclarecido será entregue ao paciente (ou seu responsável legal) e lhes será dado tempo suficiente para que ele(a) possa ler e entender o documento.
2. Após a leitura, um membro da equipe autorizado a realizar a função de obtenção do consentimento, ou seja, apto a esclarecer todas as dúvidas que o paciente/responsável possam ter, revisará o conteúdo do documento com o paciente para ter certeza de que ele leu e entendeu cada item do TCLE. Durante este período de discussão, será dada ao paciente (ou seu responsável legal) a oportunidade para fazer qualquer pergunta, esclarecendo assim todas as suas dúvidas.
3. Somente após a certeza de que o paciente (ou seu responsável legal) entendeu e concordou com o conteúdo do documento é que serão coletadas as suas assinaturas confirmando a participação.

Enfatizo que será oferecido ao paciente (ou seu responsável legal) a opção de levar o documento para casa a fim de discuti-lo com seus familiares ou amigos, bem como de pensar sobre o assunto o tempo necessário, de forma que o paciente (ou seu representante legal) não se sentirão de maneira alguma pressionados ou coagidos a concordar em participar do estudo. As pessoas autorizadas, descritas acima, utilizarão uma linguagem adequada durante a revisão e discussão do documento para garantir o entendimento pelos ouvintes.

Dr. ______________________

Pesquisador Responsável pelo Estudo

Data: ____/____/____

ANEXO 10

DECLARAÇÃO DE COMPROMISSO

DECLARAÇÃO DE COMPROMISSO
COM O DELINEAMENTO DO ESTUDO E O MANUSEIO
DAS AMOSTRAS BIOLÓGICAS

Referência: "Estudo ________________________"
Protocolo nº: ______________________
Versão: __________________________
Patrocinador: ______________________

Eu, Dr. ____, CRM nº __________, Pesquisador Responsável pelo presente Projeto de Pesquisa a ser conduzido na (nome da Instituição), localizada (informar o endereço), de acordo com os Termos das Diretrizes e Normas Regulamentadoras de Pesquisa Envolvendo Seres Humanos – Resoluções nºs 196/96; 251/97, 292/99, 340/04 e 346/05 e complementares do Conselho Nacional de Saúde/Conselho Nacional de Ética em Pesquisa e das Portarias da Agência Nacional de Vigilância Sanitária, declaro que o manuseio dos dados e dos materiais biológicos coletados serão usados exclusivamente para os fins previstos no protocolo.

Concordo também em tornar público às autoridades regulatórias os resultados desta pesquisa, quer sejam eles favoráveis ou não, bem como estou de acordo com o delineamento do projeto supracitado e o cumprirei.

Comprometo-me, ainda, a manter em arquivo as fichas correspondentes a cada paciente incluído na pesquisa, respeitando a confidencialidade e o sigilo, durante o período de cinco anos ou por prazo determinado pelo patrocinador, após o término do estudo.

Dr. ______________________
Pesquisador Responsável pelo Estudo

Data: ___/___/___

ANEXO 11

DECLARAÇÃO DE RECRUTAMENTO DE PACIENTES

DECLARAÇÃO SOBRE O RECRUTAMENTO DE PACIENTES

Referência:_______________
Protocolo nº: _____________
Versão:_________________
Patrocinador:____________________

Eu, Dr. ____________________, CRM nº ______, Pesquisador Responsável pelo presente Projeto de Pesquisa a ser conduzido no (nome da instituição), localizada na _____________________________, declaro que os pacientes serão recrutados do Consultório Particular e dos atendimentos realizados por mim no __________________________________.

Também declaro que, apesar do critério de exclusão nº 11 do protocolo permitir que o paciente participe desse estudo após um prazo de 30 dias do término de outro (nº 11: "O paciente utilizou quaisquer compostos em investigação no período de 30 dias antes da visita 1"), eu me comprometo a não recrutar pacientes que tenham sido sujeitos de pesquisa há menos de 1 (um) ano, a menos que sua participação nesse estudo possa trazer benefício direto ao paciente, conforme recomenda a Resolução nº 251/97 do Conselho Nacional de Saúde.

Além disso, cabe enfatizar que a forma de pagamento dos exames desses pacientes, relacionados ao estudo, será coberta pela bolsa do investigador e que nem o SUS, nem o plano de saúde particular dos pacientes, se for o caso, serão onerados por tais exames.

Dr. ____________________
Pesquisador Responsável pelo Estudo

Data: ___/___/___

ANEXO 12
TERMO DE COMPROMISSO DE CUMPRIMENTO DAS RESOLUÇÕES DO CNS/MS

_______________, ___ de ____________ de 2010.

Protocolo nº ______

Título do Estudo: Estudo ______________

Termo de Compromisso de Cumprimento da RESOLUÇÃO 404 de 1º de agosto de 2008, RESOLUÇÃO 196 de 10 de outubro de 1996, RESOLUÇÃO 251 de 07 de agosto de 1997 E RESOLUÇÃO 292 DE 08 DE JULHO DE 1999 do CONSELHO NACIONAL DE SAÚDE DO MINISTÉRIO DA SAÚDE – BRASIL.

Declaramos que o projeto de pesquisa em epígrafe será desenvolvido conforme os requisitos estipulados nas resoluções acima citadas.

Investigador Principal:
Assinatura: ______________________________ Data: ___/___/_____

Diretor da Instituição:
Assinatura: ______________________________ Data: ___/___/_____

ANEXO 13

TERMO DE CONSENTIMENTO LIVRE E ESCLARECIDO

TERMO DE CONSENTIMENTO LIVRE E ESCLARECIDO

Título do Estudo: Estudo ____
Patrocinador: ______________________
Instituição: ________________________
Investigador: ______________________

Você está sendo convidado(a) para participar de um estudo de pesquisa clínica para descobrir se o medicamento ___________ (_______®) é seguro e apresenta efeitos benéficos em pessoas que apresentam sua doença. Seu médico o diagnosticou com melanoma acral, da mucosa ou com deterioração crônica pelo sol, metastático e/ou inoperável com mutação do c-Kit. Melanomas acral, da mucosa e com deterioração crônica pelo sol, referem-se ao local original do câncer no seu corpo: as áreas acrais são as palmas das mãos e as solas dos pés; as áreas da mucosa são aquelas em que o tecido mole da pele é exposto ao ar, por exemplo, a boca ou o ânus; e com deterioração crônica pelo sol refere-se ao melanoma em áreas em que se espera uma alta exposição ao sol, por exemplo, os antebraços, o pescoço e o rosto. Metastático e/ou inoperável significa que seu câncer se espalhou do seu local original ou que a cirurgia para remover o câncer não é mais uma opção. Mutação significa que as células normais sofreram alterações no DNA dos genes que afetam a forma dessas células se dividirem e funcionarem. Com mutação do c-Kit significa que seu câncer foi geneticamente testado e a mutação do gene c-Kit está presente.

Antes de concordar em participar desse estudo, você precisa saber os riscos e os benefícios para que possa tomar uma decisão consciente. Isso é conhecido como consentimento livre e esclarecido. Este termo de consentimento o informa sobre o estudo. Leia atentamente as informações e discuta-as com quem você quiser, pode ser um amigo ou um parente. Se tiver qualquer pergunta, peça ao médico ou à equipe do estudo que a respondam. Quando você souber sobre o estudo e sobre os testes que serão realizados e decidir participar, você deverá assinar esse termo. Sua decisão em participar desse estudo é voluntária. Isso significa que você é livre para decidir participar ou não desse estudo. Você também é livre para sair do estudo a qualquer momento. Se você escolher em não participar, você pode discutir as opções de tratamento disponíveis com o médico do estudo.

Caso o patrocinador descubra qualquer informação nova com relação aos tratamentos em estudo que possa afetar sua decisão de participar ou não, você será informado assim que possível para que possa novamente tomar uma decisão consciente se deseja continuar a participar do estudo clínico.

O médico do estudo poderá retirar você da pesquisa por alguns motivos, listados a seguir:

1. Sua permanência no estudo for prejudicial a você.
2. Você precisar de tratamento não permitido nesse estudo.
3. Você não seguir as instruções.
4. Você engravidar.
5. O estudo for cancelado.

Se decidir sair do estudo, você deve comunicar o médico ou a equipe do estudo, que farão os procedimentos necessários e uma visita final, para sua segurança.

Objetivo e condução do estudo

Este é um estudo de pesquisa clínica e é patrocinado por uma empresa farmacêutica chamada ____________________. O estudo está sendo realizado para comparar a eficácia do ________________ e da ________________, em pacientes com melanoma acral, da mucosa ou com deterioração crônica pelo sol, metastático e/ou inoperável com mutação do c-Kit. Se você concordar em participar desse estudo, será tratado com ________________ ou ___________________.

O ________________ está atualmente "no mercado" (disponível para prescrição pelos médicos) em muitos países, incluindo o Brasil, os EUA e países da Europa para o tratamento de alguns tipos de leucemia (câncer do sangue) e milhares de pessoas já tomaram o remédio. O ________________ também mostrou atividade clínica em pacientes com um câncer raro do estômago e dos intestinos que já falharam em uma ou diversas terapias anteriores, porém, ainda não está aprovado por nenhuma autoridade sanitária para o tratamento de pessoas com essa doença. O ________________ também não foi aprovado por nenhuma autoridade sanitária para o tratamento de pessoas com melanoma.

A ________________ foi aprovada pela agência reguladora norte-americana (Administração de Alimentos e Medicamentos – FDA) em 1975 e tem sido amplamente utilizada desde então em estudos clínicos e como terapia padrão deste câncer. Ela é, atualmente, o único medicamento de quimioterapia aprovado para melanoma metastático de estágio IV (avançado). A ________________ também está aprovada pela Anvisa para venda no Brasil. A ________________ é um agente alquilante, ou seja, age unindo seções específicas do DNA nas células do corpo, o que faz com que as células parem de se multiplicar e cause a morte das células, interrompendo, portanto, o crescimento do câncer.

Há evidências obtidas em estudos com o ______________, um medicamento mais antigo do que o ______________ que age de maneira semelhante e em doenças semelhantes, de que essa classe de medicamentos pode agir no retardamento ou na interrupção da progressão do melanoma semelhante ao tipo que você apresenta. O objetivo desse estudo é avaliar se o ______________ pode ser um tratamento mais eficaz do que a ______________, o melhor tratamento atual aprovado para sua doença.

O que acontecerá se eu concordar em participar?

O motivo deste estudo é descobrir qual desses dois tratamentos trata melhor o melanoma com mutação do c-Kit. Como não sabemos qual tratamento é o melhor, precisamos fazer comparações.

Se você estiver sendo tratado atualmente com qualquer medicamento para tratar seu melanoma, eles podem ser interrompidos. Isto é para evitar uma mistura de efeitos entre o medicamento antigo e os tratamentos do estudo.

Cerca de ____ pacientes participarão desse estudo em aproximadamente ____ centros em todo o mundo. Se você decidir participar do estudo, você deverá comparecer ao centro de estudo uma vez por semana durante ____ semanas e, então, a cada ___ semanas daí em diante. Cada visita deve levar cerca de ____ horas. Não há limite de tempo que você deve permanecer no estudo, uma vez que ainda não sabemos se os medicamentos serão efetivos para seu tratamento. No entanto, você continuará recebendo a medicação e sua evolução será acompanhada enquanto seu médico acreditar que você está sendo beneficiado.

Você apresenta uma chance "igual" ou de 50% (como em um jogo de cara ou coroa) de ser tratado com ______________ ou ______________. Nem você nem seu médico terão qualquer controle sobre qual tratamento você receberá. No entanto, uma vez que um tratamento tiver sido designado a você, tanto você quanto seu médico do estudo saberão qual tratamento você está recebendo. Se você receber ______________ no início do estudo e ela não ajudar a tratar sua doença, será possível interromper o tratamento com a ______________ e iniciar o ______________. Isso é denominado cruzamento. A decisão de realizar o cruzamento será tomada por você, em conjunto com seu médico, se seu médico acreditar que a ______________ não o está ajudando e que o ______________ poderia ajudá-lo. Se isso acontecer, você novamente precisará visitar o centro de estudo uma vez por semana durante ____ semanas e, então, a cada ____ semanas daí em diante. Os procedimentos e as avaliações realizados permanecerão os mesmos. Se este for seu caso, seu médico explicará essa parte do estudo para você em mais detalhes. Se você receber ______________ no início do estudo e o ______________ não ajudar a tratar sua doença, você não poderá realizar o cruzamento para receber o tratamento com a ______________, mas seu médico lhe explicará as opções de tratamento adicionais disponíveis.

Antes de começar o estudo, o médico do estudo fará perguntas a você sobre sua saúde e seu histórico médico. O médico o examinará e medirá sua altura, seu peso, sua pressão arterial e sua frequência cardíaca. Serão feitas perguntas a você sobre quaisquer medicações que você estiver tomando. Você realizará um eletrocardiograma (também chamado ECG), que é um exame feito para registrar o funcionamento do seu coração pela medida da atividade elétrica de seu coração, através de traços em uma folha de papel, e será coletado 10 mL de sangue (2,5 colheres de chá) para testes laboratoriais e para testes de biomarcadores (avaliação de células e substâncias químicas relacionadas ao seu câncer, que ajudarão o pesquisador a entender melhor o câncer e seu tratamento). Se você for mulher, terá que fazer um teste para verificar se está grávida.

Se você atender aos "critérios de entrada" do estudo, você realizará um exame de Ressonância Magnética com contraste (RM) ou uma Tomografia Computadorizada com contraste (TC) para determinar a extensão do seu câncer no início do estudo. Estes são exames de imagem que mostram uma fotografia interna do seu corpo. Essas imagens dos seus tumores permitirão que seu médico meça o tamanho exato dos tumores e como responde a sua doença aos tratamentos.

Você também terá fotografias tiradas da parte da frente e da parte de trás do seu corpo inteiro e imagens tiradas de perto de quaisquer locais visíveis do seu melanoma. Isso é importante porque o melanoma pode se espalhar para outras áreas da sua pele. Seu rosto não vai aparecer nas fotografias, a menos que o melanoma afete partes do seu rosto, neste caso seus olhos serão cobertos. Seu médico será muito cuidadoso para respeitar sua confidencialidade nessa parte do estudo.

Você será, então, designado para receber ______________ ou ______________ durante o estudo. O ______________ é uma cápsula oral que você deverá tomar ___ vezes ao dia, correspondendo a uma dose diária total de ____ mg durante o estudo. A ______________ é administrada por meio de uma injeção intravenosa (i.v., em uma veia no seu braço) contendo uma dose de ____ mg por m2 de área corporal a cada ___ semanas. Tanto se estiver tomando o ______________ quanto a ______________, você precisará voltar ao centro de estudos a cada ___ semanas para que sua condição possa ser monitorada. O médico do estudo também perguntará como você está se sentindo. Novos exames de TC/RM e fotografias serão feitos a cada ___ semanas durante as primeiras ___ semanas do estudo e, a partir daí, a cada ____ semanas até a semana ___. Da semana ___ em diante, os exames acontecerão a cada ___ semanas (__ meses). Você também fará um exame físico, seus sinais vitais serão verificados e será coletado sangue para testes laboratoriais adicionais. Em algumas visitas será solicitado que você preencha questionários sobre como você está se sentindo.

O sangue para os testes de biomarcadores será coletado quando você iniciar o estudo, uma vez por semana por __ semanas, na semana __ e, então, a cada __ semanas daí em diante. O sangue também será coletado quando você terminar o tratamento ou começar a tomar o ______________ após tomar a ______________ (cruzamento). Se você receber o tratamento por mais de um ano, o sangue será coletado somente a cada ___ semanas, a partir do segundo ano. No total, aproximadamente 90 mL (22,5 colheres de chá) de sangue serão coletados de você para esses testes de biomarcadores a cada ___ meses.

Assim que dados suficientes do estudo forem coletados para determinar qual tratamento é o melhor, o estudo pode ser interrompido. No entanto, se você ainda estiver tomando qualquer uma das medicações em estudo nesse momento, você continuará recebendo o tratamento pelo tempo em que estiver se beneficiando dele.

Administração do medicamento em estudo

Todos os pacientes serão tratados com os medicamentos do estudo. É muito importante que você tome o medicamento fornecido exatamente conforme o médico lhe orientou.

______________: Ao tomar o ______________, não se esqueça de nenhuma cápsula. Informe a equipe do estudo sobre quaisquer outras medicações que você estiver tomando durante o estudo. Isso inclui medicamentos vendidos com e sem receita e vitaminas. Isso é muito importante. Informe seu médico do estudo ou a equipe do estudo se você apresentar quaisquer sintomas incomuns.

Se seu tratamento for o ______________, você tomará o medicamento em estudo ___ vezes ao dia sem alimento. O ______________ deve ser tomado com o estômago vazio. Você deverá tomar o medicamento em estudo ___ horas após o café da manhã e ___ horas após o jantar. Nessas ___ horas você deverá fazer jejum (não comer ou beber nada além de água). Importante: Laranjas de Sevilha (laranjas azedas) ou derivados de laranjas de Sevilha, toranja ou suco de toranja, carambola ou suco de carambola, romã ou suco de romã não devem ser ingeridos em nenhum momento enquanto você estiver recebendo o ______________.

______________: A dose da ______________ é calculada com base na superfície corporal de uma pessoa, que é calculada usando as medidas de altura e peso. Se você for designado para o braço da ______________, você receberá uma injeção intravenosa de _____ mg/m² de ______________ repetida a cada ___ semanas.

Análises de biomarcadores

Os testes de biomarcadores podem ajudar a identificar quais são os pacientes com câncer que têm maior chance de serem ajudados pelo ______________.

Riscos e inconveniências

Ao assinar esse termo de consentimento, você concorda em seguir as instruções do seu médico do estudo, comparecer a todas as visitas relacionadas ao estudo e realizar todas as avaliações específicas do estudo.

Os riscos são os possíveis efeitos colaterais do medicamento em estudo, da ______________ e dos procedimentos do estudo. Os testes realizados em cada visita são testes médicos padrões. Para algumas pessoas, o procedimento mais incômodo é o da coleta de amostras de sangue. Os riscos da coleta de sangue podem incluir desmaio, dor (como uma picada de alfinete quando a agulha é inserida no seu braço) e/ou hematoma (manchas roxas no braço). Raramente, pode haver um pequeno coágulo sanguíneo ou uma infecção no local de inserção da agulha, o qual geralmente se resolve sozinho. A braçadeira para medir a pressão arterial também pode causar desconforto ou hematoma na parte superior do braço.

Em raras ocasiões em que um enfermeiro, um médico ou um técnico de laboratório for exposto ao seu sangue em razão de perfuração por agulha, corte ou respingo na mucosa ou na pele lesionada, pode ser necessário testar seu sangue, caso você concorde, quanto a certas infecções virais, incluindo Hepatites B e C e HIV, na amostra de sangue já disponível. Isso tem como objetivo possibilitar que a pessoa receba aconselhamento, monitoramento e tratamento apropriados, se necessário. Nesses casos, o médico do estudo fornecerá a você as informações relevantes à sua saúde e o aconselhará sobre as próximas etapas. Sua confidencialidade será respeitada em todos os momentos.

Os exames utilizados para avaliar o *status* da sua doença usam um corante de contraste, um material injetado em uma veia para produzir a imagem. É possível que você possa desenvolver uma alergia ao corante, neste caso o método de realização dos exames pode ser alterado.

Em cada visita, seu médico perguntará a você sobre quaisquer sintomas incomuns. Você será monitorado rigorosamente quanto a quaisquer efeitos colaterais e deve relatar quaisquer alterações na maneira como você se sente ao seu médico. Você será informado sobre quaisquer eventos que ocorrerem durante o estudo, que possam afetar sua segurança e alterar a sua decisão de continuar participando do estudo.

Efeitos colaterais do ______________

Os efeitos colaterais mais frequentes relatados por pessoas tomando o ______________ incluem anemia, erupção cutânea e anormalidades discretas em testes laboratoriais sanguíneos que afetam a função do fígado. Outros apresentaram certa diminuição no número de glóbulos brancos e das plaquetas do sangue, o que pode levar a um aumento no risco de infecção e de sangramento, elevação de lipase e amilase e, às vezes, pancreatite (inflamação do pâncreas). O ______________ também pode causar ritmo anormal dos batimentos cardíacos que pode causar risco à sua vida. Alguns casos de morte súbita foram relatados em pacientes recebendo ______________ (___ de um total de _______ pacientes que receberam o ______________ em estudos clínicos até __/__/____, e um relato de farmacovigilância). Você não será incluído no estudo se apresentar qualquer problema significativo no coração.

Se você tiver febre enquanto sua contagem de glóbulos brancos do sangue estiver baixa, você pode precisar ser hospitalizado para receber tratamento. Transfusões podem ser necessárias para conter esse efeito colateral. As contagens sanguíneas serão monitoradas rigorosamente e a dose da sua medicação será ajustada se você apresentar esse problema. Espera-se que qualquer diminuição das suas contagens sanguíneas seja revertida diminuindo-se a dose do ______________ ou interrompendo-se temporariamente o ______________.

Os efeitos colaterais que podem ocorrer quando o ______________ é tomado com outros medicamentos ou com álcool são desconhecidos. A combinação de medicamentos e álcool pode resultar em reações graves ou mesmo em risco à sua vida. Algumas medicações vendidas com e sem receita médica podem reduzir a eficácia ou aumentar os efeitos colaterais do ______________. O ______________ também pode aumentar os efeitos colaterais ou reduzir a eficácia de outras medicações. Você deve sempre discutir a utilização de álcool ou de quaisquer medicamentos (medicamentos de venda livre, complementos dietéticos, medicamentos vendidos com receita, drogas ilícitas) com seu médico antes de tomar o ______________ e enquanto você estiver participando desse estudo.

Problemas ou efeitos colaterais que não são conhecidos no momento também podem ocorrer. Você receberá quaisquer novas informações que possam afetar sua disposição para iniciar o estudo ou continuar nele.

Efeitos colaterais da ______________

Anafilaxia (uma reação alérgica grave) pode ocorrer raramente com a ______________. A ______________ é um medicamento que pode causar dor e inflamação no local da injeção se ela escapar da veia e penetrar no tecido ao redor. Se isso acontecer, a infusão será interrompida imediatamente e você será tratado para os efeitos. Raramente, o extravasamento da ______________ resulta em lesão do tecido ou morte.

Estudos em animais indicaram que a ______________ pode ser carcinogênica e prejudicial a um feto não nascido. Não houve estudos adequados para determinar se ela passa para o leite materno. Por motivos de segurança, mulheres submetidas ao tratamento com a ______________ não devem amamentar.

Outros efeitos colaterais comuns da terapia com a ______________ incluem sintomas de anorexia (perda de apetite), enjoo e vômito, depressão da medula óssea, leucopenia, trombocitopenia (ambas significando uma redução no nível de glóbulos brancos do sangue) e, às vezes, anemia.

Os efeitos colaterais menos comuns incluem diarreia, vermelhidão facial, feridas passageiras na pele, alopecia (perda de cabelo), sintomas gripais, aumento nos níveis de enzimas do fígado, função renal comprometida, visão embaçada, convulsões, dor de cabeça, parestesia facial (uma sensação de formigamento), confusão, mal-estar e letargia (fraqueza). Reações de fotossensibilidade (sensibilidade à luz) também podem ocorrer raramente.

Avaliações radiológicas

Avaliações radiológicas, como exames de TC/RM, aumentam a quantidade de radiação que você recebe. Se você tiver quaisquer perguntas em relação a esse assunto, converse com seu médico.

Outros tratamentos

Você deve perguntar ao seu médico sobre tratamentos alternativos que podem ser benéficos para você. Esses tratamentos alternativos podem incluir outros estudos experimentais. Você pode decidir receber somente o tratamento de suporte. Essas alternativas serão discutidas com você pelo seu médico antes da sua inclusão no estudo. Você não precisa participar desse estudo para receber tratamento para sua condição.

Benefícios do tratamento

A ______________ é uma terapia padrão para pacientes com melanoma avançado. Uma pesquisa recente mostrou que o ______________ também pode ser ativo contra essa doença. Acreditamos que a administração do ______________ pode lhe trazer benefícios e a progressão da sua doença pode ser interrompida ou retardada.

É possível, no entanto, que você não se beneficie da participação nesse estudo e que você possa apresentar somente o desconforto associado a efeitos colaterais adicionais. Se sua doença piorar, se os efeitos colaterais se tornarem intoleráveis ou se houver novos desenvolvimentos científicos indicando que esse tratamento não é mais o melhor para você, o tratamento será interrompido e outras alternativas serão discutidas.

Amostras Biológicas (Sangue)

As amostras de sangue que forem coletadas durante o estudo serão enviadas a um laboratório central que fica nos ______________ para serem analisadas. O resultado dos exames será enviado ao médico do estudo e você receberá uma cópia. Depois que o resultado do exame ficar pronto, se tiver sobrado alguma quantidade de sangue, estas amostras serão destruídas ou, se solicitadas, serão devolvidas. O laboratório não irá guardar suas amostras biológicas.

Custo da Participação

Você (e/ou seu convênio médico) não deverá pagar por qualquer procedimento, medicação em estudo ou teste exigido como parte deste estudo de pesquisa. Você não terá nenhum ganho ou prejuízo financeiro por participar deste estudo. Você será adequadamente reembolsado pelas suas despesas com transporte e alimentação para cada dia de consulta do estudo, ou seja, todos os seus gastos para estar na clínica/hospital e se alimentar nos dias das visitas do estudo serão reembolsados.

Acesso à Medicação após o Término do Estudo

Se você ainda estiver usando a medicação do estudo ao término do estudo, estiver tendo benefícios com essa terapia, e for comprovada a superioridade do medicamento em relação aos outros disponíveis, você continuará a ter acesso gratuito ao melhor tratamento terapêutico comprovado identificado pelo estudo para sua condição, a menos que o (nome do laboratório farmacêutico) suspenda seu desenvolvimento por razões de segurança. Se o (nome do laboratório farmacêutico) decidir interromper o desenvolvimento por outros motivos, o comitê de ética que acompanha esse estudo deverá avaliar e aprovar os motivos do (nome do laboratório farmacêutico) antes que você tenha o seu tratamento interrompido.

O acesso ao medicamento em estudo após o término do estudo é um direito dos pacientes, de acordo com as Resoluções 196/96, 251/97 e 404/08 do Conselho Nacional de Saúde.

Final do Estudo

O (nome do laboratório farmacêutico) poderá parar este estudo a qualquer momento se for descoberto algo que possa comprometer sua segurança. Se o (nome do laboratório farmacêutico) decidir interromper o estudo por alguma outra razão, o Comitê de Ética em Pesquisa ______________ deverá aprovar as razões antes de suspender o estudo.

Caso você seja retirado do estudo (por qualquer razão) ou queira sair do estudo antes do final, você não ficará sem tratamento. O médico do estudo vai decidir qual é a melhor conduta para o seu caso.

Confidencialidade

Os registros de sua participação neste estudo serão mantidos sob sigilo e confidencialidade.

A equipe do Patrocinador e Autoridades Regulatórias aplicáveis tem o dever de verificar os seus documentos-fonte, ou seja, seus documentos médicos originais, desde que autorizado pelo médico do estudo e pelo hospital. O objetivo é assegurar que as informações são verdadeiras e corretas.

Todas as legislações, resoluções e códigos de ética brasileiros serão cumpridos no decorrer deste estudo.

Caso esteja de acordo, seu médico particular será informado de sua participação no estudo.

Compensação por dano ao paciente

A ________________ se responsabilizará pelas despesas médicas decorrentes de sua participação neste estudo, bem como pela indenização referente à reparação de qualquer dano causado pela pesquisa.

Você deve seguir todas as instruções dadas pelo médico do estudo.

Você deverá comunicar imediatamente o médico do estudo sobre qualquer lesão associada ao estudo e a natureza das despesas a serem cobertas. Se você tiver qualquer pergunta sobre a disponibilidade de atendimento médico ou se achar que apresentou uma doença, lesão ou emergência associada ao estudo, entre em contato com o Dr.__________ ou alguém da equipe do estudo pelo telefone (__) _________.

Assinando este termo de consentimento livre e esclarecido você não abre mão de nenhum de seus direitos legais aos quais você tem direito como participante em um estudo.

Gravidez

Os riscos do _____________ ou da _____________ para um feto ou para uma criança em amamentação não são conhecidos. Você deve confirmar que, no melhor do seu conhecimento, não está grávida e que não pretende engravidar durante o estudo. Se houver qualquer possibilidade de gravidez durante o estudo, o médico do estudo discutirá com você os métodos apropriados de controle de natalidade e que não interfiram nos resultados do estudo. Se necessário e aplicável ao seu caso, o método de contracepção indicado para você será fornecido sem custos durante a sua participação no estudo. Se você suspeitar de gravidez durante o estudo, você deve notificar o médico do estudo imediatamente.

Caso todos estes cuidados sejam tomados e ainda assim você venha a engravidar durante o estudo, você será retirada do estudo e o médico do estudo vai decidir com você qual é a melhor conduta para o tratamento da sua doença durante a gravidez.

O efeito da __________ no esperma também é desconhecido. Por esse motivo, os homens com parceiras em idade fértil terão que usar um método de barreira (preservativo, "camisinha") para evitar a gravidez ou abster-se de terem relações sexuais durante o estudo. O método de barreira será fornecido a você, sem custos, durante o estudo. Se você for homem, estiver tomando o medicamento do estudo e a sua parceira engravidar, será solicitado que sua parceira assine um termo de consentimento para que ela informe o desfecho da gravidez.

Além disso, todo o seu período de gravidez ou da gravidez de sua parceira será acompanhado até o nascimento do seu filho. Caso seu filho apresente algum problema como resultado direto e específico da medicação ou qualquer procedimento do estudo, o (nome do laboratório farmacêutico) irá pagar as despesas médicas relacionadas ao tratamento deste problema.

Dúvidas

O médico do estudo ou a equipe do estudo responderão a qualquer pergunta que você tenha sobre este estudo de pesquisa ou sua participação no estudo. Você pode fazer perguntas a qualquer momento durante o estudo. Por favor, ligue se tiver qualquer dúvida sobre o estudo ou sua experiência no estudo. Por favor, ligue ou compareça ao centro de estudo se você apresentar qualquer lesão, doença ou efeito colateral.

Médico do estudo: Dr. ______________________________

Número de telefone: (__) ____________________

Após horário comercial: (__) ________________ (24 horas)

Se você tiver dúvidas sobre os seus direitos como um participante de um estudo clínico, você pode entrar em contato com o Comitê de Ética em Pesquisa da ________________________________.

Nome do CEP:

Telefones: (__) ___________________

E-mail: _________________

Retirada do consentimento para o tratamento do estudo

Se você decidir retirar seu consentimento para parar o tratamento com a droga do estudo, mas quiser continuar sendo acompanhado quanto à evolução de sua doença, por favor, assinale abaixo qual é o seu desejo. Nota: Sua decisão de participar neste estudo é voluntária. Você pode se recusar a ser acompanhado quanto às avaliações de tumor e/ou contato a qualquer momento. Você está livre para sair do estudo a qualquer momento sem prejuízo ou perda de benefícios.

Por favor, assinale apenas uma das opções abaixo:

( ) Eu concordo em ser acompanhado com avaliações do tumor (TC/RM) a cada __ semanas.

( ) Eu concordo em ser contatado (por telefone, carta ou *e-mail*) aproximadamente a cada __ semanas.

( ) Eu não quero ser acompanhado com avaliações de tumor, ou contatado de nenhuma maneira.

( ) Li este documento/seu conteúdo foi explicado para mim. Entendi o objetivo deste estudo e o que acontecerá comigo neste estudo. Forneço voluntariamente meu consentimento para participar deste estudo, conforme descrito neste documento. Compreendo que receberei uma cópia deste termo de consentimento assinado e datado.

Nome do Paciente:

______________________________ ____________________

Assinatura do Paciente — Data

Nome da testemunha (se aplicável)

______________________________ ____________________

Assinatura da Testemunha — Data

Nome do investigador ou pessoa que explicou o termo

______________________________ ____________________

Assinatura do Investigador ou Pessoa que explicou o termo — Data

ANEXO 14
CARTA DE ENVIO

Cidade, __ de __________ de 2010
Ilmo. Sr(a) Coordenador (a)
Prof(a) Dr(a) ________________
Comitê de Ética em Pesquisa ________________________________

Ref.: **Documentação de Estudo Clínico para Avaliação do Protocolo de Pesquisa pelo Comitê de Ética em Pesquisa**

Protocolo ____________
Título do Estudo: Estudo ________

Senhor(a) Coordenador(a),

Por meio desta, encaminhamos para análise deste Comitê de Ética em Pesquisa a seguinte documentação do projeto de pesquisa clínica supracitado:

- Protocolo do estudo clínico.
- Página de assinatura do protocolo, em português.
- Termo de consentimento livre e esclarecido, versão ____________.
- Termo de consentimento livre e esclarecido para acompanhamento de gravidez de parceiras de sujeitos da pesquisa, versão ____________.
- Brochura do investigador (________), edição __________.
- Declaração de equivalência dos documentos.
- Orçamento do estudo.
- Declaração de assistência.
- Certificado de seguro local.
- Planejamento global da pesquisa e lista de centros participantes.
- Justificativa de ausência da carta de aprovação do estudo no país de origem.
- Termo de compromisso em cumprir as resoluções em pesquisa clínica – patrocinador.
- Declaração de uso e destinação de amostras biológicas.
- Declaração de garantia da não-retirada da amostra de tecido tumoral da instituição.
- Carta de comunicação sobre o envio do projeto para análise da CONEP.
- Declaração de que os resultados da pesquisa serão tornados públicos.
- Informação sobre o registro do medicamento em estudo.
- Justificativa de não-participação em análises opcionais de biomarcadores.
- Declaração sobre a descontinuação do estudo.

- Declaração de acesso à medicação após o término do estudo.
- Declaração de grupo e fase.
- Carta de participação em estudos anteriores.

Agradecemos a colaboração,
Atenciosamente,

____
Nome do Investigador

____
Investigador Principal

OBS.: Imprimir em papel timbrado.

ANEXOS – LEGISLAÇÃO

Tabela 2. Resumo da regulamentação legal disponível

Ano	Resolução	Especificação	Pág.
1947	**Código de Nuremberg**	Tribunal Internacional de Nuremberg	**116**
1948	**DUDH**	Declaração Universal dos Direitos Humanos	**118**
1996	**Resolução CNS nº 196/96**	Diretrizes e normas regulamentadoras de pesquisas envolvendo seres humanos	**124**
1996	**Resolução nº 129/96**	Boas Práticas Clínicas – Grupo Mercado Comum (Mercosul)	**140**
1996	**Manual para a Boa Prática Clínica**	Tradução do *Good Clinical Practice Manual (GCP)*	**158**
1997	**Resolução CNS nº 251/97**	Norma regulamentadora da área temática de pesquisas com novos fármacos, medicamentos, vacinas e testes diagnósticos	**204**
1997	**Resolução CNS nº 222/97**	Prorroga o prazo de atuação do GET, estabelecido na Res. CNS nº 196/96, Capítulo X, item 2, por mais 90 dias	**213**
1999	**Resolução CNS nº 292/99**	Norma complementar à Res. CNS nº 196/96 que estabelece normas específicas para a aprovação de protocolos de pesquisa envolvendo seres humanos, coordenadas do exterior ou com participação estrangeira e que envolvam remessa de material biológico para o exterior	**214**
2002	**Regulamentação da Resolução CNS nº 292/99**	Regulamentação da Res. CNS nº 292/99 sobre pesquisas com cooperação estrangeira	**217**
2000	**Resolução CNS nº 301/00**	Defende os princípios da Declaração de Helsinque	**219**
2000	**Resolução CNS nº 303/00**	Complementa a Res. CNS nº 196/96	**220**
2002	**Lei nº 10.406/02**	Código Civil, Livro I – das pessoas, Título I – das pessoas naturais, Capítulo I – da personalidade e da capacidade	**222**

Ano	Resolução	Especificação	Pág.
2002	***International Ethical Guidelines for Biomedical Research Involving Human Subjects***	Preparado pelo *Council for International Organizations of Medical Sciences* (CIOMS) em colaboração com a *World Health Organization* (WHO)	**224**
2004	**Resolução CNS nº 340/04**	Aprova as Diretrizes para Análise Ética e Tramitação dos Projetos de Pesquisa da Área Temática Especial de Genética Humana	**281**
2005	**Resolução CNS nº 346/05**	Projetos multicêntricos conduzidos com protocolo único em vários centros de pesquisas	**287**
2005	**Resolução CNS nº 347/05**	Diretrizes para análise ética de projetos de pesquisa envolvendo armazenamento de materiais ou uso de materiais armazenados em pesquisas anteriores	**289**
2008	**Resolução nº 39/2008**	Aprova o regulamento para a realização de pesquisa clínica	**292**
2008	**Declaração de Helsinque**	*59th World Medical Association Declaration of Helsinki. Ethical Principles for Medical Reseach Involving Human Subjects*	**306**
2008	**Resolução CNS nº 404/08**	Propõe a retirada das notas de esclarecimento dos itens relacionados aos cuidados de saúde a serem disponibilizados aos voluntários e ao uso de placebo, uma vez que restringem os direitos dos voluntários à assistência à saúde, mantendo os textos da versão 2000 da Declaração de Helsinque	**311**
2009	**Resolução CNS nº 421/09**	Altera o inciso VIII-1, da Res. CNS nº 196/96	**313**

ANEXO 1
CÓDIGO DE NUREMBERG

CÓDIGO DE NUREMBERG

Tribunal Internacional de Nuremberg – 1947

Trials of war criminal before the Nuremberg Military Tribunals Control Council Law 1949;10(2):181-182.

1. O consentimento voluntário do ser humano é absolutamente essencial. Isso significa que as pessoas que serão submetidas ao experimento devem ser legalmente capazes de dar consentimento; essas pessoas devem exercer o livre direito de escolha sem qualquer intervenção de elementos de força, fraude, mentira, coação, astúcia ou outra forma de restrição posterior; devem ter conhecimento suficiente do assunto em estudo para tomarem uma decisão. Esse último aspecto exige que sejam explicados às pessoas a natureza, a duração e o propósito do experimento; os métodos segundo os quais será conduzido; as inconveniências e os riscos esperados; os efeitos sobre a saúde ou sobre a pessoa do participante, que, eventualmente, possam ocorrer, devido à sua participação no experimento. O dever e a responsabilidade de garantir a qualidade do consentimento repousam sobre o pesquisador que inicia ou dirige um experimento ou se compromete nele. São deveres e responsabilidades pessoais que não podem ser delegados a outrem impunemente.
2. O experimento deve ser tal que produza resultados vantajosos para a sociedade, que não possam ser buscados por outros métodos de estudo, mas não podem ser feitos de maneira casuística ou desnecessariamente.
3. O experimento deve ser baseado em resultados de experimentação em animais e no conhecimento da evolução da doença ou outros problemas em estudo; dessa maneira, os resultados já conhecidos justificam a condição do experimento.
4. O experimento deve ser conduzido de maneira a evitar todo sofrimento e danos desnecessários, quer físicos, quer materiais.
5. **Não deve ser conduzido qualquer experimento quando existirem razões para acreditar que** pode ocorrer morte ou invalidez permanente; exceto, talvez, quando o próprio médico pesquisador se submeter ao experimento.
6. O grau de risco aceitável deve ser limitado pela importância do problema que o pesquisador se propõe a resolver.
7. Devem ser tomados cuidados especiais para proteger o participante do experimento de qualquer possibilidade de dano, invalidez ou morte, mesmo que remota.

8. O experimento deve ser conduzido apenas por pessoas cientificamente qualificadas.
9. O participante do experimento deve ter a liberdade de se retirar no decorrer do experimento.
10. O pesquisador deve estar preparado para suspender os procedimentos experimentais em qualquer estágio, se ele tiver motivos razoáveis para acreditar que a continuação do experimento provavelmente causará dano, invalidez ou morte para os participantes.

Fonte: http://www.bioetica.ufrgs.br/nuremcod.htm

ANEXO 2
DUDH

DECLARAÇÃO UNIVERSAL DOS DIREITOS HUMANOS
Adotada e proclamada pela Resolução 217 A (III) da Assembleia Geral das Nações Unidas em 10 de dezembro de 1948

Preâmbulo

Considerando que o reconhecimento da dignidade inerente a todos os membros da família humana e de seus direitos iguais e inalienáveis é o fundamento da liberdade, da justiça e da paz no mundo,

Considerando que o desprezo e o desrespeito pelos direitos humanos resultaram em atos bárbaros que ultrajaram a consciência da Humanidade e que o advento de um mundo em que os homens gozem de liberdade de palavra, de crença e da liberdade de viverem a salvo do temor e da necessidade foi proclamado como a mais alta aspiração do homem comum,

Considerando essencial que os direitos humanos sejam protegidos pelo Estado de Direito, para que o homem não seja compelido, como último recurso, à rebelião contra a tirania e a opressão, considerando essencial promover o desenvolvimento de relações amistosas entre as nações,

Considerando que os povos das Nações Unidas reafirmaram, na Carta, sua fé nos direitos humanos fundamentais, na dignidade e no valor da pessoa humana e na igualdade de direitos dos homens e das mulheres, e que decidiram promover o progresso social e melhores condições de vida em uma liberdade mais ampla,

Considerando que os Estados-Membros se comprometeram a desenvolver, em cooperação com as Nações Unidas, o respeito universal aos direitos humanos e liberdades fundamentais e a observância desses direitos e liberdades,

Considerando que uma compreensão comum desses direitos e liberdades é da mais alta importância para o pleno cumprimento desse compromisso,

A Assembleia Geral proclama:

A presente Declaração Universal dos Diretos Humanos como o ideal comum a ser atingido por todos os povos e todas as nações, com o objetivo de que cada indivíduo e cada órgão da sociedade, tendo sempre em mente esta Declaração, se esforce, através do ensino e da educação, por promover o respeito a esses direitos e liberdades, e, pela adoção de medidas progressivas de caráter nacional e internacional, por assegurar o seu reconhecimento e a sua observância universais e efetivos, tanto entre os povos dos próprios Estados-Membros, quanto entre os povos dos territórios sob sua jurisdição.

Artigo I

Todas as pessoas nascem livres e iguais em dignidade e direitos. São dotadas de razão e consciência e devem agir em relação umas às outras com espírito de fraternidade.

Artigo II

Toda pessoa tem capacidade para gozar os direitos e as liberdades estabelecidos nesta Declaração, sem distinção de qualquer espécie, seja de raça, cor, sexo, língua, religião, opinião política ou de outra natureza, origem nacional ou social, riqueza, nascimento, ou qualquer outra condição.

Artigo III

Toda pessoa tem direito à vida, à liberdade e à segurança pessoal.

Artigo IV

Ninguém será mantido em escravidão ou servidão, a escravidão e o tráfico de escravos serão proibidos em todas as suas formas.

Artigo V

Ninguém será submetido à tortura, nem a tratamento ou castigo cruel, desumano ou degradante.

Artigo VI

Toda pessoa tem o direito de ser, em todos os lugares, reconhecida como pessoa perante a lei.

Artigo VII

Todos são iguais perante a lei e têm direito, sem qualquer distinção, a igual proteção da lei. Todos têm direito a igual proteção contra qualquer discriminação que viole a presente Declaração e contra qualquer incitamento a tal discriminação.

Artigo VIII

Toda pessoa tem direito a receber dos tributos nacionais competentes remédio efetivo para os atos que violem os direitos fundamentais que lhe sejam reconhecidos pela constituição ou pela lei.

Artigo IX

Ninguém será arbitrariamente preso, detido ou exilado.

Artigo X

Toda pessoa tem direito, em plena igualdade, a uma audiência justa e pública por parte de um tribunal independente e imparcial, para decidir de seus direitos e deveres ou do fundamento de qualquer acusação criminal contra ela.

Artigo XI

1. Toda pessoa acusada de um ato delituoso tem o direito de ser presumida inocente até que a sua culpabilidade tenha sido provada de acordo com a lei, em julgamento público no qual lhe tenham sido asseguradas todas as garantias necessárias à sua defesa.
2. Ninguém poderá ser culpado por qualquer ação ou omissão que, no momento, não constituíam delito perante o direito nacional ou internacional. Tampouco será imposta pena mais forte do que aquela que, no momento da prática, era aplicável ao ato delituoso.

Artigo XII

Ninguém será sujeito a interferências na sua vida privada, na sua família, no seu lar ou na sua correspondência, nem a ataques à sua honra e reputação. Toda pessoa tem direito à proteção da lei contra tais interferências ou ataques.

Artigo XIII

1. Toda pessoa tem direito à liberdade de locomoção e residência dentro das fronteiras de cada Estado.
2. Toda pessoa tem o direito de deixar qualquer país, inclusive o próprio, e a este regressar.

Artigo XIV

1. Toda pessoa, vítima de perseguição, tem o direito de procurar e de gozar asilo em outros países.
2. Este direito não pode ser invocado em caso de perseguição legitimamente motivada por crimes de direito comum ou por atos contrários aos propósitos e princípios das Nações Unidas.

Artigo XV

1. Toda pessoa tem direito a uma nacionalidade.
2. Ninguém será arbitrariamente privado de sua nacionalidade, nem do direito de mudar de nacionalidade.

Artigo XVI

1. Os homens e mulheres de maior idade, sem qualquer restrição de raça, nacionalidade ou religião, têm o direito de contrair matrimônio e fundar uma família. Gozam de iguais direitos em relação ao casamento, sua duração e sua dissolução.
2. O casamento não será válido senão com o livre e pleno consentimento dos nubentes.

Artigo XVII

1. Toda pessoa tem direito à propriedade, só ou em sociedade com outros.
2. Ninguém será arbitrariamente privado de sua propriedade.

Artigo XVIII

Toda pessoa tem direito à liberdade de pensamento, consciência e religião; este direito inclui a liberdade de mudar de religião ou crença e a liberdade de manifestar essa religião ou crença, pelo ensino, pela prática, pelo culto e pela observância, isolada ou coletivamente, em público ou em particular.

Artigo XIX

Toda pessoa tem direito à liberdade de opinião e expressão; este direito inclui a liberdade de, sem interferência, ter opiniões e de procurar, receber e transmitir informações e ideias por quaisquer meios e independentemente de fronteiras.

Artigo XX

1. Toda pessoa tem direito à liberdade de reunião e associação pacíficas.
2. Ninguém pode ser obrigado a fazer parte de uma associação.

Artigo XXI

1. Toda pessoa tem o direito de tomar parte no governo de seu país, diretamente ou por intermédio de representantes livremente escolhidos.
2. Toda pessoa tem igual direito de acesso ao serviço público do seu país.
3. A vontade do povo será a base da autoridade do governo; esta vontade será expressa em eleições periódicas e legítimas, por sufrágio universal, por voto secreto ou processo equivalente que assegure a liberdade de voto.

Artigo XXII

Toda pessoa, como membro da sociedade, tem direito à segurança social e à realização, pelo esforço nacional, pela cooperação internacional e de acordo com a organização e recursos de cada Estado, dos direitos econômicos, sociais e culturais indispensáveis à sua dignidade e ao livre desenvolvimento da sua personalidade.

Artigo XXIII

1. Toda pessoa tem direito ao trabalho, à livre escolha de emprego, a condições justas e favoráveis de trabalho e à proteção contra o desemprego.
2. Toda pessoa, sem qualquer distinção, tem direito a igual remuneração por igual trabalho.
3. Toda pessoa que trabalhe tem direito a uma remuneração justa e satisfatória, que lhe assegure, assim como à sua família, uma existência compatível com a dignidade humana, e a que se acrescentarão, se necessário, outros meios de proteção social.
4. Toda pessoa tem direito a organizar sindicatos e neles ingressar para proteção de seus interesses.

Artigo XXIV

Toda pessoa tem direito a repouso e lazer, inclusive a limitação razoável das horas de trabalho e férias periódicas remuneradas.

Artigo XXV

1. Toda pessoa tem direito a um padrão de vida capaz de assegurar a si e a sua família saúde e bem-estar, inclusive alimentação, vestuário, habitação, cuidados médicos e os serviços sociais indispensáveis, e direito à segurança em caso de desemprego, doença, invalidez, viuvez, velhice ou outros casos de perda dos meios de subsistência fora de seu controle.
2. A maternidade e a infância têm direito a cuidados e assistência especiais. Todas as crianças, nascidas dentro ou fora do matrimônio, gozarão da mesma proteção social.

Artigo XXVI

1. Toda pessoa tem direito à instrução. A instrução será gratuita, pelo menos nos graus elementares e fundamentais. A instrução elementar será obrigatória. A instrução técnico-profissional será acessível a todos, bem como a instrução superior, esta baseada no mérito.
2. A instrução será orientada no sentido do pleno desenvolvimento da personalidade humana e do fortalecimento do respeito pelos direitos humanos e pelas liberdades fundamentais. A instrução promoverá a

compreensão, a tolerância e a amizade entre todas as nações e grupos raciais ou religiosos, e coadjuvará as atividades das Nações Unidas em prol da manutenção da paz.

3. Os pais têm prioridade de direito na escolha do gênero de instrução que será ministrada a seus filhos.

Artigo XXVII

1. Toda pessoa tem o direito de participar livremente da vida cultural da comunidade, de fruir as artes e de participar do processo científico e de seus benefícios.
2. Toda pessoa tem direito à proteção dos interesses morais e materiais decorrentes de qualquer produção científica, literária ou artística da qual seja autor.

Artigo XVIII

Toda pessoa tem direito a uma ordem social e internacional em que os direitos e liberdades estabelecidos na presente Declaração possam ser plenamente realizados.

Artigo XXIX

1. Toda pessoa tem deveres para com a comunidade, em que o livre e pleno desenvolvimento de sua personalidade é possível.
2. No exercício de seus direitos e liberdades, toda pessoa estará sujeita apenas às limitações determinadas pela lei, exclusivamente com o fim de assegurar o devido reconhecimento e respeito dos direitos e liberdades de outrem e de satisfazer às justas exigências da moral, da ordem pública e do bem-estar de uma sociedade democrática.
3. Esses direitos e liberdades não podem, em hipótese alguma, ser exercidos contrariamente aos propósitos e princípios das Nações Unidas.

Artigo XXX

Nenhuma disposição da presente Declaração pode ser interpretada como o reconhecimento a qualquer Estado, grupo ou pessoa, do direito de exercer qualquer atividade ou praticar qualquer ato destinado à destruição de quaisquer dos direitos e liberdades aqui estabelecidos.

Fonte: http://portal.mj.gov.br/sedh/ct/legis_intern/ddh_bib_inter_universal.htm

ANEXO 3

RESOLUÇÃO CNS Nº 196/96

CONSELHO NACIONAL DE SAÚDE
RESOLUÇÃO Nº 196 DE 10 DE OUTUBRO DE 1996

O Plenário do Conselho Nacional de Saúde em sua Quinquagésima Nona Reunião Ordinária, realizada nos dias 09 e 10 de outubro de 1996, no uso de suas competências regimentais e atribuições conferidas pela Lei nº 8.080, de 19 de setembro de 1990, e pela Lei nº 8.142, de 28 de dezembro de 1990, **RESOLVE:**

Aprovar as seguintes diretrizes e normas regulamentadoras de pesquisas envolvendo seres humanos:

I – Preâmbulo

A presente Resolução fundamenta-se nos principais documentos internacionais que emanaram declarações e diretrizes sobre pesquisas que envolvem seres humanos: o Código de Nuremberg (1947), a Declaração dos Direitos do Homem (1948), a Declaração de Helsinque (1964 e suas versões posteriores de 1975, 1983 e 1989), o Acordo Internacional sobre Direitos Civis e Políticos (ONU, 1966, aprovado pelo Congresso Nacional Brasileiro em 1992), as Propostas de Diretrizes Éticas Internacionais para Pesquisas Biomédicas Envolvendo Seres Humanos (CIOMS/OMS 1982 e 1993) e as Diretrizes Internacionais para Revisão Ética de Estudos Epidemiológicos (CIOMS, 1991). Cumpre as disposições da Constituição da República Federativa do Brasil de 1988 e da legislação brasileira correlata: Código de Direitos do Consumidor, Código Civil e Código Penal, Estatuto da Criança e do Adolescente, Lei Orgânica da Saúde 8.080, de 19/09/90 (dispõe sobre as condições de atenção à saúde, a organização e o funcionamento dos serviços correspondentes), Lei 8.142, de 28/12/90 (participação da comunidade na gestão do Sistema Único de Saúde), Decreto 99.438, de 07/08/90 (organização e atribuições do Conselho Nacional de Saúde), Decreto 98.830, de 15/01/90 (coleta por estrangeiros de dados e materiais científicos no Brasil), Lei 8.489, de 18/11/92, e Decreto 879, de 22/07/93 (dispõem sobre retirada de tecidos, órgãos e outras partes do corpo humano com fins humanitários e científicos), Lei 8.501, de 30/11/92 (utilização de cadáver), Lei 8.974, de 05/01/95 (uso das técnicas de engenharia genética e liberação no meio ambiente de organismos geneticamente modificados), Lei 9.279, de 14/05/96 (regula direitos e obrigações relativos à propriedade industrial), e outras.

Esta Resolução incorpora, sob a ótica do indivíduo e das coletividades, os quatro referenciais básicos da bioética: autonomia, não-maleficência, beneficência e justiça, entre outros, e visa assegurar os direitos e deveres que dizem respeito à comunidade científica, aos sujeitos da pesquisa e ao Estado.

O caráter contextual das considerações aqui desenvolvidas implica revisões periódicas desta Resolução, conforme necessidades nas áreas tecnocientífica e ética.

Ressalta-se, ainda, que cada área temática de investigação e cada modalidade de pesquisa, além de respeitar os princípios emanados deste texto, deve cumprir com as exigências setoriais e regulamentações específicas.

II – Termos e definições

A presente Resolução adota no seu âmbito as seguintes definições:

II.1 – Pesquisa: classe de atividades cujo objetivo é desenvolver ou contribuir para o conhecimento generalizável. O conhecimento generalizável consiste em teorias, relações ou princípios ou no acúmulo de informações sobre as quais estão baseados, que possam ser corroborados por métodos científicos aceitos de observação e inferência.

II.2 – Pesquisa envolvendo seres humanos: pesquisa que, individual ou coletivamente, envolva o ser humano, de forma direta ou indireta, em sua totalidade ou partes dele, incluindo o manejo de informações ou materiais.

II.3 – Protocolo de Pesquisa: Documento contemplando a descrição da pesquisa em seus aspectos fundamentais, informações relativas ao sujeito da pesquisa, à qualificação dos pesquisadores e a todas as instâncias responsáveis.

II.4 – Pesquisador responsável: pessoa responsável pela coordenação e realização da pesquisa e pela integridade e bem-estar dos sujeitos da pesquisa.

II.5 – Instituição de pesquisa: organização, pública ou privada, legitimamente constituída e habilitada, na qual são realizadas investigações científicas.

II.6 – Promotor: indivíduo ou instituição responsável pela promoção da pesquisa.

II.7 – Patrocinador: pessoa física ou jurídica que apoia financeiramente a pesquisa.

II.8 – Risco da pesquisa: possibilidade de danos à dimensão física, psíquica, moral, intelectual, social, cultural ou espiritual do ser humano, em qualquer fase de uma pesquisa e dela decorrente.

II.9 – Dano associado ou decorrente da pesquisa: agravo imediato ou tardio, ao indivíduo ou à coletividade, com nexo causal comprovado, direto ou indireto, decorrente do estudo científico.

II.10 – Sujeito da pesquisa: é o(a) participante pesquisado(a), individual ou coletivamente, de caráter voluntário, vedada qualquer forma de remuneração.

II.11 – Consentimento livre e esclarecido: anuência do sujeito da pesquisa e/ou de seu representante legal, livre de vícios (simulação, fraude ou erro), dependência, subordinação ou intimidação, após explicação completa e pormenorizada sobre a natureza da pesquisa, seus objetivos, métodos, benefícios previstos, potenciais riscos e o incômodo que esta possa acarretar, formulada em um termo de consentimento, autorizando sua participação voluntária na pesquisa.

II.12 – Indenização: cobertura material, em reparação a dano imediato ou tardio, causado pela pesquisa ao ser humano a ela submetido.

II.13 – Ressarcimento: cobertura, em compensação, exclusiva de despesas decorrentes da participação do sujeito na pesquisa.

II.14 – Comitês de Ética em Pesquisa – CEP: colegiados interdisciplinares e independentes, com *munus publico*, de caráter consultivo, deliberativo e educativo, criados para defender os interesses dos sujeitos da pesquisa em sua integridade e dignidade e para contribuir no desenvolvimento da pesquisa dentro de padrões éticos.

II.15 – Vulnerabilidade: refere-se a estado de pessoas ou grupos que, por quaisquer razões ou motivos, tenham a sua capacidade de autodeterminação reduzida, sobretudo, no que se refere ao consentimento livre e esclarecido.

II.16 – Incapacidade: refere-se ao possível sujeito da pesquisa que não tenha capacidade civil para dar o seu consentimento livre e esclarecido, devendo ser assistido ou representado, de acordo com a legislação brasileira vigente.

III – Aspectos éticos da pesquisa envolvendo seres humanos

As pesquisas envolvendo seres humanos devem atender às exigências éticas e científicas fundamentais.

III.1 – A eticidade da pesquisa implica:

a) consentimento livre e esclarecido dos indivíduos-alvo e a proteção a grupos vulneráveis e aos legalmente incapazes (autonomia). Neste sentido, a pesquisa envolvendo seres humanos deverá sempre tratá-los em sua dignidade, respeitá-los em sua autonomia e defendê-los em sua vulnerabilidade;

b) ponderação entre riscos e benefícios, tanto atuais como potenciais, individuais ou coletivos (beneficência), comprometendo-se com o máximo de benefícios e o mínimo de danos e riscos;

c) garantia de que danos previsíveis serão evitados (não-maleficência);

d) relevância social da pesquisa com vantagens significativas para os sujeitos da pesquisa e minimização do ônus para os sujeitos vulneráveis, o que garante a igual consideração dos interesses envolvidos, não perdendo o sentido de sua destinação sócio-humanitária (justiça e equidade).

III.2 – Todo procedimento de qualquer natureza envolvendo o ser humano, cuja aceitação não esteja ainda consagrada na literatura científica, será considerado como pesquisa e, portanto, deverá obedecer às diretrizes da presente Resolução. Os procedimentos referidos incluem, entre outros, os de natureza instrumental, ambiental, nutricional, educacional, sociológica, econômica, física, psíquica ou biológica, sejam eles farmacológicos, clínicos ou cirúrgicos e de finalidade preventiva, diagnóstica ou terapêutica.

III.3 – A pesquisa em qualquer área do conhecimento, envolvendo seres humanos, deverá observar as seguintes exigências:

a) ser adequada aos princípios científicos que a justifiquem e com possibilidades concretas de responder a incertezas;

b) estar fundamentada na experimentação prévia realizada em laboratórios, animais ou em outros fatos científicos;

c) ser realizada somente quando o conhecimento que se pretende obter não possa ser obtido por outro meio;

d) prevalecer sempre as probabilidades dos benefícios esperados sobre os riscos previsíveis;

e) obedecer a metodologia adequada. Se houver necessidade de distribuição aleatória dos sujeitos da pesquisa em grupos experimentais e de controle, assegurar que, *a priori*, não seja possível estabelecer as vantagens de um procedimento sobre outro por meio de revisão de literatura, métodos observacionais ou métodos que não envolvam seres humanos;

f) ter plenamente justificada, quando for o caso, a utilização de placebo, em termos de não-maleficência e de necessidade metodológica;

g) contar com o consentimento livre e esclarecido do sujeito da pesquisa e/ou seu representante legal;

h) contar com os recursos humanos e materiais necessários que garantam o bem-estar do sujeito da pesquisa, devendo ainda haver adequação entre a competência do pesquisador e o projeto proposto;

i) prever procedimentos que assegurem a confidencialidade e a privacidade, a proteção da imagem e a não estigmatização, garantindo a não utilização das informações em prejuízo das pessoas e/ou das comunidades, inclusive em termos de autoestima, de prestígio e/ou econômico-financeiro;

j) ser desenvolvida preferencialmente em indivíduos com autonomia plena. Indivíduos ou grupos vulneráveis não devem ser sujeitos de pesquisa quando a informação desejada possa ser obtida por meio de sujeitos com plena autonomia, a menos que a investigação possa trazer benefícios diretos aos vulneráveis. Nestes casos, o direito dos indivíduos ou grupos que queiram participar da pesquisa deve ser assegurado, desde que seja garantida a proteção à sua vulnerabilidade e incapacidade legalmente definida;

k) respeitar sempre os valores culturais, sociais, morais, religiosos e éticos, bem como os hábitos e costumes quando as pesquisas envolverem comunidades;

l) garantir que as pesquisas em comunidades, sempre que possível, se traduzam em benefícios cujos efeitos continuem a se fazer sentir após sua conclusão. O projeto deve analisar as necessidades de cada um dos membros

da comunidade e analisar as diferenças presentes entre eles, explicitando como será assegurado o respeito a elas;
m) garantir o retorno dos benefícios obtidos por meio das pesquisas para as pessoas e as comunidades onde elas forem realizadas. Quando, no interesse da comunidade, houver benefício real em incentivar ou estimular mudanças de costumes ou comportamentos, o protocolo de pesquisa deve incluir, sempre que possível, disposições para comunicar tal benefício às pessoas e/ou comunidades;
n) comunicar às autoridades sanitárias os resultados da pesquisa, sempre que estes puderem contribuir para a melhoria das condições de saúde da coletividade, preservando, porém, a imagem e assegurando que os sujeitos da pesquisa não sejam estigmatizados ou percam a autoestima;
o) assegurar aos sujeitos da pesquisa os benefícios resultantes do projeto, seja em termos de retorno social, acesso aos procedimentos, produtos ou agentes da pesquisa;
p) assegurar aos sujeitos da pesquisa as condições de acompanhamento, tratamento ou de orientação, conforme o caso, nas pesquisas de rastreamento; demonstrar a preponderância de benefícios sobre riscos e custos;
q) assegurar a inexistência de conflito de interesses entre o pesquisador e os sujeitos da pesquisa ou patrocinador do projeto;
r) comprovar, nas pesquisas conduzidas do exterior ou com cooperação estrangeira, os compromissos e as vantagens para os sujeitos das pesquisas e para o Brasil, decorrentes de sua realização. Nestes casos, deve ser identificado o pesquisador e a instituição nacionais corresponsáveis pela pesquisa. O protocolo deverá observar as exigências da Declaração de Helsinque e incluir documento de aprovação, no país de origem, entre os apresentados para avaliação do Comitê de Ética em Pesquisa da instituição brasileira, que exigirá o cumprimento de seus próprios referenciais éticos. Os estudos patrocinados do exterior também devem responder às necessidades de treinamento de pessoal no Brasil, para que o País possa desenvolver projetos similares de forma independente;
s) utilizar o material biológico e os dados obtidos na pesquisa exclusivamente para a finalidade prevista no seu protocolo;
t) levar em conta, nas pesquisas realizadas em mulheres em idade fértil ou em mulheres grávidas, a avaliação de riscos e benefícios e as eventuais interferências sobre a fertilidade, a gravidez, o embrião ou o feto, o trabalho de parto, o puerpério, a lactação e o recém-nascido;
u) considerar que as pesquisas em mulheres grávidas devem ser precedidas de pesquisas em mulheres fora do período gestacional, exceto quando a gravidez for o objetivo fundamental da pesquisa;

v) propiciar, nos estudos multicêntricos, a participação dos pesquisadores que desenvolverão a pesquisa na elaboração do delineamento geral do projeto; e

w) descontinuar o estudo somente após análise das razões da descontinuidade pelo CEP que a aprovou.

IV – Consentimento livre e esclarecido

O respeito devido à dignidade humana exige que toda pesquisa se processe após consentimento livre e esclarecido dos sujeitos, indivíduos ou grupos que, por si e/ou por seus representantes legais, manifestem a sua anuência à participação na pesquisa.

IV.1 – Exige-se que o esclarecimento dos sujeitos se faça em linguagem acessível e que inclua necessariamente os seguintes aspectos:

a) a justificativa, os objetivos e os procedimentos que serão utilizados na pesquisa;

b) os desconfortos e riscos possíveis e os benefícios esperados;

c) os métodos alternativos existentes;

d) a forma de acompanhamento e assistência, assim como seus responsáveis;

e) a garantia de esclarecimentos, antes e durante o curso da pesquisa, sobre a metodologia, informando a possibilidade de inclusão em grupo-controle ou placebo;

f) a liberdade de o sujeito se recusar a participar ou retirar seu consentimento, em qualquer fase da pesquisa, sem penalização alguma e sem prejuízo ao seu cuidado;

g) a garantia do sigilo que assegure a privacidade dos sujeitos quanto aos dados confidenciais envolvidos na pesquisa;

h) as formas de ressarcimento das despesas decorrentes da participação na pesquisa; e

i) as formas de indenização diante de eventuais danos decorrentes da pesquisa.

IV.2 – O termo de consentimento livre e esclarecido obedecerá aos seguintes requisitos:

a) ser elaborado pelo pesquisador responsável, expressando o cumprimento de cada uma das exigências acima;

b) ser aprovado pelo Comitê de Ética em Pesquisa que referenda a investigação;

c) ser assinado ou identificado por impressão dactiloscópica, por todos e cada um dos sujeitos da pesquisa ou por seus representantes legais; e

d) ser elaborado em duas vias, sendo uma retida pelo sujeito da pesquisa ou por seu representante legal e uma arquivada pelo pesquisador.

IV.3 – Nos casos em que haja qualquer restrição à liberdade ou ao esclarecimento necessários para o adequado consentimento, deve-se ainda observar:

a) em pesquisas envolvendo crianças e adolescentes, portadores de perturbação ou doença mental e sujeitos em situação de substancial diminuição em suas capacidades de consentimento, deverá haver justificação clara da escolha dos sujeitos da pesquisa, especificada no protocolo, aprovada pelo Comitê de Ética em Pesquisa, e cumprir as exigências do consentimento livre e esclarecido, por meio dos representantes legais dos referidos sujeitos, sem suspensão do direito de informação do indivíduo, no limite de sua capacidade;
b) a liberdade do consentimento deverá ser particularmente garantida para aqueles sujeitos que, embora adultos e capazes, estejam expostos a condicionamentos específicos ou à influência de autoridade, especialmente estudantes, militares, empregados, presidiários, internos em centros de readaptação, casas-abrigo, asilos, associações religiosas e semelhantes, assegurando-lhes a inteira liberdade de participar ou não da pesquisa, sem quaisquer represálias;
c) nos casos em que seja impossível registrar o consentimento livre e esclarecido, tal fato deve ser devidamente documentado, com explicação das causas da impossibilidade, e parecer do Comitê de Ética em Pesquisa;
d) as pesquisas em pessoas com o diagnóstico de morte encefálica só podem ser realizadas desde que estejam preenchidas as seguintes condições:

- documento comprobatório da morte encefálica (atestado de óbito);
- consentimento explícito dos familiares e/ou do responsável legal, ou manifestação prévia da vontade da pessoa;
- respeito total à dignidade do ser humano sem mutilação ou violação do corpo;
- sem ônus econômico financeiro adicional à família;
- sem prejuízo para outros pacientes aguardando internação ou tratamento;
- possibilidade de obter conhecimento científico relevante, novo e que não possa ser obtido de outra maneira;

e) em comunidades culturalmente diferenciadas, inclusive indígenas, deve-se contar com a anuência antecipada da comunidade por meio dos seus próprios líderes, não se dispensando, porém, esforços no sentido de obtenção do consentimento individual;
f) quando o mérito da pesquisa depender de alguma restrição de informações aos sujeitos, tal fato deve ser devidamente explicitado e justificado pelo pesquisador e submetido ao Comitê de Ética em Pesquisa. Os dados obtidos a partir dos sujeitos da pesquisa não poderão ser usados para outros fins que os não previstos no protocolo e/ou no consentimento.

V – Riscos e benefícios

Considera-se que toda pesquisa envolvendo seres humanos envolve risco. O dano eventual poderá ser imediato ou tardio, comprometendo o indivíduo ou a coletividade.

V.1 – Não obstante os riscos potenciais, as pesquisas envolvendo seres humanos serão admissíveis quando:

a) oferecerem elevada possibilidade de gerar conhecimento para entender, prevenir ou aliviar um problema que afete o bem-estar dos sujeitos da pesquisa e de outros indivíduos;

b) o risco se justifique pela importância do benefício esperado;

c) o benefício seja maior, ou no mínimo igual, a outras alternativas já estabelecidas para a prevenção, o diagnóstico e o tratamento.

V.2 – As pesquisas sem benefício direto ao indivíduo devem prever condições de serem bem suportadas pelos sujeitos da pesquisa, considerando sua situação física, psicológica, social e educacional.

V.3 – O pesquisador responsável é obrigado a suspender a pesquisa imediatamente ao perceber algum risco ou dano à saúde do sujeito participante da pesquisa, consequente a esta, não previsto no termo de consentimento. Do mesmo modo, tão logo constatada a superioridade de um método em estudo sobre outro, o projeto deverá ser suspenso, oferecendo-se a todos os sujeitos os benefícios do melhor regime.

V.4 – O Comitê de Ética em Pesquisa da instituição deverá ser informado de todos os efeitos adversos ou fatos relevantes que alterem o curso normal do estudo.

V.5 – O pesquisador, o patrocinador e a instituição devem assumir a responsabilidade de dar assistência integral às complicações e danos decorrentes dos riscos previstos.

V.6 – Os sujeitos da pesquisa que vierem a sofrer qualquer tipo de dano previsto ou não no termo de consentimento e resultante de sua participação, além do direito à assistência integral, têm direito à indenização.

V.7 – Jamais poderá ser exigido do sujeito da pesquisa, sob qualquer argumento, renúncia ao direito à indenização por dano. O formulário do consentimento livre e esclarecido não deve conter nenhuma ressalva que afaste essa responsabilidade ou que implique ao sujeito da pesquisa abrir mão de seus direitos legais, incluindo o direito de procurar obter indenização por danos eventuais.

VI – Protocolo de pesquisa

O protocolo a ser submetido à revisão ética somente poderá ser apreciado se estiver instruído com os seguintes documentos, em português:

VI.1 – folha de rosto: título do projeto, nome, número da carteira de identidade, CPF, telefone e endereço para correspondência do pesquisador responsável e do patrocinador, nome e assinaturas dos dirigentes da instituição e/ou organização;
VI.2 – descrição da pesquisa, compreendendo os seguintes itens:
a) descrição dos propósitos e das hipóteses a serem testadas;
b) antecedentes científicos e dados que justifiquem a pesquisa. Se o propósito for testar um novo produto ou dispositivo para a saúde, de procedência estrangeira ou não, deverá ser indicada a situação atual de registro junto a agências regulatórias do país de origem;
c) descrição detalhada e ordenada do projeto de pesquisa (material e métodos, casuística, resultados esperados e bibliografia);
d) análise crítica de riscos e benefícios;
e) duração total da pesquisa, a partir da aprovação;
f) explicitação das responsabilidades do pesquisador, da instituição, do promotor e do patrocinador;
g) explicitação de critérios para suspender ou encerrar a pesquisa;
h) local da pesquisa: detalhar as instalações dos serviços, centros, comunidades e instituições nas quais se processarão as várias etapas da pesquisa;
i) demonstrativo da existência de infraestrutura necessária ao desenvolvimento da pesquisa e para atender a eventuais problemas dela resultantes, com a concordância documentada da instituição;
j) orçamento financeiro detalhado da pesquisa: recursos, fontes e destinação, bem como a forma e o valor da remuneração do pesquisador;
k) explicitação de acordo preexistente quanto à propriedade das informações geradas, demonstrando a inexistência de qualquer cláusula restritiva quanto à divulgação pública dos resultados, a menos que se trate de caso de obtenção de patenteamento; neste caso, os resultados devem se tornar públicos, tão logo se encerre a etapa de patenteamento;
l) declaração de que os resultados da pesquisa serão tornados públicos, sejam eles favoráveis ou não; e
m) declaração sobre o uso e destinação do material e/ou dados coletados.
VI.3 – informações relativas ao sujeito da pesquisa:
a) descrever as características da população a estudar: tamanho, faixa etária, sexo, cor (classificação do IBGE), estado geral de saúde, classes e grupos sociais, etc. Expor as razões para a utilização de grupos vulneráveis;
b) descrever os métodos que afetem diretamente os sujeitos da pesquisa;
c) identificar as fontes de material de pesquisa, tais como espécimens, registros e dados a serem obtidos de seres humanos. Indicar se esse material será obtido especificamente para os propósitos da pesquisa ou se será usado para outros fins;

d) descrever os planos para o recrutamento de indivíduos e os procedimentos a serem seguidos. Fornecer critérios de inclusão e exclusão;

e) apresentar o formulário ou termo de consentimento, específico para a pesquisa, para a apreciação do Comitê de Ética em Pesquisa, incluindo informações sobre as circunstâncias sob as quais o consentimento será obtido, quem irá tratar de obtê-lo e a natureza da informação a ser fornecida aos sujeitos da pesquisa;

f) descrever qualquer risco, avaliando sua possibilidade e gravidade;

g) descrever as medidas para proteção ou minimização de qualquer risco eventual. Quando apropriado, descrever as medidas para assegurar os necessários cuidados à saúde, no caso de danos aos indivíduos. Descrever também os procedimentos para o monitoramento da coleta de dados para prover a segurança dos indivíduos, incluindo as medidas de proteção à confidencialidade; e

h) apresentar previsão de ressarcimento de gastos aos sujeitos da pesquisa. A importância referente não poderá ser de tal monta que possa interferir na autonomia da decisão do indivíduo ou responsável de participar ou não da pesquisa.

VI.4 – qualificação dos pesquisadores: *Curriculum vitae* do pesquisador responsável e dos demais participantes.

VI.5 – termo de compromisso do pesquisador responsável e da instituição de cumprir os termos desta Resolução.

VII – Comitê de Ética em Pesquisa – CEP

Toda pesquisa envolvendo seres humanos deverá ser submetida à apreciação de um Comitê de Ética em Pesquisa.

VII.1 – As instituições nas quais se realizem pesquisas envolvendo seres humanos deverão constituir um ou mais de um Comitê de Ética em Pesquisa – CEP, conforme suas necessidades.

VII.2 – Na impossibilidade de se constituir CEP, a instituição ou o pesquisador responsável deverá submeter o projeto à apreciação do CEP de outra instituição, preferencialmente, dentre os indicados pela Comissão Nacional de Ética em Pesquisa (CONEP/MS).

VII.3 – Organização: a organização e criação do CEP será da competência da instituição, respeitadas as normas desta Resolução, assim como o provimento de condições adequadas para o seu funcionamento.

VII.4 – Composição: o CEP deverá ser constituído por colegiado com número não inferior a 7 (sete) membros. Sua constituição deverá incluir a participação de profissionais da área de saúde, das ciências exatas, sociais e humanas, incluindo, por exemplo, juristas, teólogos, sociólogos, filósofos, bioeticistas e, pelo menos, um membro da sociedade representando os usuários da instituição. Poderá variar na sua composição, dependendo das especificidades da instituição e das linhas de pesquisa a serem analisadas.

VII.5 – Terá sempre caráter multi e transdisciplinar, não devendo haver mais que metade de seus membros pertencentes à mesma categoria profissional, participando pessoas dos dois sexos. Poderá ainda contar com consultores *ad hoc*, pessoas pertencentes ou não à instituição, com a finalidade de fornecer subsídios técnicos.

VII.6 – No caso de pesquisas em grupos vulneráveis, comunidades e coletividades, deverá ser convidado um representante, como membro *ad hoc* do CEP, para participar da análise do projeto específico.

VII.7 – Nas pesquisas em população indígena deverá participar um consultor familiarizado com os costumes e tradições da comunidade.

VII.8 – Os membros do CEP deverão se isentar de tomada de decisão, quando diretamente envolvidos na pesquisa em análise.

VII.9 – Mandato e escolha dos membros: o composição de cada CEP deverá ser definida a critério da instituição, sendo pelo menos metade dos membros, com experiência em pesquisa, eleitos pelos seus pares. A escolha da coordenação de cada Comitê deverá ser feita pelos membros que compõem o colegiado, durante a primeira reunião de trabalho. Será de três anos a duração do mandato, sendo permitida recondução.

VII.10 – Remuneração: os membros do CEP não poderão ser remunerados no desempenho desta tarefa, sendo recomendável, porém, que sejam dispensados nos horários de trabalho do Comitê das outras obrigações nas instituições às quais prestam serviço, podendo receber ressarcimento de despesas efetuadas com transporte, hospedagem e alimentação.

VII.11 – Arquivo: o CEP deverá manter em arquivo o projeto, o protocolo e os relatórios correspondentes, por 5 (cinco) anos após o encerramento do estudo.

VII.12 – Liberdade de trabalho: os membros dos CEPs deverão ter total independência na tomada das decisões no exercício das suas funções, mantendo sob caráter confidencial as informações recebidas. Deste modo, não podem sofrer qualquer tipo de pressão por parte de superiores hierárquicos ou pelos interessados em determinada pesquisa, devem isentar-se de envolvimento financeiro e não devem estar submetidos a conflito de interesse.

VII.13 – Atribuições do CEP:

a) revisar todos os protocolos de pesquisa envolvendo seres humanos, inclusive os multicêntricos, cabendo-lhe a responsabilidade primária pelas decisões sobre a ética da pesquisa a ser desenvolvida na instituição, de modo a garantir e resguardar a integridade e os direitos dos voluntários participantes nas referidas pesquisas;

b) emitir parecer consubstanciado por escrito, no prazo máximo de 30 (trinta) dias, identificando com clareza o ensaio, documentos estudados e data de revisão. A revisão de cada protocolo culminará com seu enquadramento em uma das seguintes categorias:

- aprovado;
- com pendência: quando o Comitê considera o protocolo como aceitável, porém, identifica determinados problemas no protocolo, no formulário do consentimento ou em ambos, e recomenda uma revisão específica ou solicita uma modificação ou informação relevante, que deverá ser atendida em 60 (sessenta) dias pelos pesquisadores;
- retirado: quando, transcorrido o prazo, o protocolo permanece pendente;
- não aprovado; e
- aprovado e encaminhado, com o devido parecer, para apreciação pela Comissão Nacional de Ética em Pesquisa – CONEP/MS, nos casos previstos no capítulo VIII, item 4.c.

c) manter a guarda confidencial de todos os dados obtidos na execução de sua tarefa e arquivamento do protocolo completo, que ficará à disposição das autoridades sanitárias;

d) acompanhar o desenvolvimento dos projetos por meio de relatórios anuais dos pesquisadores;

e) desempenhar papel consultivo e educativo, fomentando a reflexão em torno da ética na ciência;

f) receber dos sujeitos da pesquisa ou de qualquer outra parte denúncias de abusos ou notificação sobre fatos adversos que possam alterar o curso normal do estudo, decidindo pela continuidade, modificação ou suspensão da pesquisa, devendo, se necessário, adequar o termo de consentimento. Considera-se como antiética a pesquisa descontinuada sem justificativa aceita pelo CEP que a aprovou;

g) requerer instauração de sindicância à direção da instituição em caso de denúncias de irregularidades de natureza ética nas pesquisas e, havendo comprovação, comunicar à Comissão Nacional de Ética em Pesquisa – CONEP/MS, e, no que couber, a outras instâncias; e

h) manter comunicação regular e permanente com a CONEP/MS.

VII.14 – Atuação do CEP:

a) a revisão ética de toda e qualquer proposta de pesquisa envolvendo seres humanos não poderá ser dissociada da sua análise científica. Pesquisa que não se faça acompanhar do respectivo protocolo não deve ser analisada pelo Comitê.

b) cada CEP deverá elaborar suas normas de funcionamento, contendo metodologia de trabalho, a exemplo de: elaboração das atas; planejamento anual de suas atividades; periodicidade de reuniões; número mínimo de presentes para início das reuniões; prazos para emissão de pareceres; critérios para solicitação de consultas de *experts* na área em que se desejam informações técnicas; modelo de tomada de decisão, etc.

VIII – Comissão Nacional de Ética em Pesquisa (CONEP/MS)

A Comissão Nacional de Ética em Pesquisa – CONEP/MS é uma instância colegiada, de natureza consultiva, deliberativa, normativa, educativa, independente, vinculada ao Conselho Nacional de Saúde.

O Ministério da Saúde adotará as medidas necessárias para o funcionamento pleno da Comissão e de sua Secretaria Executiva.

VIII.1 – Composição: a CONEP terá composição multi e transdiciplinar, com pessoas de ambos os sexos e deverá ser composta por 13 (treze) membros titulares e seus respectivos suplentes, sendo 05 (cinco) deles personalidades destacadas no campo da ética na pesquisa e na saúde e 08 (oito) personalidades com destacada atuação nos campos teológico, jurídico e outros, assegurando-se que pelo menos um seja da área de gestão da saúde. Os membros serão selecionados a partir de listas indicativas elaboradas pelas instituições que possuem CEP registrados na CONEP, sendo que 07 (sete) serão escolhidos pelo Conselho Nacional de Saúde e 06 (seis) serão definidos por sorteio. Poderá contar também com consultores e membros *ad hoc*, assegurada a representação dos usuários.

VIII.2 – Cada CEP poderá indicar duas personalidades.

VIII.3 – O mandato dos membros da CONEP será de quatro anos com renovação alternada, a cada dois anos, de sete ou seis de seus membros.

VIII.4 – Atribuições da CONEP: compete à CONEP o exame dos aspectos éticos da pesquisa envolvendo seres humanos, bem como a adequação e atualização das normas atinentes. A CONEP consultará a sociedade sempre que julgar necessário, cabendo-lhe, entre outras, as seguintes atribuições:

a) estimular a criação de CEPs institucionais e de outras instâncias;

b) registrar os CEPs institucionais e de outras instâncias;

c) aprovar, no prazo de 60 dias, e acompanhar os protocolos de pesquisa em áreas temáticas especiais, tais como:

1. genética humana;

2. reprodução humana;

3. fármacos, medicamentos, vacinas e testes diagnósticos novos (fases I, II e III) ou não registrados no país (ainda que fase IV), ou quando a pesquisa for referente a seu uso com modalidades, indicações, doses ou vias de administração diferentes daquelas estabelecidas, incluindo seu emprego em combinações;

4. equipamentos, insumos e dispositivos para a saúde novos, ou não registrados no país;
5. novos procedimentos ainda não consagrados na literatura;
6. populações indígenas;
7. projetos que envolvam aspectos de biossegurança;
8. pesquisas coordenadas do exterior ou com participação estrangeira e pesquisas que envolvam remessa de material biológico para o exterior; e
9. projetos que, a critério do CEP, devidamente justificado, sejam julgados merecedores de análise pela CONEP;
d) prover normas específicas no campo da ética em pesquisa, inclusive nas áreas temáticas especiais, bem como recomendações para sua aplicação;
e) funcionar como instância final de recursos, a partir de informações fornecidas sistematicamente, em caráter *ex officio* ou a partir de denúncias ou de solicitação de partes interessadas, devendo manifestar-se em um prazo não superior a 60 (sessenta) dias;
f) rever responsabilidades, proibir ou interromper pesquisas, definitiva ou temporariamente, podendo requisitar protocolos para revisão ética, inclusive os já aprovados pelo CEP;
g) constituir um sistema de informação e acompanhamento dos aspectos éticos das pesquisas envolvendo seres humanos em todo o território nacional, mantendo atualizados os bancos de dados;
h) informar e assessorar o MS, o CNS e outras instâncias do SUS, bem como do governo e da sociedade, sobre questões éticas relativas à pesquisa em seres humanos;
i) divulgar esta e outras normas relativas à ética em pesquisa envolvendo seres humanos;
j) a CONEP, juntamente com outros setores do Ministério da Saúde, estabelecerá normas e critérios para o credenciamento de Centros de Pesquisa. Este credenciamento deverá ser proposto pelos setores do Ministério da Saúde, de acordo com suas necessidades, e aprovado pelo Conselho Nacional de Saúde; e
k) estabelecer suas próprias normas de funcionamento.
VIII.5 – A CONEP submeterá ao CNS para sua deliberação:
a) propostas de normas gerais a serem aplicadas às pesquisas envolvendo seres humanos, inclusive modificações desta norma;
b) plano de trabalho anual;
c) relatório anual de suas atividades, incluindo sumário dos CEPs estabelecidos e dos projetos analisados.

IX – Operacionalização

IX.1 – Todo e qualquer projeto de pesquisa envolvendo seres humanos deverá obedecer às recomendações desta Resolução e dos documentos endossados em seu preâmbulo. A responsabilidade do pesquisador é indelegável, indeclinável e compreende os aspectos éticos e legais.

IX.2 – Ao pesquisador cabe:

a) apresentar o protocolo, devidamente instruido ao CEP, aguardando o pronunciamento deste, antes de iniciar a pesquisa;

b) desenvolver o projeto conforme delineado;

c) elaborar e apresentar os relatórios parciais e final;

d) apresentar dados solicitados pelo CEP, a qualquer momento;

e) manter em arquivo, sob sua guarda por 5 anos, os dados da pesquisa, contendo fichas individuais e todos os demais documentos recomendados pelo CEP;

f) encaminhar os resultados para publicação, com os devidos créditos aos pesquisadores associados e ao pessoal técnico participante do projeto;

g) justificar, perante o CEP, interrupção do projeto ou a não publicação dos resultados.

IX.3 – O Comitê de Ética em Pesquisa institucional deverá estar registrado junto à CONEP/MS.

IX.4 – Uma vez aprovado o projeto, o CEP passa a ser corresponsável no que se refere aos aspectos éticos da pesquisa.

IX.5 – Consideram-se autorizados para execução, os projetos aprovados pelo CEP, exceto os que se enquadrarem nas áreas temáticas especiais, os quais, após aprovação pelo CEP institucional, deverão ser enviados à CONEP/MS, que dará o devido encaminhamento.

IX.6 – Pesquisas com novos medicamentos, vacinas, testes diagnósticos, equipamentos e dispositivos para a saúde deverão ser encaminhados do CEP à CONEP/MS e desta, após parecer, à Secretaria de Vigilância Sanitária.

IX.7 – As agências de fomento à pesquisa e o corpo editorial das revistas científicas deverão exigir documentação comprobatória de aprovação do projeto pelo CEP e/ou CONEP, quando for o caso.

IX.8 – Os CEP institucionais deverão encaminhar trimestralmente à CONEP/MS a relação dos projetos de pesquisa analisados, aprovados e concluídos, bem como dos projetos em andamento e, imediatamente, aqueles suspensos.

X. Disposições transitórias

X.1 – O Grupo Executivo de Trabalho – GET, constituido por meio da Resolução CNS 170/95, assumirá as atribuições da CONEP até a sua constituição, responsabilizando-se por:

a) tomar as medidas necessárias ao processo de criação da CONEP/MS;
b) estabelecer normas para registro dos CEP institucionais.
X.2 – O GET terá 180 dias para finalizar as suas tarefas.
X.3 – Os CEP das instituições devem proceder, no prazo de 90 (noventa) dias, ao levantamento e análise, se for o caso, dos projetos de pesquisa em seres humanos já em andamento, devendo encaminhar à CONEP/MS a relação destes.
X4 – Fica revogada a Resolução 01/88.

Adib D. Jatene
Presidente do Conselho Nacional de Saúde

Homologo a Resolução CNS nº 196, de 10 de outubro de 1996, nos termos do Decreto de Delegação de Competência de 12 de novembro de 1991.

Adib D. Jatene
Ministro de Estado da Saúde

Fonte: http://conselho.saude.gov.br/resolucoes/reso_96.htm

ANEXO 4
RESOLUÇÃO Nº 129/96

BOAS PRÁTICAS CLÍNICAS – GRUPO MERCADO COMUM (MERCOSUL)
Resolução nº 129/96

TÍTULO I – Princípios gerais, âmbito de aplicação e alcances

CAPÍTULO I – Princípios gerais

Em toda pesquisa de Farmacologia Clínica deverá prevalecer o bem-estar individual das pessoas submetidas a estudo, acima dos interesses da ciência e da comunidade.

A realização de pesquisas em Farmacologia Clínica deve ser conduzida com estrita observação dos princípios científicos reconhecidos e com escrupuloso respeito pela integridade física e psíquica dos indivíduos envolvidos.

As pesquisas clínicas deverão ser precedidas por estudos pré-clínicos, podendo-se começar as pesquisas em Farmacologia Clínica no momento em que os resultados de tais estudos permitam inferir que os riscos para a saúde das pessoas envolvidas sejam previsíveis e não significativos. As pesquisas em Farmacologia Clínica poderão incluir pessoas sadias e enfermas.

Os custos provenientes da pesquisa clínica serão custeados pelo patrocinador, se houver, ou pelo grupo pesquisador.

CAPÍTULO II – Do âmbito de aplicação e alcances

Para realizar pesquisas de Farmacologia Clínica, tanto em suas Fases I, II e III, assim como os de Fase IV (estudos controlados, estudos de farmacoepidemiologia e/ou de farmacovigilância) e de Biodisponibilidade e/ou Bioequivalência, as pessoas físicas ou jurídicas deverão solicitar autorização da autoridade sanitária do Estado Parte, dando cumprimento previamente aos requisitos detalhados a seguir. Não ficam enquadrados dentro da presente norma os estudos em seres humanos sem fins fármaco-clínicos e/ou terapêuticos.

TÍTULO II – Obrigações e transgressões

CAPÍTULO III – Da autorização, acompanhamento e cumprimento do estudo

A autoridade competente para autorização, acompanhamento e controle das pesquisas de Farmacologia Clínica será a autoridade sanitária do Estado Parte que avaliará a informação apresentada, controlará o cumprimento do estabelecido na presente norma durante o transcurso da pesquisa, e realizará a análise dos resultados obtidos.

1. Para tanto, deverá:

- Avaliar a informação contida nos Capítulos VI, VII, VIII, IX, X, XI, XII e XIII do presente Anexo, podendo aprová-la, questioná-la ou recusá-la, em todos os casos, por razões devidamente fundamentadas. Comparecer aos centros onde estejam sendo realizadas pesquisas de Farmacologia Clínica, com o objetivo de avaliar o cumprimento das Boas Práticas de Pesquisa Clínica.
- Examinar o Formulário de Registro Clínico Individual que faça parte do protocolo autorizado.
- Reunir, examinar e/ou interrogar (quando necessário) as pessoas envolvidas na pesquisa.
- Recomendar a modificação do projeto de pesquisa, durante o seu curso, ou a interrupção, por causas devidamente fundamentadas.
- Aprovar, recusar ou reclamar da seleção dos centros propostos para realizar a pesquisa, mediante posição devidamente fundamentada.
- Registrar as pesquisas de Farmacologia Clínica. Neste registro deverá constar um acompanhamento detalhado e o seu grau de progresso.
- Analisar e avaliar os relatórios periódicos e final dos pesquisadores, podendo ser aprovados, questionados ou recusados, mediante a indicação de modificações e/ou solicitação de esclarecimentos.
- Interromper a continuidade da pesquisa quando surgirem: reações adversas graves, ineficácia, violações do protocolo, transgressão parcial ou total do consentimento informado e assinado, falsificação da informação ou violação da presente norma.

CAPÍTULO IV – Das responsabilidades dos pesquisadores e dos patrocinadores

A) Dos pesquisadores:

O pesquisador principal deverá:

- Responsabilizar-se pela realização da pesquisa clínica em conformidade com o Protocolo autorizado.
- Respeitar as Boas Práticas de Pesquisa Clínica.
- Prestar informações aos pacientes com o objetivo de obter o consentimento informado, devidamente assinado.
- Propor e informar aos comitês de ética, de ensino e pesquisa (se houver) e ao patrocinador (se houver), os quais deverão comunicar à autoridade sanitária qualquer modificação no protocolo original, devidamente fundamentada, devendo esta ser previamente autorizada.
- Arquivar a informação registrada (Formulário de Registro Clínico Individual) durante a pesquisa e depois de finalizada esta, durante um prazo mínimo

de cinco anos, contados a partir da data de apresentação do relatório final à autoridade sanitária.

- Assegurar a anotação rigorosa de toda a informação no Formulário de Registro Clínico Individual.
- Pôr à disposição da autoridade sanitária, dos comitês de ética, de ensino e pesquisa (se houver), do patrocinador (se houver) e do monitor externo (em caso de existir), toda a informação que seja requerida por estes.
- Assegurar a confidencialidade da informação nas etapas de preparação, execução e finalização da pesquisa, assim como da identidade das pessoas engajadas nesta.
- Tomar as medidas adequadas em caso de reações adversas graves ou inesperadas e dar conhecimento destas ao comitê de ética, ao patrocinador (se houver) e ao auditor externo (em caso de existir), os quais darão conhecimento das reações adversas graves à autoridade sanitária, assim como às autoridades do estabelecimento de saúde onde está sendo realizada a pesquisa. No caso de reações adversas graves, tratando-se de estudos multicêntricos realizados nos Estados Parte, a Autoridade Sanitária do Estado Parte onde se haja detectado a reação adversa comunicará a mesma às autoridades sanitárias dos outros Estados Parte.
- Apresentar uma comunicação periódica e uma final (em um prazo não superior a 120 dias posteriores à finalização da pesquisa) aos comitês de ética, de ensino e pesquisa (se houver) e ao patrocinador (se houver), os quais comunicarão à autoridade sanitária.
- Cuidar do material utilizado na pesquisa (medicamentos, placebos, instrumentos), sendo responsável pelo seu uso correto.

B) Dos patrocinadores

- Solicitar a autorização para a realização do estudo clínico ao estabelecimento de saúde onde este se realizará.
- Solicitar autorização à autoridade competente pela aplicação da presente norma, para a realização do estudo clínico.
- Propor o pesquisador principal, cuja experiência profissional deve comprovar mediante a autorização pertinente.
- Facilitar ao pesquisador principal toda informação química, farmacêutica, toxicológica e farmacológica (experimental e clínica), que garanta a segurança do medicamento ou especialidade medicinal, assim como toda a informação adicional necessária para a correta condução do estudo na fase da pesquisa que o motiva.
- Assegurar a vigilância do estudo mediante sua monitorização.
- Assegurar a apresentação dos relatórios periódicos e final previstos na presente norma.

CAPÍTULO V

1. Qualquer transgressão não devidamente esclarecida da presente norma, uma vez iniciada a pesquisa, dará motivo ao seu cancelamento nos centros infratores.

2. O falseamento da informação requerida pela presente norma, bem como dos dados relacionados com as pesquisas antes, durante ou depois da sua apresentação, dará lugar à suspensão da pesquisa, sem prejuízo das ações penais pertinentes.

TÍTULO III – Requerimentos e documentos

CAPÍTULO VI – Dos requisitos básicos

Deverá ser apresentada a informação básica detalhada a seguir:

1. Nome(s) genérico(s) (DCI ou similar) sigla da pesquisa.

2. Classificação ATC (*Anatomical, Therapeutic, Chemical*) se possuir, ou em sua ausência, classificação até o 4º nível.

3. Classificação CAS (*Chemical Abstract Service*).

4. Propriedades físico-químicas.

5. Fórmula qualitativa e quantitativa.

6. Forma(s) farmacêutica(s) a estudar.

7. Todo produto de origem biológica deverá possuir uma clara metodologia de identificação e de qualificação/quantificação que assegure a uniformidade do preparado a ser pesquisado.

8. Não se aceitará para pesquisa clínica nenhum medicamento que não possua uma correta identificação de seu(s) princípio(s) ativo(s) e excipientes (corantes, edulcorantes, conservadores, etc.) contidos no produto.

9. Em caso de estudos que incluam materiais obtidos de plantas, o extrato ou outra forma farmacêutica a ser pesquisada deverá ser identificado e padronizado.

CAPÍTULO VII – Da documentação geral a ser apresentada

1. *Curriculum vitae* do pesquisador responsável pela pesquisa.

2. Concordância assinada pelo pesquisador responsável pela pesquisa e pelos profissionais que participarão desta (documentação original ou fotocópia autenticada).

3. Declaração pela qual os pesquisadores se comprometem expressamente a respeitar o sentido textual e o espírito das declarações de Nuremberg, Helsinki e Tóquio, respeitar os direitos dos pacientes e proteger as pessoas em experimentação clínica (documento original ou fotocópia autenticada).

4. Autorização do Comitê de Ensino e Pesquisa (se houver) do centro onde se realizará a pesquisa (documento original ou fotocópia autenticada).
5. Autorização do Comitê de Ética (documento original ou fotocópia autenticada).
6. Fotocópia da Declaração de Helsinki.

CAPÍTULO VIII – Dos centros onde se realizará a pesquisa

Deverá constar claramente: endereço, código postal, telefone, fax e correio eletrônico (se houver) de cada um dos centros onde se desenvolverá a pesquisa.

CAPÍTULO IX – Dos requisitos éticos

1. Comitê de Ética:

Os pesquisadores principais deverão assegurar a participação de um Comitê de Ética independente dos pesquisadores intervenientes na pesquisa clínica. Os Comitês deverão estar compostos por pessoas provenientes de diferentes áreas, incluindo profissionais de distintas disciplinas e pessoas ou entidades de comprovada trajetória em aspectos relacionados à ética e à defesa dos direitos humanos.

Este comitê poderá, quando considerar necessário, realizar consultas com especialistas em temas específicos.

2. Consentimento Informado:

Será requisito indispensável para a autorização de uma pesquisa clínica a apresentação de um termo de consentimento livre e esclarecido, que será assinado pelo paciente/voluntário sadio, na presença de pelo menos uma testemunha de acordo com a legislação vigente em cada um dos Estados Parte. Este só será válido quando constar claramente que o paciente foi informado da confidencialidade da informação, dos objetivos, métodos, vantagens previstas, opções terapêuticas e possíveis riscos inerentes à pesquisa, assim como dos incômodos que esta possa acarretar, e que é livre para retirar seu consentimento de participação, em qualquer momento, sem explicar as causas, com exceção dos casos em que existirem razões que ponham em perigo a saúde ou a vida do paciente/ voluntário sadio, devidamente justificadas. Isso não deverá levar a nenhum prejuízo para o paciente/voluntário sadio. A transgressão deste requisito dará motivo a um imediato cancelamento da pesquisa clínica nos centros infratores, por parte da autoridade sanitária competente, sem prejuízo das ações legais que possam corresponder, de acordo com a legislação vigente em cada Estado Parte.

No caso em que o paciente/voluntário sadio não possa por si próprio dar o consentimento, deverá ser colhido de seu representante legal, de acordo com a legislação vigente em cada Estado Parte.

3. Recrutamento de pessoas para participar das pesquisas clínicas

No caso em que para o recrutamento de pessoas sejam utilizados avisos por meio dos órgãos de comunicação, estes deverão ser autorizados por um comitê de ética. Não deverá ser indicado, de forma implícita ou explícita, que o produto a ser investigado é eficaz e/ou seguro ou que é equivalente ou melhor que outros produtos existentes.

CAPÍTULO X – Da informação pré-clínica

A informação pré-clínica deverá ser adequada para justificar a natureza, extensão e duração da pesquisa.

A informação pré-clínica deve ser apresentada, sem exceção, para realização de pesquisas de farmacologia clínica de Fases I e II, ajustadas às características do produto a ser investigado. No caso de pesquisas de farmacologia clínica da Fase III, a informação pré-clínica deverá ser a apropriada e necessária para planejar e conduzir esta fase da investigação.

Para os estudos de bioequivalência de medicamentos em fase IV não será imprescindível a apresentação da informação pré-clínica.

Para a realização de estudos de farmacologia clínica em fase IV ou com especialidades medicinais que tenham produtos similares autorizados para sua comercialização em países de alta vigilância sanitária, deverá ser apresentada uma síntese completa e bibliograficamente fundamentada da informação pré-clínica necessária.

1. Apresentação da Informação

1.1. Material e Métodos

1.1.1. Plano Experimental: detalhado e fundamentado.

1.1.2. Produto empregado com indicação de número de lote, nº do protocolo de controle de qualidade, data do vencimento, etc.

1.1.3. Animais utilizados e/ou modelos substitutivos com indicação de número, espécie, cepa, sexo, idade, peso, etc.

1.1.4. Condições experimentais com indicação de doses, frequência e vias de administração, tipo de alimentação, etc.

1.2. Resultados

Os resultados obtidos, favoráveis ou não, deverão ser apresentados em sua totalidade, registrando os gráficos, fotografias, tabelas, dados originais e, quando for o caso, a correspondente análise estatística, de forma tal que permitam uma avaliação crítica e independente da interpretação dos autores.

1.3. Discussão dos Resultados e Conclusões

Os dados obtidos na pesquisa deverão ser analisados de maneira tal que a conclusão permita caracterizar o medicamento em estudo, farmacológica e toxicologicamente, evidenciando suas ações farmacológicas, possíveis efeitos colaterais e sua margem de segurança.

1.4. Bibliografia

1.5. Excipientes

Para todo excipiente, sem antecedentes de utilização em medicina humana, deverão ser apresentados estudos que avaliem a segurança em seu emprego.

2. Os estudos deverão incluir

2.1. Objetivos

2.1.1. Propriedades farmacológicas e potencial terapêutico do composto a ser estudado, relacionando-as em forma qualitativa e quantitativa com a indicação terapêutica que se preconiza.

2.1.2. Margem de segurança e efeitos colaterais previsíveis nas condições de emprego terapêutico no homem.

3. Farmacologia Pré-clínica

3.1. Farmacodinâmica

Os estudos farmacodinâmicos deverão demonstrar o efeito terapêutico previsto do medicamento e os possíveis mecanismos de ação de seu(s) princípio(s) ativo(s). Estes estudos deverão ser extensivos aos principais órgãos e sistemas, para determinar não só o efeito terapêutico previsto, senão revelar outros possíveis efeitos, quer sejam convenientes do ponto de vista terapêutico ou nocivos.

Realizar-se-ão pesquisa de:

3.1.1. Farmacodinâmica especial: deverão ser demonstrados os efeitos famacodinâmicos em relação às indicações propostas: curvas, dose/efeito, tempo/efeito, etc.

3.1.2. Farmacodinâmica geral: deverão ser realizados estudos sobre os sistemas: cardiovascular, respiratório, nervoso central, nervoso vegetativo, neuromuscular, urinário, endócrino, digestivo, etc.
3.1.3. Interações farmacodinâmicas: deverão ser realizados estudos que permitam inferir as possíveis interações deste tipo.
3.1.4. Mecanismo de ação possível: deverão ser descritos o(os) mecanismo(s) de ação dos princípios ativos, surgidos da pesquisa.

3.2. Farmacocinética

Os estudos farmacocinéticos servirão para estabelecer a velocidade e magnitude da absorção, o modelo de distribuição, os tipos de biotransformação, a velocidade e vias de eliminação e a localização do princípio ativo nos tecidos.
Deverão ser realizadas pesquisas de:
3.2.1. Farmacocinética com dose única.
3.2.2. Farmacocinética depois de administração repetida.
3.2.3. Distribuição em animais normais e gestantes.
3.2.4. Biotransformação.
3.2.5. Excreção.
3.2.6. Interações farmacocinéticas.

4. Toxicologia Pré-Clínica

4.1. Toxicologia geral – Deverão ser realizados estudos de:

4.1.1. Toxicidade aguda: os estudos deverão ser realizados pelo menos em três espécies, das quais uma deverá ser de não-roedores. Deverão ser utilizadas pelo menos duas vias de administração, uma das quais deverá estar relacionada com a que se recomenda para o uso terapêutico proposto, e a outra deverá assegurar a absorção do fármaco.
Deverão ser registrados:
4.1.1.1. Aparecimento e duração dos efeitos tóxicos, relação dose – efeito e sua reversibilidade, diferenças relacionadas com a via de administração para o uso terapêutico proposto e a outra via que garantirá a absorção do fármaco.
4.1.1.2. Sintomas de toxicidade e causas de morte.
4.1.1.3. Parâmetros bioquímicos e hematológicos.
4.1.1.4. Observações clínicas e anatomopatológicas.
4.1.1.5. Dose tóxica estimada.
Toxicidade subaguda a doses repetidas.
Deverá ser realizada em pelo menos duas espécies, uma das quais deverá ser não-roedores. A duração deverá ser de 12 a 24 semanas, de acordo com

a natureza do produto, emprego terapêutico proposto e espécie de animal utilizada. (tabela I).

A via de administração deverá estar relacionada com o emprego terapêutico proposto. Deverão ser utilizadas o mínimo de três doses, sendo que a maior deverá produzir efeitos tóxicos demonstráveis e a menor deverá relacionar-se com a dose terapêutica proposta, tendo em conta a sensibilidade da espécie utilizada.

Deverão ser registrados:

4.1.2.1. Aparecimento de efeitos tóxicos, ralação dose-efeito e sua reversibilidade, diferenças relacionadas com o sexo e a espécie.

4.1.2.2. Morbidade e mortalidade.

4.1.2.3. Parâmetros bioquímicos, hematológicos e de nutrição (evolução do peso, consumo de água, etc.).

4.1.2.4. Observações clínicas e anatomopatológicas.

4.1.2.5. Dose de efeito não tóxico.

4.1.2.6. Dose tóxica.

4.1.2.7. Órgãos brancos.

4.1.3. Toxicidade crônica (doses repetidas).

Deverão ser utilizadas pelo menos duas espécies, uma das quais será não-roedores.

A duração deverá ser de no mínimo 24 semanas, de acordo com a natureza do produto, emprego terapêutico proposto e espécie animal a ser utilizada (tabela I).

A via de administração deverá estar relacionada ao emprego terapêutico proposto. Deverão ser utilizadas um mínimo de três doses, sendo que a maior deverá produzir efeitos tóxicos demonstráveis, e a menor deverá relacionar-se com a dose terapêutica proposta, tendo em conta a sensibilidade da espécie utilizada.

Deverão ser registrados:

4.1.3.1. Aparecimento de efeitos tóxicos, relação dose-efeito e sua reversibilidade, diferenças relacionadas com sexo e espécie.

4.1.3.2. Morbidade e mortalidade.

4.1.3.3. Parâmetros bioquímicos, hematológicos e de nutrição (evolução do peso, consumo de água, etc.).

4.1.3.4. Observações clínicas e anatomopatológicas.

4.1.3.5. Dose de efeito não-tóxico.

4.1.3.6. Dose tóxica estimada.

4.1.3.7. Órgãos brancos.

Tabela I. Normas gerais que deverão ser observadas a respeito do tempo de administração nos estudos toxicológicos.

Período de administração no homem	Período proposto em mais de uma espécie de animais de experimentação
Dose única ou em pequeno número	Duas semanas, no mínimo
Até quatro semanas	Três a vinte e seis semanas
Mais de quatro semanas	Vinte e seis semanas, no mínimo, sem incluir os estudos de carcinogenicidade

4.2. Toxidade especial

Deverão ser realizados estudos para demonstrar:

4.2.1. Efeitos sobre a fertilidade.

4.2.2. Estudos de embriotoxicidade (principalmente teratogenicidade) e toxicidade peri e pós-natal.

Deverão ser apresentados estudos realizados em pelo menos duas espécies, uma das quais deverá ser não-roedores.

Deverão empregar-se um mínimo de três níveis de doses, sendo que a maior deverá ser subtóxica.

4.2.3. Atividade mutagênica.

Deverá ser demonstrada, mediante provas:

4.2.3.1. *In vivo.*

4.2.3.2. *In vitro* com e sem ativação metabólica.

4.2.4. Potencial oncogênico/carcinogênico.

Deverão ser demonstrados mediante provas:

4.2.4.1. *In vivo.*

4.2.4.2. *In vitro.*

4.2.5. Outros estudos: quando forem necessários deverão ser realizados e informados os resultados de:

4.2.5.1. Estudos de irritação local (dérmica, ocular, retal, vaginal, etc.).

4.2.5.2. Estudos de sensibilização.

4.2.5.3. Outros estudos programados de acordo com a natureza do produto.

CAPÍTULO XI – Da informação clínica

A documentação a ser apresentada deverá conter os seguintes elementos:

1. Informação Geral.

Ver capítulo III. Princípios Básicos.

2. Informação Clínica:

2.1. Fase do processo de pesquisa clínica

Deverá ser especificada e fundamentada a Fase de Investigação Clínica na qual se realizará a pesquisa (I, II, III ou IV).

2.2. Pesquisa da Fase I

Deverá ser apresentada toda a informação pré-clínica necessária. Estas realizar-se-ão em centros devidamente equipados e autorizados para essa finalidade. É o primeiro estudo em seres humanos com um novo princípio ativo ou nova formulação, realizada geralmente em voluntários sadios (excepcionalmente, para determinadas patologias, em pacientes).
Estas pesquisas têm por objetivo estabelecer uma avaliação preliminar da segurança. É recomendável que a dose máxima a ser administrada seja 1/10 da dose considerada segura nos estudos pré-clínicos, realizados na espécie que haja demonstrado ser mais sensível, ou naquela com mais estreita semelhança biológica ao homem, do perfil farmacocinético e, quando possível, do perfil farmacodinâmico. As pessoas engajadas nesta fase não deverão ser expostas a mais de três doses do fármaco em pesquisa. O aumento da dose deve ser feito de maneira cautelosa (não superando o dobro da dose anterior). Depois da administração de cada dose deverão ser realizados os estudos pertinentes de tolerância. Esta fase se realiza em um número reduzido de pessoas.
Estas pesquisas têm por objetivo estabelecer os parâmetros farmacocinéticos, a dose única e/ou dose múltipla e, em especial, a biodisponibilidade absoluta da forma farmacêutica, a fim de estabelecer a dose e o regime posológico. Ao mesmo tempo se realiza uma avaliação da segurança do preparado.

2.3. Pesquisa em Fases II, III e IV

Deverá ser apresentada informação detalhada a respeito das observações realizadas durante as fases prévias, incluindo informação pré-clínica.

Fase II

Pesquisa Terapêutica Piloto
Os objetivos da Pesquisa Terapêutica Piloto são demonstrar a atividade e estabelecer a segurança, a curto prazo, do princípio ativo em pacientes afetados por uma determinada enfermidade ou condição patológica. As pesquisas deverão ser realizadas em um número limitado de pessoas e frequentemente são seguidas de um estudo comparativo. Nesta fase, também se determinam os intervalos de doses apropriadas e os regimes

de administração. Deve ser possível também estabelecer as relações dose-resposta, com o objetivo de obter antecedentes sólidos para o desenho de estudos terapêuticos ampliados (Fase III).

Fase III

Pesquisa Terapêutica Ampliada

São pesquisas realizadas em grandes e variados grupos de pacientes, com o objetivo de determinar:

1. O resultado risco/benefício a curto e longo prazos das formulações do princípio ativo.

2. De maneira global o valor terapêutico relativo. Examina-se nesta fase o tipo e perfil das reações adversas mais frequentes, assim como características especiais do medicamento e/ou especialidade medicinal (por exemplo interações clinicamente relevantes, principais fatores modificadores do efeito, tais como idade, etc.).

O desenho da pesquisa será preferentemente aleatório e duplo cego, sendo também aceitável outros desenhos, como, por exemplo, o de segurança a longo prazo. Geralmente estas pesquisas se realizam tendo em conta quais serão as condições normais de utilização do medicamento e/ou especialidade medicinal.

Fase IV

Pesquisa Pós-comercialização

São pesquisas realizadas depois de comercializado o medicamento e/ou especialidade medicinal.

Estas pesquisas são executadas de acordo com as bases firmadas para autorização do medicamento e/ou especialidade medicinal. Geralmente são Estudos de Vigilância Pós-comercialização, para estabelecer o valor terapêutico, o aparecimento de novas reações adversas e/ou confirmação da frequência de aparecimento das já conhecidas e as estratégias de tratamento.

Nas pesquisas de Fase IV devem ser seguidas as mesmas normas éticas e científicas aplicadas às pesquisas de fases anteriores.

Depois que um medicamento e/ou especialidade medicinal tenha sido comercializado, as pesquisas clínicas desenvolvidas com o objetivo de explorar novas indicações, novos métodos de administração ou novas associações, são consideradas como estudos de novo medicamento e/ou especialidade medicinal.

Nesta fase se realizarão também os estudos específicos de Farmacoepidemiologia, Farmacovigilância e Bioequivalência. Estes estudos têm por objetivo estabelecer o valor terapêutico, a eficácia do produto, o aparecimento de novas reações adversas e/ou confirmação da frequência de aparecimento das já conhecidas (estratégia de tratamento) e o possível aparecimento de novas propriedades terapêuticas – inclusão de um plano de notificação de farmacovigilância sistematizado.

3. Protocolo

Deverá ser elaborado e apresentado para sua autorização um documento que contenha a seguinte informação:

3.1. Informação Geral

3.1.1. Título do projeto.
3.1.2. Nome do pesquisador responsável.
3.1.3. Nome dos centros onde se realizará a pesquisa.
3.1.4. Profissão das pessoas que colaborarão com a pesquisa (médico, bioquímico, farmacêutico, químico, enfermeira, estatístico, ou outros profissionais de saúde).
3.1.5. Nome do patrocinador (se houver).

3.2. Justificativa e Objetivos

3.2.1. Objetivo da pesquisa.
3.2.2. Motivos para sua execução.
3.2.3. Antecedentes e informações essenciais, com as referências bibliográficas respectivas.

3.3. Aspectos Éticos

3.3.1. Considerações éticas gerais sobre a pesquisa, desde o ponto de vista dos direitos das pessoas sujeitas ao estudo.
3.3.2. Descrição da forma com que as pessoas sadias ou enfermas submetidas ao estudo serão informadas, bem como o modelo de formulário de consentimento informado.

3.4. Cronograma de trabalho

3.4.1. Descrição do cronograma de trabalho com especificação dos períodos de início, duração e finalização.

3.5. Descrição da Pesquisa

3.5.1. Fase da farmacologia clínica em que se desenvolverá a pesquisa.
3.5.2. Especificação do tipo de estudo: controlado, piloto, cruzado, ou outros, de acordo com as caraterísticas do medicamento pesquisado.

3.5.3. Descrição do método de randomização.
3.5.4. Descrição do desenho do estudo cruzado, paralelos, ou outros.
3.5.5. Especificação dos fatores de redução de vieses, se for o caso.

3.6. Critérios de Seleção

3.6.1. Especificação da amostra (voluntários sadios, pacientes), incluindo faixa de idade, sexo, grupo étnico, fatores prognósticos, etc.
3.6.2. Critérios diagnósticos de admissão, claramente especificados.
3.6.3. Descrição exaustiva dos critérios de inclusão e exclusão da pesquisa.
3.6.4. Descrição de critérios de retirada da pesquisa.

3.7. Tratamentos

3.7.1. Descrição dos tratamentos a serem administrados aos grupos, mencionando de forma clara e os produtos que serão utilizados, especificando os princípios ativos, formas farmacêuticas, concentrações, tanto para os grupos em tratamento como controles.
3.7.2. Descrição dos períodos em que se administrará cada um dos tratamentos, em cada um dos grupos.
3.7.3. Justificativa ética e científica do emprego de placebos, nos casos em que estes forem utilizados.
3.7.4. Descrição das doses, formas e vias de administração.
3.7.5. Normas de utilização dos tratamentos concomitantes, quando estes forem utilizados.
3.7.6. Descrição das medidas a serem implementadas para garantir a utilização segura dos produtos em estudo.
3.7.7. Descrição das medidas para promover e controlar o rigoroso cumprimento das instruções referidas para o desenvolvimento da pesquisa.

3.8. Avaliação da Eficácia

3.8.1. Especificação dos parâmetros selecionados para avaliação.
3.8.2. Descrição dos métodos de medição e registro dos efeitos produzidos sobre os parâmetros selecionados para os produtos em estudo.
3.8.3. Descrição das análises e procedimentos especiais que serão utilizados (farmacocinéticos, clínicos, de laboratório, imagineológicos, etc.) em relação ao seguimento dos parâmetros selecionados e ao possível risco da pesquisa clínica.

3.9. Eventos e Efeitos Adversos

3.9.1. Metodologia empregada para o registro dos eventos e/ou efeitos adversos.

3.9.2. Descrição das condutas a seguir, no caso de surgimento de complicações.
3.9.3. Especificação do local onde estarão guardados os envelopes lacrados com os códigos da pesquisa e dos procedimentos para efetuar sua abertura em caso de emergência.
3.9.4. Informação sobre a notificação de eventos e/ou efeitos adversos graves, incluindo quem informará, a quem será encaminhada, e prazo para entrega, que será de 48 (quarenta e oito) horas.

3.10. Aplicação Prática

3.10.1. Matriz específica e detalhada para todas as etapas e procedimentos.
3.10.2. Especificação dos possíveis desvios do protocolo e instruções sobre os procedimentos a serem seguidos no caso de estes se apresentarem.
3.10.3. Especificação das obrigações e responsabilidades dentro da equipe de pesquisadores.
3.10.4. Considerações sobre a confidencialidade da informação.

3.11. Registro da Informação

3.11.1. Procedimentos para o arquivo geral da informação registrada e das listas especiais de pacientes. Os registros deverão permitir uma identificação fácil de cada voluntário (sadio ou enfermo), devendo-se incluir uma cópia do Formulário de Registro Individual.
3.11.2. Procedimentos para o tratamento e processamento de registros de eventos e efeitos adversos com o produto em pesquisa.

3.12. Avaliação da informação e metodologia estatística a empregar

3.12.1. Descrição da forma em que serão avaliados os resultados obtidos.
3.12.2. Metodologia informática a ser utilizada.
3.12.3. Descrição dos métodos de tratamento da informação obtida das pessoas que se retiraram da pesquisa.
3.12.4. Controle de qualidade dos métodos e processos de avaliação.
3.12.5. Descrição pormenorizada dos métodos estatísticos a serem utilizados.
3.12.6. Número de pacientes/voluntários sadios que integraram a pesquisa.
3.12.7. Fundamentação da escolha do tamanho da amostra, incluindo cálculos sobre a potência da prova e sua justificativa clínica.
3.12.8. Nível de significação estatística a ser utilizado.
3.12.9. Normas para a finalização da pesquisa.

3.13. Bibliografia

Anexar as referências bibliográficas utilizadas para preparação do Protocolo.

3.14. Resumo do Protocolo

Incluir um resumo do Protocolo apresentado.

3.15. Formulário de Registro Clínico Individual

Deverá conter, minimamente, a seguinte informação:

3.15.1. Nome do pesquisador principal e do centro onde se realizará a pesquisa.

3.15.2. Data, lugar e identificação da pesquisa.

3.15.3. Identificação da pessoa que está sendo pesquisada.

3.15.4. Idade, sexo, altura, peso e raça da pessoa.

3.15.5. Características particulares (hábitos, por exemplo, de fumar, dieta especial, gravidez, tratamentos anteriores, etc.).

3.15.6. Diagnóstico (indicação para a qual o produto será administrado, de acordo com o protocolo).

3.15.7. Observância dos critérios de inclusão e exclusão.

3.15.8. Duração da doença. Tempo transcorrido desde a última crise (se corresponder).

3.15.9. Dose, esquema terapêutico e administração do medicamento. Informação sobre o cumprimento do tratamento.

3.15.10. Duração do tratamento.

3.15.11. Emprego concomitante de outros medicamentos e/ou intervenções terapêuticas não-farmacológicas.

3.15.12. Regimes dietéticos (se houver).

3.15.13. Registro da avaliação de cada parâmetro estudado (qualitativo e/ou quantitativo).

3.15.14. Os exames de laboratório e/ou controles biológicos deverão se basear em planilhas que correspondam à seguinte descrição (Tabela II).

Tabela II. Modelo de Planilha de Registro de Exames de Laboratório

Exame de Laboratório	Valor Normal	Exames Registrados					
		Inicial	Subsequentes	Terminal			
Registrar aqui os exames realizados	Cada exame de laboratório terá registrado nesta coluna os valores normais para a técnica empregada		I	II	III	IV	V

Serão utilizadas tantas planilhas individuais quantas requeira a pesquisa.

3.15.15. Registro de eventos e/ou efeitos adversos (tipo, duração, intensidade etc.), consequências e medidas tomadas.

3.15.16. Razões para a interrupção da pesquisa e/ou violações dos códigos estabelecidos.

3.16. Princípios ativos e/ou placebos

Os princípios ativos em estudo ou os placebos empregados deverão estar rotulados com uma legenda que os identifique por seu nome genérico ou seu número de registro, e que expresse a destinação de pesquisa que terão.

3.17. Combinações (Associações)

Serão admitidas as pesquisas de farmacologia clínica das associações quando estiverem cientificamente fundamentadas, devendo ajustarem-se às normas anteriormente expostas.

3.18. Modificações no Protocolo

Toda modificação nos protocolos de pesquisa e seus anexos deverá ser comunicada previamente às autoridades competentes.

CAPÍTULO XII – Da participação de auditorias independentes

No caso de participação de uma Auditoria Independente, contratada pelo patrocinador, deverá constar tal circunstância com a documentação que a credencie, assim como o endereço, código postal, telefone, fax e correio eletrônico da auditoria contratada.

A presença de uma auditoria independente não exime o pesquisador responsável da responsabilidade que lhe compete, de acordo com o exigido no Capítulo IV da presente norma.

CAPÍTULO XIII – Das pesquisas clínicas com psicofármacos

Os protocolos de pesquisas clínicas com psicofármacos exigirão para sua aprovação uma declaração da Direção Técnica do laboratório patrocinador, detalhando o lote de produção a ser utilizado e uma lista completa dos médicos participantes autorizados a receber os psicofármacos motivo do estudo.

Os médicos terão, também, que assinar uma declaração pela qual se responsabilizam pela correta distribuição do psicofármaco e se comprometem a não entregar a medicação sujeita a pesquisa clínica exceto aos pacientes participantes da pesquisa, sob pena das sanções mais severas que prescrevem a lei.

A Direção Técnica e a Direção Médica ou Departamento Médico ou a estrutura análoga do laboratório patrocinador, em conjunto com o pesquisador responsável, informarão à autoridade sanitária competente a cada 3 (três) meses, por escrito, sobre a evolução da pesquisa clínica. Tal informação terá caráter de Declaração Juramentada e incluirá o número de pacientes internados, a quantidade de medicamento ou especialidade medicinal utilizada e o tempo de tratamento de cada paciente. O não-cumprimento desses requisitos implicará o cancelamento da pesquisa clínica, sem prejuízo de outras sanções que correspondam, de acordo com a lei vigente.

No caso da pesquisa não ser patrocinada por laboratório, deverão ser tomados os cuidados expressos anteriormente e, no que se refere à responsabilidade dos profissionais participantes, deverá ser feito o registro da especialidade medicinal pesquisada, bem como dos pacientes que a recebem.

Fonte: http://www.bioetica.ufrgs.br/bpcmerco.htm

ANEXO 5
TRADUÇÃO DO MANUAL PARA A BOA PRÁTICA CLÍNICA

GOOD CLINICAL PRACTICE MANUAL (GCP/ICH)

Manual para a Boa Prática Clínica

Este manual é recomendado pela ICH para as três instâncias regulatórias. Ele alcançou a etapa 4 do procedimento da ICH na reunião do Comitê Diretivo de 1° de maio de 1996 e foi editado em junho de 1996. Foi transmitido para o CPMP *Comitee for Proprietary Medicinal Products,* em julho de 1996 (CPMP/ICH/135/95). Data proposta para entrar em vigor é 17 de janeiro de 1997 (para estudos iniciados após essa data).

Introdução

A Boa Prática Clínica (GCP) é um padrão de qualidade ética e científica para planejamento, condução, registro e relato de estudos clínicos que envolvam a participação de seres humanos. A adesão a este padrão implica a garantia pública que os direitos, a segurança e o bem-estar dos pacientes estão protegidos, de acordo com os princípios originados da Declaração de Helsinque, e na credibilidade dos dados do estudo clínico.

O objetivo deste Manual para a GCP da ICH é fornecer um padrão único para a União Europeia (UE), Japão e Estados Unidos, para facilitar a aceitação mútua de dados clínicos pelas autoridades regulatórias nessas jurisdições.

O manual foi desenvolvido considerando as boas práticas clínicas atuais da União Europeia, Japão e Estados Unidos, bem como as da Austrália, Canadá, países nórdicos e da Organização Mundial de Saúde (OMS).

Este manual deve ser seguido sempre que sejam gerados dados de estudos clínicos que se pretenda submeter às autoridades regulatórias.

Os princípios estabelecidos nesse manual podem também ser aplicados a outras investigações clínicas que possam ter impacto na segurança e no bem-estar de seres humanos.

1. Glossário

1.1. Reação Adversa à Droga (ADR)

Na fase pré-aprovação da experiência clínica com um novo produto farmacêutico ou com um novo uso para um produto, particularmente se suas doses terapêuticas não puderem ser estabelecidas: todas as reações nocivas ou não planejadas a um produto farmacêutico, relativas a qualquer dose, devem ser consideradas reações adversas à droga. A expressão "produto farmacêutico" significa que a existência de nexo causal entre produto farmacêutico e um evento adverso é, pelo menos, uma possibilidade razoável, ou seja, que a causalidade não pode ser descartada. Quanto aos produtos farmacêuticos comercializados: uma reação à droga, que seja nociva e não intencional e que ocorra em doses normalmente usadas homem para profilaxia, diagnóstico, ou terapia para doenças ou para modificação das funções psicológicas (vide Manual para Segurança Clínica Gerenciamento de Dados da ICH: Definições e Padrões para Relatórios Expedidos).

1.2. Evento Adverso (EA)
Qualquer ocorrência médica inconveniente em um paciente ou em um de pesquisa clínica com um produto farmacêutico administrado e que necessariamente tenha uma relação causal com o tratamento. Um evento adverso (EA), portanto, pode ser qualquer sinal desfavorável ou não (incluindo achados laboratoriais anormais), sintoma, ou doença temporariamente associada com o uso de um produto farmacêutico sob investigação, relacionadas ou não ao produto farmacêutico sob investigação (vide Manual para Segurança Clínica e Gerenciamento de Dados da ICH: Definições e Padrões para Relatórios Expedidos).

1.3. Emenda (ao protocolo)
Vide Emenda ao Protocolo.

1.4. Exigências Regulatórias Aplicáveis
Quaisquer leis ou regulamentos sobre a condução de estudos clínicos com produtos sob investigação.

1.5. Aprovação (em relação aos Comitês de Ética em Pesquisa)
A decisão afirmativa do CEP de que o estudo clínico foi analisado e pode ser conduzido no centro da instituição, de acordo com as restrições pelo CEP, pela Instituição, pela Boa Prática Clínica (GCP), e pelas exigências regulatórias aplicáveis.

1.6. Auditoria
Uma verificação independente e sistemática das atividades e documentos relativos ao estudo para determinar se as atividades relacionadas ao avaliado foram conduzidas, se os dados foram registrados, corretamente relatados de acordo com o protocolo, os procedimentos padrão do patrocinador (POPs), a Boa Prática Clínica (GCP), e as exigências regulatórias aplicáveis.

1.7. Certificado de Auditoria

Uma declaração de confirmação do auditor de que a auditoria foi realizada.

1.8. Relatório de Auditoria

Uma avaliação escrita feita pelo auditor do patrocinador sobre os resultados da auditoria.

1.9. Histórico da Auditoria

Documentação que permite a reconstrução do curso dos eventos.

1.10. Caráter Cego/Mascaramento

Um procedimento no qual uma ou mais partes envolvidas no estudo é mantida desinformada sobre as indicações do tratamento. O caráter cego geralmente refere-se aos sujeitos de pesquisa, e o duplo-cego aos sujeitos de investigadores, monitores, e, em alguns casos, aos analistas de dados.

1.11. Ficha Clínica (CRF)

Um documento impresso, óptico ou eletrônico elaborado para registrar todas as informações exigidas pelo protocolo a serem relatadas ao patrocinador sobre cada sujeito de pesquisa.

1.12. Estudo Clínico

Qualquer investigação em seres humanos que pretenda descobrir ou os efeitos clínicos, farmacêuticos e/ou outros efeitos farmacodinâmicos de produto(s) sob investigação, e/ou identificar quaisquer reações adversas a produto(s) sob investigação, e/ou estudar a absorção, distribuição, metabolismo e excreção do(s) produto(s) sob investigação com o objetivo de apurar sua segurança e/ou eficácia. Os termos ensaio clínico e estudo clínico são sinônimos.

1.13. Relatório de Estudo Clínico

Uma descrição escrita do ensaio/estudo de qualquer agente terapêutico-profilático, ou de diagnóstico conduzido em seres humanos, no qual descrições clínicas e estatísticas, apresentações e análises estão integradas em um único relatório (vide Manual para Estrutura e Relatórios de Estudos Clínicos).

1.14. Comparador (Produto)

Um produto sob investigação ou comercializado (isto é, princípio ativo), placebo, usado como referência em um estudo clínico.

1.15. Adesão (em relação aos estudos)
Adesão a todas as exigências relativas ao estudo, à Boa Prática Clínica e às exigências regulatórias aplicáveis.

1.16. Confidencialidade
Prevenir a divulgação, para outros que não os indivíduos autorizados, de uma informação de propriedade do patrocinador ou da identidade de um sujeito de pesquisa.

1.17. Contrato
Um acordo escrito, datado e assinado entre duas ou mais partes envolvidas que estabeleça quaisquer determinações de delegação e distribuição de tarefas e obrigações e, se apropriado, sobre assuntos financeiros. O protocolo pode servir de base ao contrato.

1.18. Comitê de Coordenação
Um comitê que um patrocinador pode organizar para coordenar a condução de um estudo multicêntrico.

1.19. Investigador de Coordenação
Um investigador responsável pela coordenação de investigadores de centros diferentes participantes de um estudo multicêntrico.

1.20. Organização de Pesquisa Contratada (CRO)
Uma pessoa ou organização (comercial, acadêmica ou outras) contratada pelo patrocinador para realizar um ou mais de seus deveres e funções relativos a estudos clínicos.

1.21. Acesso Direto
Permissão para examinar, analisar, verificar e reproduzir quaisquer relatórios que sejam importantes para avaliar o estudo clínico. Qualquer parte (exemplos: autoridades regulatórias nacionais e estrangeiras, auditores e monitores do patrocinador) com acesso direto deverá ter o devido cuidado com restrições estabelecidas pelas exigências regulatórias aplicáveis para manter confidencialidade das identidades dos sujeitos de pesquisa e das informações de propriedade do patrocinador.

1.22. Documentação
Todos os registros, sob qualquer forma (incluindo dados escritos, eletrônicos, magnéticos e ópticos, eletrocardiogramas, raios-X e demais exames de imagem,

dentre outros), que descrevem ou registrem os métodos, conduções e/ou resultados de um estudo, os fatores que o afetam e as ações.

1.23. Documentos Essenciais

Documentos que, individual ou coletivamente, permitem a avaliação da condução de um estudo e da qualidade dos dados produzidos (vide item Documentos Essenciais para a condução de um Estudo Clínico).

1.24. Boa Prática Clínica (GCP)

Um padrão para o desenho, condução, desenvolvimento, monitoria, auditoria, registro, análise e relatórios de estudos clínicos que asseguram que os resultados relatados são precisos e possuem credibilidade, bem como os direitos, a integridade e a confidencialidade dos sujeitos de pesquisa estão protegidos.

1.25. Comitê Independente de Monitoramento de Dados (IDMC) (Conselho de Monitoramento de Dados e Segurança, Comitê de Monitoramento, Comitê de Monitoramento de Dados)

Um comitê independente de monitoramento de dados que pode ser implementado pelo investigador para avaliar periodicamente o desenvolvimento de um estudo clínico, os dados de segurança e os limites críticos de eficácia, e para recomendar ao patrocinador a continuidade, a modificação ou o encerramento do estudo.

1.26. Testemunha Imparcial

Uma pessoa, não relacionada ao estudo, que não possa ser injustamente influenciada pelas pessoas nele envolvidas, que realize o procedimento do termo de consentimento livre e esclarecido se o sujeito de pesquisa ou seu responsável legal não saiba ler, e que leia o termo e qualquer outra escrita destinada ao sujeito de pesquisa.

1.27. Comitê de Ética Independente (IEC)

Uma organização independente (um conselho de revisão ou um comitê institucional, regional, nacional ou supranacional), constituída por profissionais da área médica/científica e membros pertencentes a outras responsabilidades para garantir a proteção dos direitos, segurança e bem-estar dos seres humanos envolvidos em um estudo e assegurar publicamente a sua proteção, por meio da revisão e aprovação/parecer favorável sobre o protocolo do estudo, adequação dos investigadores, recursos, e dos materiais e métodos utilizados para a obtenção e documentação do consentimento dos sujeitos de pesquisa, entre outras atividades. A situação legal, composição, função, operação e exigências regulatórias pertinentes ao Comitê de Ética Independente podem ser diferentes em cada país, mas devem permitir que ele atue em consonância com as GCP descritas neste manual.

1.28. Termo de Consentimento Livre e Esclarecido

Um processo por meio do qual um sujeito voluntariamente confirma sua intenção de participar de um estudo em particular, após ter sido informado sobre todos os aspectos do estudo que sejam relevantes para a sua decisão participar. O consentimento é documentado por meio de um Termo Consentimento Livre e Esclarecido preenchido, datado e assinado.

1.29. Inspeção

A atividade de uma autoridade regulatória de conduzir uma revisão oficial de documentos, instalações, registros, e quaisquer outros recursos que autoridades entendam relacionados com o estudo clínico que podem estar localizados na instituição do estudo, nas dependências do patrocinador das organizações de pesquisa contratadas (CROs), ou em outros estabelecimentos tidos como apropriados pelas autoridades regulatórias.

1.30. Instituição (Médica)

Qualquer entidade, agência ou instalação médica ou odontológica que conduzem estudos clínicos.

1.31. Comitê de Ética em Pesquisa (CEP)

Uma organização independente constituída por membros médicos, científicos não-científicos, cuja responsabilidade é garantir a proteção dos direitos, segurança e bem-estar dos seres humanos envolvidos em um estudo por meio, entre outras atividades, da aprovação e revisão contínua do protocolo do estudo e dos materiais e métodos utilizados para a obtenção e documentação do consentimento dos sujeitos de pesquisa.

1.32. Relatório Interino do Estudo/Ensaio Clínico

Um relatório dos resultados intermediários e sua avaliação baseada em análises realizadas no decorrer de um estudo.

1.33. Produto sob investigação

Uma forma de apresentação farmacêutica de um princípio ativo ou placebo sendo testado ou usado como referência em um estudo clínico, incluindo produto com autorização comercial/de comercialização quando usado ou apresentado (formulado ou embalado) sob uma forma diferente da aprovada, ou usado para uma indicação não aprovada, ou quando usado para obter maiores informações sobre a forma aprovada.

1.34. Investigador

Pessoa responsável por conduzir o estudo clínico em um centro de pesquisa. Um estudo é conduzido por uma equipe em um centro de pesquisa, investigador é o líder da equipe responsável e pode ser chamado investigador principal. Vide também o item *subinvestigador*.

1.35. Investigador/Instituição

Expressão que significa "o investigador e/ou instituição, solicitados pelas exigências regulatórias aplicáveis".

1.36. Brochura do Investigador

Uma compilação dos dados clínicos e não-clínicos sobre os produtos sob investigação, relevante para o estudo do(s) produto(s) sob investigação em seres humanos (vide 7. Brochura do Investigador).

1.37. Representante legal

Uma pessoa física, jurídica ou outra autorizada pela legislação aplicável para consentir, em nome do sujeito de pesquisa, a participação de um indivíduo no estudo clínico.

1.38. Monitoria

A atividade de acompanhamento do progresso de um estudo clínico, e para garantir que ele é conduzido, registrado e relatado de acordo com os Procedimentos Operacionais Padrão (POPs), a Boa Prática Clínica (GCP) e outras exigências regulatórias aplicáveis.

1.39. Relatório de Monitoria

Relatório escrito feito pelo monitor para o patrocinador após cada estudo e/ou outros comunicados a ele relacionados de acordo com patrocinador.

1.40. Estudo Multicêntrico

Estudo clínico conduzido de acordo com um único protocolo, porém, em mais de um centro, portanto, desenvolvido por mais de um investigador.

1.41. Estudo Não-Clínico

Estudos biomédicos que não envolvem seres humanos.

1.42. Parecer (em relação ao Comitê de Ética Independente)

O julgamento e/ou o conselho fornecido por um Comitê de Ética Independente (IEC).

1.43. Relatório Médico original

Vide Documentos-fonte.

1.44. Protocolo

Um documento que descreve os objetivos, desenho, metodologia, considerações estatísticas e organização do estudo. O protocolo também contém a base e a justificativa para o estudo, no entanto, esses dados podem ser fornecidos por outros documentos referenciados pelo protocolo. Para o Manual de GCP da ICH o termo protocolo refere-se ao protocolo e às emendas ao protocolo.

1.45. Emenda ao Protocolo

Uma descrição escrita das alterações ou esclarecimentos formais ao protocolo.

1.46. Garantia de Qualidade

Todas as ações planejadas e sistemáticas realizadas para garantir que o estudo é desenvolvido e os dados são gerados, documentados (registrados), relatados em conformidade com a Boa Prática Clínica (GCP) e as exigências regulatórias aplicáveis.

1.47. Controle de Qualidade

Técnicas e atividades operacionais adotadas dentro do sistema de qualidade para assegurar que todas as exigências de qualidade relacionadas às atividades do estudo sejam atendidas.

1.48. Randomização

O processo de designação dos sujeitos de pesquisa ao tratamento ou grupos de controle, utilizando um sorteio para decidir essas designações, com o propósito de reduzir parcialidades.

1.49. Autoridades Regulatórias

Instituições que possuem poder regulatório. No manual de GCP da ICH a expressão Autoridades Regulatórias inclui as autoridades que analisam dados submetidos e que conduzem inspeções (vide 1.29). Essas são às vezes chamadas de autoridades competentes.

1.50. Evento Adverso Sério (EAS) ou Reação Adversa Séria à Droga (ADR séria)

Qualquer ocorrência médica adversa que, em qualquer dose:

- resulte em morte;
- represente risco à vida;
- implique hospitalização do paciente ou prolongamento de uma hospitalização existente;
- resulte em persistente inabilidade/incapacidade significativa;
- seja uma anomalia congênita/defeito de nascimento (vide Manual para Segurança Clínica e Gerenciamento de Dados da ICH: Definições e Padrões para Relatórios Expedidos).

1.51. Dados-Fonte

Todas as informações dos registros originais e cópias autenticadas de registros originais de achados clínicos, observações, ou outras atividades de uma pesquisa clínica necessárias para a reconstrução e avaliação do estudo. Dados-fonte estão contidos nos documentos-fonte (registros originais ou cópias autenticadas).

1.52. Documentos-Fonte

Documentos, dados e registros originais (exemplos: registros hospitalares, tabelas clínicas e administrativas, anotações laboratoriais, memorandos, diários do paciente ou *checklists* de avaliação, registros de prescrição farmacêutica, dados registrados por documentos automatizados, cópias ou transcrições autenticadas após verificação de sua precisão, microficha, negativos fotográficos, microfilmes ou registros magnéticos, raios-X, arquivos de pacientes e registros arquivados na farmácia, nos laboratórios e nos departamentos médico-técnicos envolvidos no estudo clínico).

1.53. Patrocinador

Um indivíduo, empresa, instituição ou organização responsável pela implementação, gerenciamento e/ou financiamento de um estudo clínico.

1.54. Patrocinador-Investigador

Um indivíduo que implementa e conduz, sozinho ou em grupo, um estudo clínico, e sob cuja imediata direção o produto sob investigação é administrado, fornecido ou utilizado por um paciente. O termo se aplica somente a um profissional (exemplo: não inclui uma corporação ou uma agência). As obrigações de um patrocinador-investigador incluem tanto as de patrocinador como as de um investigador.

1.55. Procedimentos Operacionais Padrão (POPs)

Instruções escritas e detalhadas para a uniformidade de desempenho relativo a uma determinada função.

1.56. Subinvestigador

Qualquer membro específico da equipe do estudo clínico, designado e supervisionado pelo investigador no centro de pesquisa para conduzir procedimentos essenciais e/ou tomar decisões importantes relacionadas ao estudo (exemplo: associados, residentes, bolsistas). Veja também Investigador.

1.57. Paciente/Sujeito de Pesquisa

Um indivíduo que participa de um estudo clínico. Pode pertencer ao grupo dos que recebem o produto sob investigação ou ao grupo de controle.

1.58. Código de Identificação do Paciente

Um código identificador exclusivo, designado pelo investigador para cada sujeito de pesquisa para proteger sua identidade e utilizado no lugar de nome do paciente quando o investigador relata eventos adversos e/ou dados relacionados ao estudo.

1.59. Centro de Pesquisa

O(s) local(is) onde usualmente as atividades ligadas ao estudo são conduzidas.

1.60. Reação Adversa Inesperada à Droga

Uma reação adversa, cuja natureza ou severidade não sejam condizentes com as informações aplicáveis ao produto (exemplo: Brochura do Investigador para produtos sob investigação não aprovados ou bula/resumo das características do produto para os aprovados). (Vide Manual para Segurança Clínica: Gerenciamento de Dados da ICH: Definições e Padrões para Relatórios Expedidos).

1.61. Populações Vulneráveis

Indivíduos cuja vontade de participar do estudo possa ser indevidamente influenciada pela expectativa, justificada ou não, de benefícios associados à participação, ou de uma reação negativa, em caso de recusa, por parte dos membros seniores de alguma hierarquia da qual façam parte ou à qual estejam submetidos. Exemplos: são indivíduos pertencentes a grupos com uma estrutura hierárquica constituída, como estudantes de medicina, farmácia, odontologia e enfermagem, funcionários de hospitais e laboratórios, indústria farmacêutica, membros das forças armadas e detentos. Outros sujeitos de pesquisa vulneráveis são aqueles portadores de doenças incuráveis ou que estejam em casas de repouso, pessoas desempregadas miseráveis, pacientes em situações de emergência, grupos étnicos minoritários, pessoas sem moradia, nômades, refugiados, menores e aqueles incapazes de atestar o próprio consentimento.

1.62. Bem-estar (dos sujeitos de pesquisa)
A integridade física e mental dos sujeitos envolvidos em um estudo clínico.

2. Os princípios de GCP da ICH

2.1. Os estudos clínicos devem ser conduzidos de acordo com os princípios éticos originados da Declaração de Helsinque, e condizentes com a GCP e exigências regulatórias aplicáveis.
2.2. Antes do início do estudo, riscos e inconveniências previsíveis devem ser pesados em relação aos benefícios esperados para o sujeito de pesquisa e para a sociedade. Um estudo deve ser iniciado somente quando os benefícios esperados justificam os riscos.
2.3. Os direitos, a segurança, e o bem-estar dos sujeitos de pesquisa são considerações mais importantes e devem prevalecer sobre os interesses da ciência e da sociedade.
2.4. As informações clínicas e não-clínicas disponíveis sobre um produto sob investigação devem ser adequadas para embasar o estudo clínico proposto.
2.5. Os estudos clínicos devem ter bases científicas corretas e sólidas, e descritas em protocolos claros e detalhados.
2.6. Um estudo deve ser conduzido em consonância com o protocolo que tenha recebido prévia aprovação/parecer favorável do Comitê de Ética em Pesquisa (CEP)/Comitê de Ética Independente (IEC).
2.7. O tratamento médico dispensado e as decisões médicas feitas em favor do paciente devem estar sempre sob a responsabilidade de médicos qualificados ou, quando apropriado, de dentistas qualificados.
2.8. Cada indivíduo envolvido na condução do estudo deve ser qualificado, considerando-se educação, treinamento e experiência para a realização de suas respectivas tarefas.
2.9. O consentimento livre e esclarecido deve ser obtido de cada paciente antes de sua participação no estudo clínico.
2.10. Todas as informações do estudo clínico devem ser registradas, manuseadas e arquivadas de modo a permitir interpretações, verificações e relatos precisos.
2.11. A confidencialidade dos registros que possam identificar os pacientes deve ser protegida, respeitando-se as regras de privacidade e confidencialidade das exigências regulatórias aplicáveis.

2.12. Os produtos sob investigação devem ser fabricados, manuseados e armazenados de acordo com a Boa Prática de Fabricação (GMP) aplicáveis. Eles devem ser utilizados de acordo com o protocolo aprovado.
2.13. Devem ser implementados sistemas com procedimentos de garantia e qualidade do estudo, sob todos os aspectos.

3. Comitê de Ética em Pesquisa/Comitê de Ética Independente (CEP/IEC)

3.1. Responsabilidades

3.1.1. Um CEP/IEC deve assegurar os direitos, a segurança, e o bem-estar de todos os sujeitos de pesquisa. Deve ser dada uma atenção especial aos estudos que envolvam populações vulneráveis.
3.1.2. O CEP/IEC deve obter os seguintes documentos: protocolo de estudo/ emenda, termo de consentimento livre e esclarecido e suas atualizações propostas pelo investigador para utilização no estudo, procedimentos de recrutamento dos sujeitos de pesquisa (exemplo: anúncios), informações escritas a serem fornecidas aos sujeitos de pesquisa, Brochura do Investigador (IB), informações de segurança disponíveis, informação sobre pagamentos e indenizações devidas aos pacientes, o *curriculum vitae* atual do investigador e/ou outra documentação evidenciando suas qualificações, e quaisquer outros necessários para que o CEP/IEC cumpra suas responsabilidades.
O CEP/IEC deve analisar um estudo clínico proposto em um tempo razoável e documentar seu parecer por escrito, identificando claramente o estudo, documentos analisados e as datas de:

- aprovação/parecer favorável;
- modificações exigidas para a aprovação/parecer favorável;
- não aprovado/parecer desfavorável; e
- retirada/suspensão de qualquer aprovação/parecer favorável anterior.

3.1.3. O CEP/IEC deve considerar as qualificações do investigador para o estudo proposto, como documentadas pelo *curriculum vitae* atualizado e/ou qualquer outra documentação relevante que o CEP/IEC solicite.
3.1.4. O CEP/IEC deve realizar uma análise contínua de cada estudo em andamento em intervalos apropriados ao grau de risco ao qual os sujeitos de pesquisa estão expostos, mas pelo menos uma análise por ano.
3.1.5. Quando julgar que outras informações além daquelas previstas no item 4.8.10 possam aumentar significativamente a proteção aos direitos, a segurança e o bem-estar dos sujeitos de pesquisa, o CEP/IEC pode solicitar que essas informações adicionais lhes sejam fornecidas.
3.1.6. Quando um estudo não-terapêutico é conduzido com o consentimento do representante legal do sujeito de pesquisa (vide 4.8.12, 4.8.14), o CEP/IEC

deve avaliar se o protocolo proposto e/ou outros documentos atendem adequadamente as diretrizes éticas relevantes e as exigências regulatórias aplicáveis para esse tipo de estudo.

3.1.7. Quando o protocolo indica que o consentimento prévio do sujeito de pesquisa de seu representante legal não pode ser obtido (vide 4.8.15), o CEP/IEC deve avaliar se o protocolo proposto e/ou outros documentos atendem adequadamente as diretrizes éticas relevantes e as exigências regulatórias aplicáveis para esse tipo de estudo (exemplo: em situações de emergência).

3.1.8. O CEP/IEC deve analisar tanto a quantia quanto a forma de pagamento aos pacientes, para assegurar a inexistência de problemas de coação ou influência indevida em relação aos sujeitos de pesquisa. Os pagamentos aos pacientes devem ser parcelados e não inteiramente vinculados a sua permanência até o final do estudo.

3.1.9. O CEP/IEC deve garantir que as informações a respeito dos pagamentos aos pacientes, incluindo as quantias, datas e formas de pagamento aos sujeitos de pesquisa, constam no termo de consentimento livre e esclarecido que lhes será fornecido. O modo pelo qual o pagamento será parcelado deve ser especificado.

3.2. Composição, Funções e Operações

3.2.1. O CEP/IEC deve ser constituído por um número razoável de membros, que coletivamente possuam qualificações e experiência para analisar e avaliar aspectos científicos, médicos e éticos do estudo proposto. Recomenda-se que o CEP/IEC seja composto de:

a) pelo menos cinco membros.

b) pelo menos um membro, cuja área de interesse seja de caráter não-científico.

c) pelo menos um membro que seja independente da instituição/centro de pesquisa.

Somente esses membros do CEP/IEC independentes do investigador e patrocinador do estudo devem votar/emitir parecer sobre os assuntos relacionados ao estudo. Uma lista de membros do CEP/IEC e suas qualificações deve ser mantida.

3.2.2. O CEP/IEC deve exercer suas funções em consonância com os procedimentos operacionais escritos, deve manter registros por escritos das suas atividades e minutas das suas reuniões, e deve estar de acordo com a GCP e com exigências regulatórias aplicáveis.

3.2.3. Um CEP/IEC deve tomar suas decisões em reuniões previamente marcadas, com a presença de quórum mínimo, como estipulado nos seus procedimentos operacionais escritos.

3.2.4. Somente membros que participam da análise e discussão do CEP/IEC devem votar/emitir parecer e/ou conselho.

3.2.5. O investigador pode fornecer informações sobre qualquer aspecto do estudo, mas não deve participar das deliberações do CEP/IEC ou do voto/parecer do CEP/IEC.

3.2.6. Um CEP/IEC pode convidar não-membros peritos em áreas específicas para assessoria científica.

3.3. Procedimentos

O CEP/IEC deve estabelecer, documentar por escrito, e seguir seus próprios procedimentos, que devem incluir:

3.3.1. Determinar sua composição (nomes e qualificações dos membros) e autoridade sob a qual ela deverá ser estabelecida.

3.3.2. Agendar reuniões, notificar seus membros e conduzi-las.

3.3.3. Conduzir a análise inicial e contínua dos estudos.

3.3.4. Determinar a frequência das análises contínuas, como apropriado.

3.3.5. Fornecer, de acordo com as exigências regulatórias aplicáveis, análises promulgadas e aprovações/pareceres favoráveis de pequenas alterações em estudos em andamento que já obtiveram a aprovação/parecer favorável do CEP/IEC.

3.3.6. Especificar que nenhum paciente deve ser admitido no estudo antes da emissão da aprovação/parecer favorável por escrito do CEP/IEC.

3.3.7. Especificar que nenhum desvio ou alteração do protocolo deve ser iniciado sem prévia aprovação/parecer favorável por escrito do CEP/IEC de uma emenda apropriada, exceto quando necessário para eliminar riscos imediatos para pacientes ou quando a(s) mudança(s) envolvem apenas aspectos logísticos administrativos do estudo (exemplo: mudança de monitor(es), de número(s) de telefone). (Vide 4.5.2).

3.3.8. Especificar que o investigador deve relatar prontamente ao CEP/IEC:

a) Desvios ou alterações ao protocolo para eliminar riscos imediatos para os sujeitos de pesquisa (vide 3.3.7, 4.5.2, 4.5.4).

b) Alterações que aumentem o risco para os pacientes e/ou afetem significativamente a condução do estudo (vide 4.10.2).

c) Todas as reações adversas à droga (ADRs) que sejam sérias e inesperadas.

d) Novas informações que possam afetar negativamente a segurança dos pacientes ou a condução do estudo.

3.3.9. Garantir que o CEP/IEC notifique prontamente e por escrito o investigador/instituição em relação a:

a) Decisões/pareceres relativos ao estudo.

b) As razões para as decisões/pareceres.
c) Procedimentos para recursos de suas decisões/pareceres.

3.4. Registros

O CEP/IEC deve guardar todos os registros relevantes (exemplo: procedimentos escritos, listas de membros, listas de funções/filiações dos membros, documentos submetidos, minutas de reuniões, e correspondências) por um período de pelo menos três anos após a conclusão do estudo e disponibilizá-los mediante solicitação das autoridades regulatórias. Investigadores, patrocinadores ou autoridades regulatórias podem solicitar ao CEP/IEC seus procedimentos escritos e sua lista de membros.

4. Investigador

4.1. Qualificações e Acordos relativos ao Investigador

4.1.1. O investigador deve ser qualificado em termos de educação, possuir treinamento e experiência para assumir a responsabilidade pela adequada condução do estudo, deve atender a todas as qualificações especificadas pelas exigências regulatórias, e deve comprová-las através de *curriculum vitae* atualizado e/ou outra documentação relevante exigida pelo patrocinador, pelo CEP/IEC, e/ou pelas autoridades regulatórias.
4.1.2. O investigador deve estar totalmente familiarizado com o uso apropriado dos produtos sob investigação, como descrito no protocolo, na Brochura do Investigador vigente, na bula do produto e em outras fontes de informação fornecidas pelo patrocinador.
4.1.3. O investigador deve conhecer e agir de acordo com a GCP e as exigências regulatórias aplicáveis.
4.1.4. O investigador/instituição deve permitir a monitoria e a auditoria pelo patrocinador e a inspeção pelas autoridades regulatórias aplicáveis.
4.1.5. O investigador deve manter uma lista de pessoas adequadamente qualificadas para as quais o investigador delegou deveres significativos relacionados ao estudo.

4.2. Recursos Adequados

4.2.1. O investigador deve poder demonstrar (com base em dados retrospectivos) a capacidade para recrutar o número exigido de pacientes apropriados, dentro do período de recrutamento acordado.
4.2.2. O investigador deve dispor de tempo suficiente para conduzir adequadamente e concluir o tratamento dentro do período acordado.

4.2.3. O investigador deve dispor de um número adequado de pessoal qualificado e instalações adequadas para a duração prevista do estudo, para ser conduzido apropriadamente e com segurança.
4.2.4. O investigador deve garantir que todas as pessoas envolvidas no estudo estejam adequadamente informadas sobre o protocolo, os produtos sob investigação e sobre seus deveres e funções relacionados ao estudo.

4.3. Assistência Médica para os sujeitos de pesquisa
4.3.1. Um médico (ou dentista, quando apropriado) qualificado, que seja investigador ou sub-investigador do estudo, deve ser responsável por todas as decisões médicas (ou odontológicas) relativas ao estudo.
4.3.2. Durante e após a participação de um paciente em um estudo, o investigador e/ou a instituição deve garantir que o tratamento médico adequado seja dispensado ao paciente em qualquer evento adverso, incluindo valores laboratoriais clinicamente significativos relacionados ao estudo. O investigador/instituição deve informar o paciente quando a assistência médica é necessária para doença(s) intercorrente(s) das quais ele tenha conhecimento.
4.3.3. Recomenda-se que o investigador informe o médico particular do paciente (se houver) sobre sua participação no estudo, se o paciente concordar que esta informação seja fornecida.
4.3.4. Embora o paciente não seja obrigado a explicar as razões de sua retirada prematura do estudo, o investigador deve esforçar-se para conhecer as causas desta desistência, respeitando os direitos do paciente.

4.4. Comunicação com o CEP/IEC
4.4.1. Antes de iniciar um estudo, o investigador/instituição deve obter aprovação/parecer favorável do CEP/IEC datado e por escrito para o protocolo em estudo, termo de consentimento livre e esclarecido por escrito e suas atualizações, procedimentos de recrutamento de pacientes (exemplo: anúncios) e qualquer outra informação a ser fornecida por escrito para os pacientes.
4.4.2. Como parte da documentação a ser submetida ao CEP/IEC, o investigador/instituição deve fornecer ao CEP/IEC uma cópia atualizada da Brochura do Investigador. Se a Brochura do Investigador for atualizada no decorrer do estudo, o investigador/instituição deve fornecer ao CEP/IEC uma cópia dessa Brochura atualizada.
4.4.3. Durante o estudo o investigador/instituição deve fornecer ao CEP/IEC todos os documentos sujeitos à análise.

4.5. Adesão ao Protocolo

4.5.1. O investigador/instituição deve conduzir o estudo em conformidade com o protocolo, com parecer favorável/aprovado pelo CEP/IEC acordado com o patrocinador e, quando necessário, com as autoridades regulatórias. Investigador/instituição e o patrocinador devem assinar o protocolo, ou contrato alternativo, para confirmar o acordo.

4.5.2. O investigador não deve implementar nenhum desvio, ou alterações no protocolo sem o consentimento do investigador e análise prévia e parecer favorável do CEP/IEC para uma emenda, exceto quando necessário para eliminar riscos imediatos para os sujeitos de pesquisa, ou quando as alterações envolvam apenas aspectos lógicos ou administrativos do estudo (exemplos: mudança de monitores, de números de telefone).

4.5.3. O investigador, ou uma pessoa por ele designada, deve documentar e explicar qualquer desvio ao protocolo aprovado.

4.5.4. O investigador pode implementar um desvio ou uma alteração ao protocolo para eliminar um risco imediato para os sujeitos de pesquisa sem prévia autorização ou parecer favorável do CEP/IEC. Assim que possível, submeter para aprovação/parecer do CEP/IEC este desvio ou esta alteração implementada, as suas razões, e, se apropriado, a proposta de correção do protocolo às seguintes autoridades:

a) ao CEP/IEC para análise e aprovação/parecer favorável;

b) ao patrocinador para autorização; e, se necessário,

c) às autoridades regulatórias.

4.6. Produtos sob Investigação

4.6.1. A responsabilidade pela contagem dos produtos sob investigação nos centros de pesquisa pertence ao investigador/instituição.

4.6.2. Quando permitido/necessário, o investigador/instituição pode designar alguns ou todos os deveres do investigador/instituição em relação à contagem dos produtos sob investigação nos centros de pesquisa para um farmacêutico ou outro indivíduo apropriado que esteja sob a supervisão do investigador/instituição.

4.6.3. O investigador/instituição e/ou farmacêutico ou outro indivíduo apropriado, designado pelo investigador/instituição, deve manter o registro das entregas dos produtos feitas aos centros de pesquisa, o estoque no centro, o uso feito por cada paciente, e a devolução ao patrocinador ou a destinação alternativa de produtos não utilizados. Esses registros devem incluir datas, quantidades, número de série/lote, datas de expiração (se aplicável) além dos códigos exclusivos designados aos produtos sob investigação e aos sujeitos de pesquisa. Os investigadores devem manter registros que documentem adequadamente que foram administradas aos pacientes as doses especificadas pelo protocolo e restituídos todos os produtos sob investigação recebidos do patrocinador.

4.6.4. Os produtos sob investigação devem ser armazenados como especificado pelo patrocinador (vide 5.13.2 e 5.14.3) e de acordo com as exigências regulatórias aplicáveis.

4.6.5. O investigador deve garantir que os produtos sob investigação sejam utilizados em conformidade com o protocolo aprovado.

4.6.6. O investigador, ou uma pessoa designada por ele ou pela instituição, deve explicar a cada paciente o uso correto dos produtos sob investigação e deve checar, nos intervalos apropriados ao estudo, se os pacientes estão seguindo as instruções adequadamente.

4.7. Processo de Randomização e Quebra do Modo Cego

O investigador deve seguir os procedimentos de randomização, se aplicável, deve garantir que o modo cego seja quebrado apenas de acordo com o protocolo. Se o regime é cego, o investigador deve documentar e justificar prontamente ao patrocinador qualquer revelação prematura (exemplos: quebra acidental, quebra relacionada a um evento adverso sério) do produto sob investigação.

4.8. Termo de Consentimento Livre e Esclarecido

4.8.1. Quando da obtenção e documentação do termo de consentimento livre e esclarecido, o investigador deve estar de acordo com as exigências regulatórias aplicáveis, a GCP e os princípios éticos originados da Declaração de Helsinque. Antes do início do estudo, o investigador deve obter o parecer favorável/aprovação escrita do CEP/IEC do termo de consentimento livre e esclarecido escrito a ser fornecido aos pacientes.

4.8.2. O termo de consentimento livre e esclarecido e qualquer outra informação escrita a serem fornecidas aos sujeitos devem ser analisados sempre que novas informações importantes tornem-se disponíveis e possam ser relevantes para consentimento do paciente. Qualquer termo de consentimento livre e esclarecido revisado, e informações escritas devem receber o parecer favorável/aprovação do CEP/IEC antes de serem utilizados. O paciente ou seu representante legal deve ser informado a tempo se novas informações forem disponibilizadas e possam ser relevantes para a intenção do sujeito continuar participando do estudo. A comunicação dessas informações deve ser documentada.

4.8.3. Nem o investigador, nem a equipe do estudo, devem coagir ou influenciar indevidamente um paciente a participar ou continuar participando do estudo.

4.8.4. Nenhuma das informações orais ou escritas relativas ao estudo, incluindo termo de consentimento livre e esclarecido, devem ser feitas em qualquer linguagem que faça com que o paciente ou seu representante legal desista ou pareça estar desistindo de quaisquer dos seus direitos ou que dispense ou pareça dispensar o investigador, o patrocinador ou seus agentes da responsabilidade por atitudes negligentes.

4.8.5. O investigador, ou uma pessoa por ele designada, deve informar o paciente, ou seu representante legal, sobre todos os aspectos pertinentes ao estudo, incluindo a informação escrita contida na aprovação/parecer favorável do CEP/IEC.

4.8.6. A linguagem utilizada nas informações orais ou escritas sobre o estudo, incluindo o termo de consentimento livre e esclarecido, deve ser prática, não técnica e de fácil entendimento para o sujeito de pesquisa ou seu representante legal e para as testemunhas imparciais, quando aplicável.

4.8.7. Antes da obtenção do consentimento, o investigador, ou uma pessoa por ele designada, deve oferecer ao paciente ou seu representante legal tempo e oportunidade suficiente para questionar sobre o estudo e decidir participar dele ou não. Todas as questões sobre o estudo devem ser respondidas até que todas as dúvidas do paciente ou do seu representante legal sejam esclarecidas.

4.8.8. Antes da participação do sujeito de pesquisa no estudo, o termo de consentimento livre e esclarecido deve ser assinado e datado pessoalmente por ele ou seu representante legal, e pela pessoa que conduziu a discussão sobre o documento.

4.8.9. Se um sujeito de pesquisa ou seu representante legal for capaz de ler, uma testemunha imparcial deve estar presente durante toda a discussão sobre o documento. Após o termo de consentimento livre e esclarecido e qualquer outra informação escrita serem fornecidos ao paciente ou seu representante legal, ele deve ser lido e explicado ao paciente ou ao seu representante legal. Após o consentimento oral para a participação do sujeito na pesquisa ser obtido e, se este for capaz, o termo de consentimento livre e esclarecido tenha sido assinado e datado pessoalmente, a testemunha deve assinar e datar pessoalmente o termo de consentimento. Assinando o termo de consentimento, a testemunha atesta que a informação nele contida e qualquer outra informação escrita foram devidamente explicadas e aparentemente entendidas pelo paciente ou seu representante legal e que seu consentimento foi voluntário.

4.8.10. Tanto a discussão sobre o consentimento quanto o termo de consentimento livre e esclarecido e qualquer outra informação escrita a ser dada aos pacientes devem incluir explicações sobre o seguinte:

a) o estudo envolve pesquisa;

b) a finalidade do estudo;

c) os tratamentos do estudo e a probabilidade da designação por randomização para cada tratamento;

d) os procedimentos do estudo a serem seguidos, incluindo todos os procedimentos invasivos;

e) as responsabilidades do paciente;

f) os aspectos experimentais do estudo;

g) os riscos ou inconveniências razoáveis de curto prazo para o paciente e, quando aplicável, para um embrião, feto ou recém-nascido;

h) os benefícios razoavelmente esperados, quando houver um benefício clínico intencional ao paciente, este deverá ser informado;

i) os procedimentos ou tratamentos que estarão disponíveis para o paciente, e seus principais riscos e benefícios potenciais;

j) a compensação e/ou tratamento disponível para o sujeito no caso de dano relacionado ao estudo;

k) o pagamento parcelado antecipado, se aplicável, ao paciente pela sua participação no estudo;

l) as despesas antecipadas, se aplicável, ao paciente pela sua participação no estudo;

m) o caráter voluntário da participação do sujeito na pesquisa e a faculdade deste se recusar a participar ou se retirar do estudo, a qualquer momento, sem penalidade ou perda de benefícios aos quais teria direito se continuasse no estudo;

n) a garantia de acesso direto para os monitores, auditores e para o CEP/IEC e autoridades regulatórias aos registros médicos originais do paciente para verificação dos procedimentos do estudo clínico e/ou dados sem violar a confidencialidade, na extensão permitida pelas leis e regulamentos aplicáveis, aos quais, por meio da assinatura do termo de consentimento livre e esclarecido, o paciente ou seu representante legal autoriza o acesso;

o) a manutenção da confidencialidade dos registros que identificam o paciente e a sua não disponibilização pública, na extensão permitida pelas leis e regulamentos aplicáveis. Se os resultados forem publicados, a identidade do paciente permanecerá oculta;

p) o paciente ou seu representante legal será informado a tempo se surgirem novas informações que possam ser relevantes para a decisão do paciente continuar a participar do estudo;

q) quem contatar para a obtenção de maiores informações a respeito do estudo e dos direitos dos sujeitos de pesquisa, e quem contatar em caso de dano relacionado ao estudo;

r) as circunstâncias possíveis e/ou razões que ensejam o encerramento da participação do sujeito no estudo;

s) a duração esperada da participação do sujeito no estudo;

t) o número aproximado de pacientes envolvidos no estudo.

4.8.11. Antes de iniciar sua participação no estudo, o paciente ou seu representante legal deve receber uma cópia do termo de consentimento livre e esclarecido assinado e datado e de qualquer outra informação escrita dada aos pacientes. Durante sua participação no estudo, o paciente ou seu representante legal deverá receber uma cópia das atualizações do termo de consentimento assinadas e datadas e uma cópia de quaisquer emendas às informações escritas fornecidas aos pacientes.

4.8.12. Quando um estudo clínico (terapêutico ou não terapêutico) inclui pacientes que só podem participar do estudo com o consentimento de seu representante legal (exemplo: menores, ou pacientes com demência severa), este paciente deve ser informado sobre o estudo de um modo compatível com sua capacidade de entendimento e, se puder, o paciente deverá assinar e datar pessoalmente o termo de consentimento livre e esclarecido.

4.8.13. Com exceção do descrito no item 4.8.14, um estudo não terapêutico (isto é, um estudo no qual não há previsão de benefício clínico direto para o paciente) deve ser conduzido em pacientes que declarem o consentimento pessoalmente e que assinem e datem o termo de consentimento livre e esclarecido.

4.8.14. Estudos não-terapêuticos podem ser conduzidos em pacientes com consentimento de seu respectivo representante legal, contanto que as condições sejam preenchidas:

a) os objetivos do estudo não podem ser atingidos utilizando pacientes capazes de fornecer o consentimento pessoalmente;

b) os riscos previstos para os pacientes são baixos;

c) o impacto no bem-estar do paciente é minimizado e baixo;

d) o estudo não é proibido por lei;

e) a necessidade de aprovação/parecer favorável do CEP/IEC é expressamente prevista para a inclusão destes pacientes, e que a aprovação/parecer favorável declarada englobe este aspecto;

Tais estudos devem ser conduzidos em pacientes portadores da doença ou que estejam na situação para a qual o produto sob investigação é desenvolvido. Qualquer exceção deve ser justificada. Pacientes nesses estudos devem ser monitorados de perto e devem ser retirados se parecerem estar sofrendo algum dano indevido.

4.8.15. Em situações de emergência, quando a obtenção do prévio consentimento do paciente não é possível, o consentimento de seu representante legal, se este estiver presente, deve ser exigido. Quando a obtenção do prévio consentimento do paciente não é possível e seu representante legal não está disponível, a inclusão do paciente deve estar de acordo com medidas descritas no protocolo e/ou outros documentos, com a aprovação/parecer favorável documentada do CEP/IEC, para proteger os direitos, a segurança e o bem-estar do paciente e garantir a adequação às exigências regulatórias aplicáveis. O paciente ou seu representante legal deve ser informado sobre o estudo o mais cedo possível nesse momento, deve declarar seu consentimento para continuar no estudo e outro termo de consentimento apropriado (vide 4.8.10) deve ser deve solicitado.

4.9. Registros e Relatórios

4.9.1. O investigador deve garantir que os dados relatados ao patrocinador nas CRFs em todos os relatórios exigidos sejam precisos, completos, legíveis e oportunos.

4.9.2. Os dados derivados dos documentos-fonte, relatados na CRF, devem ser coerentes com esses documentos. Caso contrário, as discrepâncias devem ser explicadas.

4.9.3. Qualquer alteração ou correção na CRF deve ser datada, rubricada e explicada (se necessário). Os dados originais não devem ser apagados (isto é, uma trilha de auditoria deve ser mantida); isso se aplica tanto às alterações ou correções escritas como para as eletrônicas (vide 5.18.4 (n)). Os patrocinadores devem orientar os investigadores e/ou os representantes por eles designados na elaboração destas correções. Os patrocinadores devem ter procedimentos escritos para garantir que as alterações ou correções nas CRFs, feitas pelos representantes designados pelo patrocinador, sejam necessárias, documentadas e endossadas pelo investigador. O investigador deve manter as alterações e correções.

4.9.4. O investigador/instituição deve conservar os documentos do estudo como especificado no item Documentos Essenciais para a Condução de um Estudo Clínico (vide 8) e como requerido pelas exigências regulatórias aplicáveis. Investigador/instituição deve impedir a destruição acidental ou prematura desses documentos.

4.9.5. Os documentos essenciais devem ser conservados por até dois anos, contados a partir da última aprovação de uma aplicação comercial numa região da ICH até que não haja aplicações comerciais pendentes ou contempladas numa região da ICH ou até que dois anos tenham se passado desde a descontinuação formal do desenvolvimento clínico de um produto sob investigação. Entretanto, esses documentos devem ser conservados por um período maior, se requerido pelas exigências regulatórias aplicáveis ou por um contrato com o patrocinador. É responsabilidade do patrocinador informar ao investigador/instituição quando esses documentos não forem mais necessários (vide 5.5.12).

4.9.6. Os aspectos financeiros do estudo devem ser documentados em um contrato entre o patrocinador e o investigador/instituição.

4.9.7. Mediante requerimento do monitor, auditor, CEP/IEC, ou autoridades regulatórias, o investigador/instituição deve disponibilizar para acesso direto todos os registros relacionados ao estudo.

4.10. Relatórios de Progresso

4.10.1. O investigador deve submeter resumos escritos do *status* do estudo ao CEP/IEC anualmente, ou com maior frequência, se requisitado pelo CEP/IEC.

4.10.2. O investigador deve prontamente fornecer relatórios escritos ao patrocinador, ao CEP/IEC (vide 3.3.8) e, se aplicável, à instituição, no caso de alterações que afetem a condução do estudo e/ou aumentem o risco para os pacientes.

4.11. Relatórios de Segurança

4.11.1. Todos os eventos adversos sérios (EASs) devem ser imediatamente relatados ao patrocinador, com exceção dos EASs para os quais o protocolo ou outro documento (exemplo: Brochura do Investigador) não exige comunicação imediata. Essas comunicações imediatas devem ser seguidas por relatórios escritos detalhados. O relatório imediato e o relatório de acompanhamento devem identificar cada paciente por um único código de números designado sujeitos de pesquisa no lugar de seus nomes, números de identificação pessoal e/ou endereços. O investigador deve também atender às exigências regulatórias aplicáveis relativas aos relatos de reações adversas à droga sob investigação, junto às autoridades regulatórias e ao CEP/IEC.

4.11.2. Eventos adversos e/ou anormalidades laboratoriais identificadas no protocolo como críticas para as avaliações de segurança devem ser relatados ao patrocinador, segundo as regras e os momentos especificados no protocolo pelo patrocinador.

4.11.3. Em relação aos relatos de mortes, o investigador deve fornecer ao patrocinador e ao CEP/IEC quaisquer informações adicionais solicitadas (relatórios de autópsia e relatórios médicos terminais).

4.12. Encerramento Prematuro ou Suspensão de um Estudo

Se o estudo for encerrado prematuramente ou suspenso por qualquer motivo, o investigador/instituição deve prontamente informar os sujeitos de pesquisa, deve garantir terapia apropriada e acompanhamento para os pacientes, e, onde requerido pelas exigências regulatórias aplicáveis, deve informar as autoridades regulatórias. Além disso:

4.12.1. Se o investigador encerra ou suspende um estudo sem prévia concordância do patrocinador, o investigador deve informar a instituição, onde aplicável, e o investigador/instituição deve informar prontamente o patrocinador e o CEP/IEC e fornecer-lhes uma justificativa escrita e detalhada para a suspensão.

4.12.2. Se o patrocinador encerra ou suspende um estudo (vide 5.21), o investigador deve prontamente informar a instituição, onde aplicável, e o investigador/instituição deve prontamente informar o CEP/IEC e fornecer uma justificativa escrita e detalhada para o encerramento ou suspensão do estudo.

4.12.3. Se o CEP/IEC retira ou suspende sua aprovação/parecer favorável para o estudo (vide 3.1.2 e 3.3.9), o investigador deve informar a instituição, onde aplicável, e o investigador/instituição deve prontamente notificar e patrocinador uma justificativa escrita e detalhada para o encerramento da suspensão.

4.13. Relatório(s) Final(is) elaborados pelo Investigador

No encerramento do estudo, o investigador, onde aplicável, deve informar a instituição; o investigador/instituição deve fornecer ao CEP/IEC um resumo do resultado do estudo, e às autoridades regulatórias os relatórios exigidos.

5. Patrocinador

5.1. Garantia de Qualidade e Controle de Qualidade

5.1.1. O patrocinador é responsável por implementar e manter os sistemas de garantia de qualidade e do controle de qualidade com os POPs para assegurar que os estudos sejam conduzidos e os dados sejam gerados, documentados (registrados) e relatados de acordo com o protocolo, às GCP e às exigências regulatórias aplicáveis.

5.1.2. O patrocinador é responsável por firmar acordos entre todas as partes envolvidas para garantir acesso direto (vide 1.21) a todos os centros de pesquisa do estudo, dados/documentos-fonte, relatórios para auditoria do patrocinador e inspeção das autoridades regulatórias nacionais e estrangeiras.

5.1.3. O controle de qualidade deve ser aplicado a cada estágio do manuseio dos dados para garantir que todos os dados são fidedignos e foram processados corretamente.

5.1.4. Os acordos, feitos pelo patrocinador com o investigador/instituição e com quaisquer outras partes envolvidas no estudo clínico, devem ser feitos por escrito, como parte do protocolo ou em um contrato separado.

5.2. Organização de Pesquisa Contratada (CRO)

5.2.1. Um patrocinador pode transferir alguns ou todos os seus deveres e funções relativos ao estudo para uma CRO, mas a responsabilidade final pela qualidade e integridade dos dados do estudo sempre pertence ao patrocinador. A CRO deve implantar os sistemas de garantia de qualidade e de controle de qualidade.

5.2.2. Qualquer dever e função relacionados ao estudo transferidos e assumidos pela CRO devem ser especificados por escrito.

5.2.3. Quaisquer deveres ou funções não especificamente transferidos e assumidos pela CRO continuam a pertencer ao patrocinador.

5.2.4. Todas as referências ao patrocinador neste manual também se aplicam à CRO na extensão dos deveres e funções do patrocinador por ela assumidas.

5.3. Perícia Médica

O patrocinador deve designar uma equipe médica devidamente qualificada que estará prontamente disponível para assessorar em questões ou problemas médicos relacionados ao estudo. Se necessário, consultores externos podem ser designados para esse propósito.

5.4. Desenho do Estudo

5.4.1. O patrocinador deve utilizar-se de indivíduos qualificados (exemplos: bioestatísticos, farmacologistas clínicos e médicos), conforme apropriado, em todos os estágios da pesquisa, desde a elaboração do protocolo e das CRFs e planejamento das análises até a preparação e a análise dos relatórios clínicos parciais e finais.

5.4.2. Para mais informações: Protocolo de Estudo Clínico e Emenda(s) ao Protocolo (vide 6.), Manual da ICH para Estrutura e Conteúdo dos Relatórios de Estudos Clínicos e outras orientações da ICH apropriadas sobre desenho, protocolo e condução do estudo.

5.5. Gerenciamento do Estudo, Manuseio dos Dados e Armazenamento de Registros

5.5.1. O patrocinador deve utilizar-se de indivíduos apropriadamente qualificados para supervisionar a condução global do estudo, manusear e verificar os dados e conduzir as análises estatísticas e preparar os relatórios do estudo.

5.5.2. O patrocinador pode considerar a possibilidade de estabelecer um Comitê Independente de Monitoramento de Dados (IDMC) para avaliar o progresso de um estudo clínico, incluindo os dados de segurança e a eficácia crítica dos *endpoints* nos intervalos e recomendar ao patrocinador o prosseguimento/ modificação ou a interrupção do estudo. O IDMC deve ter procedimentos operacionais escritos e manter registros escritos de todas as suas reuniões.

5.5.3. No manuseio de dados eletrônicos de estudos e/ou de sistemas eletrônicos de dados de estudos à distância, o patrocinador deve:

a) Documentar e assegurar que os sistemas de processamento de dados eletrônicos sejam completos, corretos, confiáveis e desempenho consistente como previsto (isto é, validado), como exigido pelo patrocinador;

b) Manter POPs para a utilização desses sistemas;

c) Assegurar que os sistemas sejam elaborados para permitir alterações de dados, de modo que essas alterações sejam documentadas e que os dados anteriores não sejam apagados (isto é, mantenham uma trilha de auditoria, de dados, e de edição);

d) Manter um sistema de segurança que impeça o acesso não autorizado aos dados;

e) Manter uma lista de indivíduos autorizados a realizar alterações de dados (vide 4.1.5 e 4.9.3);

f) Manter o *back-up* adequado dos dados;

g) Proteger o caráter cego, se aplicável (exemplo: manter o caráter cego durante a entrada e o processamento dos dados).

5.5.4. Se os dados forem modificados durante o processamento, deve ser sempre possível comparar os dados às observações originais com os dados processados.

5.5.5. O patrocinador deve utilizar um código único de identificação do paciente (vide 1.58) que permita a identificação de todos os dados relatados para cada paciente.

5.5.6. O patrocinador, ou outros proprietários dos dados, deve reter todos os documentos essenciais específicos do patrocinador relativos ao estudo (vide 8. Documentos Essenciais para a Condução de um Estudo Clínico).

5.5.7. O patrocinador deve reter todos os documentos específicos do patrocinador em consonância com as exigências regulatórias aplicáveis dos países onde o produto é aprovado, e/ou nos quais o patrocinador pretende submetê-lo para aprovação.

5.5.8. Se o patrocinador descontinua o desenvolvimento clínico de um produto sob investigação (isto é, para uma ou todas as indicações, vias de administração e formas de dosagem), ele deve manter todos os documentos essenciais específicos do patrocinador por pelo menos 2 anos a partir da descontinuação formal ou de conformidade com as exigências regulatórias aplicáveis.

5.5.9. Se o patrocinador descontinua o desenvolvimento clínico de um produto sob investigação, o patrocinador deve notificar todos os investigadores/instituições envolvidos no estudo e todas as autoridades regulatórias.

5.5.10. Qualquer transferência de propriedade dos dados deve ser relatada às autoridades regulatórias, como requerido pelas exigências regulatórias aplicáveis.

5.5.11. Os documentos essenciais específicos do patrocinador devem ser retidos por um período mínimo de dois anos a partir da última aprovação de uma aplicação comercial em uma região da ICH e até que não existam aplicações planejadas ou pendentes em uma região da ICH ou tenham decorridos dois anos da descontinuação formal do desenvolvimento clínico de um produto sob investigação. Entretanto, esses documentos devem ser retidos por um maior período se requerido pelas exigências regulatórias aplicáveis ou se requisitado pelo patrocinador.

5.5.12. O patrocinador deve informar o investigador/instituição por escrito quando necessária a retenção dos dados e deve notificá-los quando os registros não forem mais necessários.

5.6. Seleção do Investigador

5.6.1. O patrocinador é responsável por selecionar os investigadores/instituições. Cada investigador deve ser qualificado por treinamento e experiência e deve possuir recursos adequados (vide 4.1, 4.2) para conduzir apropriadamente o estudo para o qual o investigador foi selecionado. Se a organização de um comitê de coordenação e/ou a seleção de um investigador coordenador for utilizada em estudos multicêntricos, essa organização ou seleção destes recursos será de responsabilidade do patrocinador.

5.6.2. Antes de realizar um acordo com um investigador/instituição para a condução de um estudo, o patrocinador deve lhe fornecer o protocolo e a Brochura do Investigador atualizada, bem como tempo suficiente para que ele analise as informações sobre o estudo.

5.6.3. O patrocinador deve fazer um acordo com o investigador/instituição para:

a) Conduzir o estudo de acordo com a GCP, com as exigências regulatórias aplicáveis (vide 4.1.3) e com protocolo admitido pelo patrocinador e com aprovação/parecer favorável do CEP/IEC (vide 4.5.1);

b) Seguir os procedimentos para registro/relato de dados;

c) Permitir a monitoria, auditoria e inspeção (vide 4.1.4);

d) Reter os documentos essenciais relativos ao estudo até que o patrocinador informe que eles não são mais necessários (vide 4.9.4 e 5.5.12).
O patrocinador e o investigador/instituição devem assinar o protocolo, ou um documento alternativo, para confirmar o acordo.

5.7. Alocação de Deveres e Funções
Antes de iniciar um estudo, o patrocinador deve definir, estabelecer e alocar todos os deveres e funções relativos ao estudo.

5.8. Indenização para Pacientes e Investigadores
5.8.1. Se requerido pelas exigências regulatórias aplicáveis, o patrocinador deve providenciar um seguro ou indenização (cobertura legal e financeira) para o investigador/instituição contra reclamações provenientes do estudo, exceto aquelas resultantes de prática profissional inadequada e/ou negligência.
5.8.2. As políticas e procedimentos do patrocinador devem considerar os custos de tratamento dos pacientes de estudo, no caso de danos relacionados ao estudo, de acordo com as exigências regulatórias aplicáveis.
5.8.3. Quando os sujeitos de pesquisa recebem indenização, o método e a maneira de efetuá-la devem estar de acordo com as exigências regulatórias aplicáveis.

5.9. Financiamento
Os aspectos financeiros do estudo devem ser documentados por meio de um contrato entre o patrocinador e o investigador/instituição.

5.10. Notificação/Submissão às Autoridades Regulatórias
Antes de iniciar o estudo clínico, o patrocinador (ou o patrocinador e o investigador requerido pelas exigências regulatórias aplicáveis) deve submeter quaisquer aplicações requeridas à autoridade apropriada para análise, aceitação e/permissão (como requerido pelas exigências regulatórias aplicáveis) para iniciar o estudo. Qualquer notificação/submissão deve ser datada e conter informações suficientes para identificar o protocolo.

5.11. Confirmação da Revisão CEP/IEC
5.11.1. O patrocinador deve obter do investigador/instituição:
a) O nome e o endereço do CEP/IEC do investigador/instituição;
b) Uma declaração do CEP/IEC informando que ele é organizado e opera em consonância com a GCP e com as leis e regulamentos aplicáveis;
c) Aprovação/parecer favorável do CEP/IEC e, se requisitado pelo patrocinador, uma cópia atualizada do protocolo, termos de consentimento livre e

esclarecido e quaisquer outras informações a serem fornecidas aos pacientes, procedimentos de recrutamento dos pacientes, e documentos relacionados a pagamentos e indenizações feitas aos pacientes, e quaisquer outros documentos que o CEP/IEC possa ter requisitado.

5.11.2. Se o CEP/IEC condiciona sua aprovação/parecer favorável a alterações em qualquer aspecto do estudo, como modificações no protocolo, no termo de consentimento livre e esclarecido e quaisquer outras informações escritas fornecidas aos pacientes, e/ou outros procedimentos, o patrocinador deve obter do investigador/instituição uma cópia das alterações feitas e a data da aprovação/parecer favorável do CEP/IEC.

5.11.3. O patrocinador deve obter do investigador/instituição a documentação e datas de quaisquer reaprovações/reavaliações favoráveis do CEP/IEC e qualquer cancelamento ou suspensão de aprovação/parecer favorável.

5.12. Informações sobre os Produtos sob Investigação

5.12.1. Ao planejar um estudo, o patrocinador deve assegurar que dados suficientes de segurança e eficácia de estudos clínicos e/ou não-clínicos estejam disponíveis para servirem de base à exposição humana em relação à via de administração, dosagens e duração e população a ser incluída no estudo.

5.12.2. O patrocinador deve atualizar a Brochura do Investigador à medida que novas informações forem disponibilizadas (vide 7. Brochura do Investigador).

5.13. Fabricação, Embalagem, Rotulagem e Codificação dos Produtos sob Investigação

5.13.1. O patrocinador deve assegurar que os produtos sob investigação (incluindo comparadores ativos e placebo, se aplicável) são apropriados ao estágio de desenvolvimento dos produtos, são fabricados de acordo com a GMP e é codificado e rotulado de modo a proteger o caráter cego, se aplicável. Além disso, a rotulagem deve estar de acordo com as exigências regulatórias aplicáveis.

5.13.2. O patrocinador deve determinar, para os produtos sob investigação, temperaturas de armazenamento aceitáveis, condições de armazenamento (exemplo: proteção contra a luz) e tempo de armazenamento, reconstituição dos líquidos e os procedimentos e aparelhos para infusão dos produtos, se aplicável. O patrocinador deve informar todas as partes envolvidas (exemplos: monitores, investigadores, farmacêuticos, gerentes de armazenamento) a respeito dessas determinações.

5.13.3. Os produtos sob investigação devem ser embalados de modo a impedir a contaminação e a deterioração durante o transporte e o armazenamento.

5.13.4. Em tratamentos de caráter cego, o sistema de codificação para os produtos sob investigação devem incluir um mecanismo que permita a rápida identificação do produto em caso de emergência médica, mas que não permita quebras indetectáveis do modo cego.
5.13.5. Se forem feitas alterações significativas na formulação do produto sob investigação ou no produto comparador durante o curso do desenvolvimento clínico, os resultados de quaisquer estudos adicionais sobre os produtos formulados (exemplos: estabilidade, grau de dissolução e biodisponibilidade) realizados para avaliar se tais mudanças podem alterar de forma significativa o perfil farmacocinético do produto, devem estar disponíveis antes do uso desta nova formulação em estudos clínicos.

5.14. Suprimento e Manuseio dos Produtos sob investigação
5.14.1. O patrocinador é responsável pelo fornecimento dos produtos sob investigação para o investigador/instituição.
5.14.2. O patrocinador não deve fornecer os produtos sob investigação para investigador/instituição até que tenha recebido toda a documentação requerida (exemplo: aprovação/parecer favorável do CEP/IEC e das autoridades regulatórias).
5.14.3. O patrocinador deve assegurar que os procedimentos escritos incluam instruções destinadas ao investigador/instituição para o manuseio e armazenamento dos produtos sob investigação para o estudo e sua documentação. Os procedimentos devem instruir sobre o recebimento adequado e seguro do produto sob investigação, manuseio, armazenamento, administração, resgate do produto não utilizado pelos pacientes, e sua devolução ao patrocinador (ou administração alternativa se autorizada pelo patrocinador e em consonância com as exigências regulatórias aplicáveis).
5.14.4. O patrocinador deve:
a) Assegurar que a entrega dos produtos sob investigação ao investigador seja feita dentro do prazo;
b) Manter registros que documentem envio, recebimento, administração, devolução destruição dos produtos sob investigação (vide 8. Documentos Essenciais para a Condução de um Estudo Clínico);
c) Manter um sistema para recuperação dos produtos sob investigação e documentar essa recuperação (exemplo: devolução de produtos com defeito e restituição dos remanescentes da conclusão do estudo ou com prazo de validade expirado);
d) Manter um sistema para a administração dos produtos sob investigação não utilizados e documentar essa administração.

5.14.5. O patrocinador deve:
a) Assegurar que os produtos sob investigação permaneçam estáveis durante o período de uso;
b) Manter quantidades suficientes dos produtos sob investigação utilizados nos estudos para reconfirmar as especificações, caso necessário, e manter os registros das análises e características das amostras dos lotes. Dentro do período de estabilidade, as amostras devem ser retidas até que as análises dos dados do estudo sejam concluídas ou de acordo com o requerido pelas exigências regulatórias aplicáveis, considerando-se aquele que representar um maior período de retenção.

5.15. Acesso aos Registros
5.15.1. O patrocinador deve garantir que esteja especificado no protocolo ou em outro acordo escrito que o investigador/instituição deve permitir acesso direto aos dados/documentos para a monitoria, auditoria e análise do estudo pelo CEP/IEC e inspeção regulatória.
5.15.2. O patrocinador deve conferir se cada paciente consentiu, por escrito, o acesso direto aos seus registros médicos originais para a monitoria, auditoria e análise do CEP/IEC do estudo e inspeção regulatória.

5.16. Informações de Segurança
5.16.1. O patrocinador é responsável pela avaliação contínua de segurança dos produtos sob investigação.
5.16.2. O patrocinador deve notificar prontamente todos os investigadores/instituições relacionados e as autoridades regulatórias sobre os achados que possam afetar a segurança dos pacientes, ter algum impacto na condução do estudo ou alterar a aprovação/parecer favorável do CEP/IEC para a continuidade do estudo.

5.17. Relatório de Reação Adversa à Droga
5.17.1. O patrocinador deve expedir o relatório sobre todas as reações adversas à droga (ADRs) sérias e inesperadas para todos os investigadores/instituições relacionados, para o CEP/IEC, quando requerido, e para as autoridades regulatórias.
5.17.2. Esses relatórios expedidos devem estar de acordo com as exigências regulatórias aplicáveis e com o Manual para o Gerenciamento de Dados de Segurança: Definições e Padrões para Relatórios Expedidos da ICH.
5.17.3. O patrocinador deve submeter às autoridades regulatórias todas as atualizações e os relatórios periódicos, como requerido pelas exigências regulatórias aplicáveis.

5.18. Monitoria

5.18.1. *Finalidade.* A finalidade da monitoria do estudo é garantir que:

a) Os direitos e o bem-estar dos seres humanos estão protegidos;

b) Os dados do estudo relatados são corretos, completos e verificáveis por meio dos documentos-fonte;

c) A condução do estudo está de acordo com o protocolo e suas respectivas emenda(s) aprovadas e vigentes, e com as exigências regulatórias aplicáveis.

5.18.2. Seleção e Qualificações dos Monitores.

a) Os monitores devem ser indicados pelo patrocinador;

b) Os monitores devem ser treinados apropriadamente e devem possuir conhecimentos científicos e/ou clínicos necessários para monitorar o estudo adequadamente. As qualificações do monitor devem ser documentadas;

c) Os monitores devem estar totalmente familiarizados com: o(s) produto(s) sob investigação, o protocolo, o termo de consentimento livre e esclarecido, quaisquer outras informações escritas fornecidas aos pacientes, os POPs do patrocinador, a GCP e as exigências regulatórias aplicáveis.

5.18.3. *Extensão e Natureza da Monitoria.* O patrocinador deve assegurar que os estudos sejam adequadamente monitorados, deve determinar a extensão apropriada e a natureza da monitoria. A determinação da extensão e da natureza da monitoria deve basear-se em considerações como objetivos, finalidade, desenho, complexidade, presença do caráter cego, tamanho e *endpoints* do estudo. Em geral, é necessário monitoria no centro de pesquisa, antes, durante e após o estudo, embora em circunstâncias excepcionais o patrocinador possa determinar que a monitoria central em conjunção com alguns procedimentos como treinamento de investigadores e reuniões, e orientações escritas extensivas pode assegurar a condução apropriada do estudo em consonância com a GCP. A amostragem estatisticamente controlada pode ser um método aceitável para a seleção dos dados a serem verificados.

5.18.4. *Responsabilidades do Monitor.* O monitor, de acordo com as exigências do patrocinador, deve assegurar que o estudo é conduzido e documentado adequadamente por meio da realização das seguintes atividades quando relevantes e necessárias para o estudo e para o centro de pesquisa:

a) Atuar como principal meio de comunicação entre o patrocinador e o investigador;

b) Verificar se o investigador possui qualificações adequadas e recursos (vide 4.14.2, 5.6) e se elas continuam adequadas durante todo o período do estudo; se as instalações, incluindo laboratórios, equipamentos e equipe, são adequados à segurança e à condução apropriada do estudo e se elas continuam adequadas durante todo o período do estudo;

c) Verificar, para o produto sob investigação:

I) Se o tempo de armazenamento e as condições são aceitáveis e os materiais são suficientes para todo o estudo;

II) Se os produtos sob investigação são fornecidos somente aos pacientes triados para recebê-los e se a dose administrada é a especificada pelo protocolo;

III) Se os pacientes receberam instruções necessárias a respeito do uso, manuseio, armazenamento e devolução adequados dos produtos sob investigação;

IV) Se o recebimento, uso e devolução dos produtos sob investigação nos centros de pesquisa são controlados e documentados adequadamente;

V) Se a disposição dos produtos sob investigação não utilizados está de acordo com as exigências regulatórias aplicáveis e com o patrocinador.

d) Verificar se o investigador segue o protocolo e as emendas aprovadas, se aplicável;

e) Verificar se o consentimento livre e esclarecido foi obtido antes da participação do paciente no estudo;

f) Garantir o recebimento, pelo Investigador, da Brochura do Investigador vigente de todos os documentos e materiais necessários para a condução adequada do estudo e obediência às exigências regulatórias aplicáveis;

g) Garantir que o investigador e sua equipe estejam adequadamente informados sobre o estudo;

h) Verificar se o investigador e sua equipe estão desempenhando suas respectivas funções, de acordo com o protocolo e qualquer outro acordo escrito estabelecido entre o patrocinador e o investigador/instituição e se não há delegações dessas funções a indivíduos não autorizados;

i) Verificar se o investigador está admitindo apenas sujeitos elegíveis;

j) Relatar índice de recrutamento dos pacientes;

k) Verificar se os documentos-fonte e outros registros do estudo estão corretos, completos, atualizados e arquivados;

l) Verificar se o investigador fornece todos os relatórios requeridos, notificações, aplicações e submissões e se esses documentos são precisos, completos, legíveis, datados, identificam o estudo e são entregues dentro do prazo;

m) Checar se os dados da CRF, dos documentos-fonte e outros relacionados ao estudo são precisos e coerentes entre si. O monitor deve verificar especificamente se:

I) os dados requeridos pelo protocolo são relatados com precisão nas CRFs e coerentes com os documentos-fonte;

II) quaisquer modificações de dose e/ou terapia são bem documentadas para cada sujeito de pesquisa;

III) eventos adversos, medicamentos concomitantes e doenças intercorrentes são relatados de acordo com o protocolo nas CRFs;

IV) não comparecimento de pacientes nas visitas, testes que não foram conduzidos e exames que não foram realizados são claramente relatados nas CRFs;

V) todas as retiradas e desistências de pacientes admitidos no estudo são relatadas e explicados nas CRFs.

n) Informar o investigador sobre erro, omissão ou ilegibilidade de quaisquer dados da CRF. O monitor deve garantir que as correções, adições e exclusões apropriadas sejam feitas, datadas, explicadas (se necessário) e rubricadas pelo investigador ou por um membro da sua equipe autorizado a rubricar alterações na CRF para o investigador. Essa autorização deve ser documentada;

o) Determinar se todos os eventos adversos (EAs) são apropriadamente relatados dentro dos prazos requeridos pela GCP, pelo protocolo, pelo CEP/IEC, pelo patrocinador e pelas exigências regulatórias aplicáveis;

p) Determinar se o investigador mantém os documentos essenciais (vide Documentos Essenciais para a Condução de um Estudo Clínico);

q) Comunicar desvios ao protocolo, aos POPs, à GCP e às exigências regulatórias aplicáveis ao investigador e prevenir a repetição dos desvios detectados.

5.18.5. *Procedimentos de Monitoria.* O monitor deve seguir os POPs estabelecidos pelo patrocinador assim como procedimentos determinados pelo patrocinador para monitoria de um estudo específico.

5.18.6. Relatório de Monitoria.

a) O monitor deve submeter um relatório escrito ao patrocinador após cada visita ao centro de pesquisa ou contato relacionado ao estudo;

b) Os relatórios devem incluir a data, o centro, o nome do monitor e o nome do investigador ou outros indivíduos contatados;

c) Os relatórios devem incluir um resumo do que o monitor analisou e as declarações do monitor a respeito de achados/fatos significativos, desvios e deficiências, conclusões, ações tomadas ou a serem tomadas e/ou ações recomendadas para garantir a adesão;

d) A análise e o acompanhamento do relatório de monitoria com o patrocinador devem ser documentados por um representante por ele designado.

5.19. Auditoria

Se ou quando os patrocinadores realizarem auditorias, como parte da implementação da garantia de qualidade, deve ser considerado:

5.19.1. *Finalidade.* A finalidade de uma auditoria do patrocinador, a qual é separada da monitoria de rotina ou das funções relacionadas ao controle de qualidade, deve ser a de avaliar a condução do estudo e a adesão ao protocolo, aos POPs, à GCP e às exigências regulatórias aplicáveis.

5.19.2. Seleção e Qualificação dos Auditores:

a) O patrocinador deve indicar profissionais, que sejam independentes dos estudos/sistemas clínicos, para conduzir auditorias;

b) O patrocinador deve assegurar que os auditores sejam qualificados por treinamento e tenham experiência para conduzir as auditorias adequadamente. As qualificações do auditor devem ser documentadas.

5.19.3. Procedimentos de Auditoria:

a) O patrocinador deve assegurar que a auditoria dos estudos/sistemas clínicos seja conduzida de acordo com os procedimentos escritos do patrocinador a respeito do seu objeto, como realizá-la e com qual frequência e da forma e conteúdo dos relatórios de auditoria;

b) O plano de auditoria do patrocinador e os procedimentos para a realização de uma trilha de auditoria devem ser norteados pela importância do estudo para submissões às autoridades regulatórias, o número de pacientes no estudo, o tipo e a complexidade do estudo, o grau de risco para os sujeitos de pesquisa e quaisquer outros problemas identificados;

c) As observações e os achados dos auditores devem ser documentados;

d) Para preservar a independência e o valor da função da auditoria, as autoridades regulatórias não devem solicitar os relatórios de auditoria rotineiramente. As autoridades regulatórias podem procurar acessar um relatório de auditoria de acordo com cada caso quando presente uma não-adesão séria à GCP ou no curso dos procedimentos legais;

e) Quando requerido por lei ou regulamento aplicável, o patrocinador deve fornecer um relatório de auditoria.

5.20. Não-adesão

5.20.1. A não-adesão ao protocolo, aos POPs, à GCP e/ou às exigências regulatórias pelo investigador/instituição ou pelos membros da equipe do patrocinador deve ensejar uma ação imediata do patrocinador, no sentido de garantir o cumprimento dessas regras.

5.20.2. Se a monitoria e/ou a auditoria identificar descumprimento sério e/ou persistente das regras por parte do investigador/instituição, o patrocinador deve encerrar sua participação no estudo. Quando a participação do investigador/instituição é encerrada pela não-adesão às regras, o patrocinador deve notificar imediatamente as autoridades regulatórias.

5.21. Encerramento Prematuro ou Suspensão do Estudo

Se o estudo é suspenso ou encerrado prematuramente, o patrocinador deve informar imediatamente os investigadores/instituições e as autoridades regulatórias. As razões para o encerramento ou suspensão devem ser explicadas. O CEP/IEC deve ser informado pelo patrocinador ou pelo investigador/instituição, como especificado pelas exigências regulatórias aplicáveis.

5.22. Relatórios de Estudo Clínico

Independentemente de o estudo ter sido concluído ou encerrado prematuramente, o patrocinador deve garantir que os relatórios de estudo clínico sejam preparados e fornecidos às agências regulatórias de acordo com as exigências regulatórias aplicáveis. O patrocinador deve garantir também que os relatórios de estudo clínico sobre aplicações comerciais estejam adequados aos padrões do Manual para Estrutura e Conteúdo de Relatórios de Estudos Clínicos da ICH.

NOTA: O Manual para Estrutura e Conteúdo de Relatórios de Estudos Clínicos da ICH especifica que relatórios de estudo resumidos são aceitáveis em certos casos.

5.23. Estudos Multicêntricos

Para os estudos multicêntricos, o patrocinador deve garantir que:

5.23.1. Todos os investigadores conduzam o estudo em estrito cumprimento do protocolo aceito pelo patrocinador e, se requerido, pelas autoridades regulatórias e com aprovação/parecer favorável do CEP/IEC.

5.23.2. As CRFs sejam elaboradas para coletar os dados necessários em todos os centros do estudo multicêntrico. Para os investigadores que estejam coletando dados adicionais, CRFs suplementares, elaboradas para a coleta de dados adicionais, também devem ser fornecidas.

5.23.3. As responsabilidades dos investigadores coordenadores e de outros investigadores participantes sejam documentadas antes do início do estudo.

5.23.4. Todos os investigadores sejam orientados a seguir o protocolo, cumprir um conjunto uniforme de padrões na avaliação dos achados clínicos e laboratoriais e no preenchimento das CRFs.

5.23.5. A comunicação entre os investigadores seja facilitada.

6. Protocolo de estudo clínico e emendas ao protocolo

O conteúdo do protocolo de estudo deve, geralmente, incluir os seguintes tópicos. Entretanto, as informações específicas do centro devem ser fornecidas em páginas separadas do protocolo ou em um contrato separado. Algumas informações listadas abaixo podem estar contidas em outros documentos referidos no protocolo, como a Brochura do Investigador.

6.1. Informações Gerais

6.1.1. Título do Protocolo, número de identificação do protocolo e data. Quaisquer emendas também devem possuir um número de identificação e data.

6.1.2. Nome e endereço do patrocinador e do monitor (se diferente do patrocinador).

6.1.3. Nome e título das pessoas autorizadas a assinar, pelo patrocinador, o protocolo e as emendas ao protocolo.

6.1.4. Nome, título, endereço e telefones do médico (ou dentista, quando apropriado) especialista do patrocinador.

6.1.5. Nome e título dos investigadores responsáveis pela condução do estudo e o endereço e os telefones dos centros de pesquisa.

6.1.6. Nome, título, endereço e telefones do médico (ou odontologista, quando apropriado) qualificado (se não for o próprio investigador) responsável por todas as decisões médicas (ou odontológicas) relativas ao estudo.

6.1.7. Nomes e endereços dos laboratórios clínicos e de outros departamentos médicos e/ou técnicos e/ou instituições envolvidas no estudo.

6.2. Informações de Base

6.2.1. Nome e descrição dos produtos sob investigação.

6.2.2. Um resumo dos achados de estudos clínicos e de estudos não clínicos que têm, potencialmente, significado clínico relevante para o estudo.

6.2.3. Resumos dos riscos e benefícios potenciais e conhecidos para seres humanos.

6.2.4. Descrição e justificativa para a via de administração, dosagem, regime de dosagem e períodos de tratamento.

6.2.5. Uma declaração de que o estudo será conduzido de acordo com o protocolo, a GCP e as exigências regulatórias aplicáveis.

6.2.6. Descrição da população a ser estudada.

6.2.7. Referências à bibliografia e aos dados relevantes que embasam o estudo.

6.3. Objetivos e Finalidade do Estudo

Uma descrição detalhada dos objetivos e da finalidade do estudo.

6.4. Desenho do Estudo

A integridade científica do estudo e a credibilidade dos dados do estudo dependem substancialmente do desenho do estudo. Uma descrição do desenho do estudo deve incluir:

6.4.1. Uma declaração específica dos *endpoints* primários e secundários, se existirem, a serem medidos durante o estudo.

6.4.2. Uma descrição do tipo/desenho do estudo a ser conduzido (exemplo: duplo-cego, controlado por placebo, de grupo paralelo) e um diagrama esquemático do desenho do estudo, procedimentos e estágios.
6.4.3. Uma descrição das medidas utilizadas para minimizar/evitar escolhas tendenciosas, incluindo:
a) Randomização;
b) Caráter cego.
6.4.4. Uma descrição dos tratamentos do estudo, da dosagem e do regime da dosagem dos produtos sob investigação. Também inclui uma descrição da forma da dosagem, empacotamento e rotulagem dos produtos sob investigação.
6.4.5. A duração esperada da participação de um paciente e a descrição da sequência e da duração de todos os períodos do estudo, incluindo o acompanhamento, se houver.
6.4.6. Uma descrição das "regras para interrupção" ou "critérios de descontinuação" para pacientes, partes do estudo ou para o estudo como um todo.
6.4.7. Procedimentos de contagem de produtos sob investigação, incluindo placebos e comparadores, se houverem.
6.4.8. Manutenção dos códigos de randomização do tratamento do estudo e procedimentos para quebra dos códigos.
6.4.9. Identificação de qualquer dado a ser registrado diretamente nas CRFs (isto sem prévio registro escrito ou eletrônico) e de qualquer dado a ser considerado como fonte.

6.5. Seleção e Retirada dos Pacientes

6.5.1. Critérios de inclusão de pacientes.
6.5.2. Critérios de exclusão de pacientes.
6.5.3. Critérios para a retirada de pacientes (isto é, encerramento do tratamento com o produto sob investigação/tratamento do estudo) e procedimentos, especificando:
a) quando e como retirar pacientes do estudo/tratamento com o produto sob Investigação;
b) o tipo e o momento de coleta de dados de pacientes retirados do estudo;
c) se e como os pacientes devem ser substituídos;
d) o acompanhamento para pacientes retirados do tratamento com o produto sob investigação/tratamento do estudo.

6.6. Tratamento dos Pacientes

6.6.1. Os tratamentos a serem administrados, incluindo os nomes de todos os produtos, doses, calendário de doses, via/modo de administração e períodos de tratamento, incluindo períodos de acompanhamento de pacientes para cada tratamento com o produto sob investigação/grupo de tratamento do estudo/braço de tratamento.

6.6.2. Medicamentos/tratamentos permitidos (incluindo medicamentos de resgate) e não permitidos antes e/ou durante o estudo.

6.6.3. Procedimentos para monitorar o cumprimento das regras pelo paciente.

6.7. Avaliações de Eficácia

6.7.1. Especificação dos parâmetros de eficácia.

6.7.2. Métodos e momentos para avaliar, registrar e analisar a eficácia dos parâmetros.

6.8. Avaliações de Segurança

6.8.1. Especificação dos parâmetros de segurança.

6.8.2. Métodos e momentos para avaliar, registrar e analisar os parâmetros de segurança.

6.8.3. Procedimentos para enviar relatórios e para registrar e relatar eventos adversos e doenças intercorrentes.

6.8.4. O tipo e a duração do acompanhamento de pacientes após a ocorrência de eventos adversos.

6.9. Estatística

6.9.1. Uma descrição dos métodos estatísticos a serem empregados, incluindo o momento de quaisquer análises intermediárias planejadas.

6.9.2. O número planejado de pacientes a serem incluídos. Em estudos multicêntricos, o número de pacientes a serem incluídos em cada centro de pesquisa deve ser especificado. A razão para a escolha do tamanho da amostra, incluindo os reflexos sobre a (ou o cálculo da) potência do estudo e sua justificativa clínica deve ser explicada.

6.9.3. O nível de significância a ser utilizado.

6.9.4. Critérios para o encerramento do estudo.

6.9.5. Procedimento para a contabilidade dos dados ausentes, não utilizados ou falsos.

6.9.6. Procedimentos para relatar quaisquer desvios ao plano estatístico original (quaisquer desvios do plano estatístico original devem estar descritos e justificados no protocolo e/ou no relatório final, como apropriado).

6.9.7. A seleção dos pacientes a serem incluídos nas análises (exemplos: todos os pacientes randomizados, todos os tratados, todos os elegíveis, todos os passíveis de avaliação).

6.10. Acesso Direto aos Dados/Documentos-Fonte

O patrocinador deve garantir que esteja especificado no protocolo ou em outro acordo escrito que o investigador/instituição permitirá a monitoria, auditoria, análise do CEP/IEC e as inspeções regulatórias relacionadas ao estudo, por meio do acesso direto aos dados/documentos-fonte.

6.11. Controle de Qualidade e Garantia de Qualidade

6.12. Ética. Descrição das questões éticas relacionadas ao estudo

6.13. Manuseio de Dados e Armazenamento de Registros

6.14. Financiamento e Seguro. Financiamento e seguro, se não tratados em contratos separados

6.15. Política de Publicação. Política de publicação, se não tratada em contrato separado

6.16. Suplementos

NOTA: Já que o protocolo e o relatório do estudo estão intimamente ligados, informações adicionais relevantes podem ser encontradas no Manual para Estrutura e Conteúdo de Relatórios de Estudos Clínicos da ICH.)

7. Brochura do Investigador

7.1. Introdução

A Brochura do Investigador (IB) é uma compilação de dados clínicos e não--clínicos sobre o(s) produto(s) sob investigação relevantes ao estudo do(s) produto(s) em seres humanos. Sua finalidade é fornecer aos investigadores e outros envolvidos no estudo informações para facilitar seu entendimento e a justificativa para sua concordância com muitas características-chave do protocolo, como dose, intervalo/frequência da dosagem, métodos de administração: e procedimentos de monitoramento de segurança. A IB também fornece esclarecimentos para embasar o gerenciamento clínico dos sujeitos de pesquisa durante o estudo clínico. As informações devem ser apresentadas de maneira concisa, simples, objetiva, equilibrada e não promocional que possibilite que o clínico ou o potencial investigador entenda e elabore uma avaliação de risco-benefício própria e não tendenciosa sobre a conveniência

do estudo proposto. Por esse motivo, um profissional médico qualificado deve participar da edição de uma Brochura do Investigador, mas seu conteúdo deve ser aprovado pelas disciplinas que geraram os dados descritos.
Este manual descreve o conteúdo mínimo de informação que deve constar numa IB e apresenta sugestões para a sua estrutura. Espera-se que o tipo e a extensão das informações disponíveis variem de acordo com o estágio de desenvolvimento do produto sob investigação. Se o produto sob investigação é comercializado e a sua farmacologia é bem compreendida pelos profissionais da área médica, uma IB extensa torna-se desnecessária. Quando permitido pelas autoridades regulatórias, uma brochura sobre as informações básicas do produto, a bula ou a rotulagem podem ser alternativas apropriadas, contanto que inclua informações atualizadas, compreensíveis e detalhadas sobre todos os aspectos do produto sob investigação que possam ser importantes para o investigador. Se um produto comercializado está sendo estudado para um novo uso (exemplo: uma nova indicação), uma IB específica para esse novo uso deve ser elaborada. A IB deve ser analisada pelo menos anualmente e revisada de acordo com os procedimentos escritos do patrocinador, conforme necessário. Uma revisão mais frequente pode ser apropriada, dependendo do desenvolvimento e das novas informações relevantes que tiverem sido geradas. Entretanto, de acordo com a Boa Prática Clínica, novas informações podem ser tão importantes que devam ser comunicadas aos investigadores e possivelmente ao Comitê de Ética em Pesquisa (CEP)/Comitê de Ética Independente (CEI) e/ou autoridades regulatórias antes de serem incluídas em uma IB revisada.
Geralmente, o patrocinador é responsável por assegurar que uma IB atualizada seja disponibilizada aos investigadores e os investigadores são responsáveis por fornecer a IB atualizada aos respectivos CEPs/IECs. Nos casos de estudos patrocinados por investigadores, o patrocinador-investigador deve determinar se a brochura está disponível para o fabricante comercial. Se o produto sob investigação é fornecido pelo patrocinador-investigador, ele deve fornecer as informações necessárias para a equipe do estudo. Em casos nos quais a elaboração formal da IB é impraticável, o patrocinador deve incluir no protocolo uma seção expandida de informações de base que contenha as informações vigentes mínimas descritas neste manual.

7.2. Considerações Gerais

A Brochura do Investigador deve conter:

7.2.1. *Página de Título.* Inclui o nome do patrocinador, a identidade de cada produto sob investigação (isto é, número da pesquisa, nome genérico químico ou aprovado e nome(s) comercial(is) se legalmente permitido e desejado pelo patrocinador), e a data de liberação. Sugere-se também que o número da edição e uma referência ao número e à data da edição que está sendo substituída sejam fornecidos. Há um modelo no Apêndice 1.

7.2.2. *Declaração de Confidencialidade.* O patrocinador pode querer incluir uma declaração instruindo o investigador/destinatários a tratar a Brochura do Investigador como documento confidencial a ser utilizado somente pelo investigador, pela sua equipe e pelo CEP/IEC.

7.3. Conteúdo da Brochura do Investigador

A Brochura deve conter as seguintes seções, cada uma com referências bibliográficas quando apropriado:

7.3.1. *Índice.* Um exemplo de índice é dado no Apêndice 2.

7.3.2. *Resumo.* Deve ser feito um breve resumo (com até duas páginas, de preferência), ressaltando as informações físicas, químicas, farmacêuticas, farmacológicas, toxicológicas, farmacocinéticas, metabólicas e clínicas significativas disponíveis, que sejam relevantes ao estágio/grau de desenvolvimento clínico do produto sob investigação.

7.3.3. *Introdução.* Uma breve declaração introdutória contendo o nome químico (mais o genérico e o comercial(is) quando aprovado) do(s) produto(s) sob investigação, todos os ingredientes ativos, a classe farmacológica e sua posição esperada dentro da classe (exemplo: vantagens), a justificativa para a realização da pesquisa com o(s) produto(s) sob investigação, e a(s) indicação(ões) profiláticas, terapêuticas de diagnóstico antecipadas. Finalmente, a declaração introdutória deve fornecer as diretrizes gerais a serem seguidas na avaliação do produto sob investigação.

7.3.4. *Propriedades Físicas, Químicas e Farmacêuticas e Formulação.* Devem ser fornecidos ao investigador uma descrição das substâncias fornecidas (incluindo as fórmulas químicas e/ou estruturais) e um breve sumário das propriedades físicas, químicas e farmacêuticas relevantes. Para permitir que medidas seguras sejam tomadas durante o estudo, deve ser fornecida, se clinicamente relevante, uma descrição das formulações a serem utilizadas, incluindo os excipientes. Quaisquer semelhanças estruturais a outros compostos conhecidos devem ser mencionadas.

7.3.5. *Estudos não-clínicos. Introdução*: Os resultados de todos os estudos relevantes de farmacologia, toxicologia, farmacocinético e de metabolismo do produto sob investigação devem ser fornecidos de forma resumida. Esse resumo deve indicar a metodologia utilizada, os resultados e a discussão sobre a relevância dos achados na terapia investigada e os possíveis efeitos desfavoráveis e não intencionais em seres humanos. As informações fornecidas podem incluir o seguinte, se apropriado, se conhecidas/disponíveis:

- Espécies testadas;
- Número e sexo dos animais em cada grupo;
- Unidades de dosagem (exemplo: miligrama/quilograma (mg/kg));
- Intervalo entre as doses;
- Via de administração;
- Duração da dosagem;
- Informações sobre a distribuição sistêmica;
- Duração do acompanhamento pós-exposição.
- Resultados, incluindo os seguintes aspectos:
- Natureza e frequência dos efeitos farmacológicos ou tóxicos;
- Severidade ou intensidade dos efeitos farmacológicos ou tóxicos;
- Tempo para o início dos efeitos;
- Reversibilidade dos efeitos;
- Duração dos efeitos;
- Resposta da dose.

Tabelas/listagens devem ser utilizadas sempre que possível para tornar mais clara a apresentação. As seções a seguir devem discutir os achados mais importantes dos estudos, incluindo a resposta à dose de efeitos observados, a relevância para seres humanos e quaisquer aspectos a serem estudados em seres humanos. Se aplicável, os achados de dosagens eficazes e não tóxicas na mesma espécie animal devem ser comparados (isto é, o índice terapêutico deve ser discutido). A relevância dessa informação para a dosagem em seres humanos deve ser citada. Sempre que possível, devem ser feitas, preferencialmente, comparações em termos de concentrações séricas/teciduais, ao invés de comparações com base em mg/kg.

a) Farmacologia não-clínica

Deve ser incluído um resumo dos aspectos farmacológicos do produto sob investigação e, quando apropriado, de seus metabólitos significativos estudados em animais. Esse resumo deve incorporar estudo que avaliem atividade terapêutica potencial (exemplos: modelos de eficácia, ligação a receptores e especificidade) assim como aqueles que avaliem a segurança (exemplos: estudos especiais para avaliar as outras ações farmacológicas, além dos efeitos terapêuticos pretendidos.

b) Farmacocinética e Metabolismo do Produto em Animais

Um resumo das transformações farmacocinéticas e biológicas e da administração do produto sob investigação em todas as espécies estudadas deve ser elaborado. A discussão sobre os achados deve considerar a absorção, o local e a biodisponibilidade sistêmica do produto sob investigação e seus metabólitos, sua relação com os achados farmacológicos e toxicológicos em espécies animais.

c) Toxicologia

Um resumo dos efeitos toxicológicos encontrados em estudos relevantes conduzidos em diferentes espécies de animais devem ser descritos por meio dos seguintes tópicos, quando apropriado:

- Dose única;
- Dose repetida;
- Carcinogenicidade;
- Estudos especiais (exemplos: irritação e sensibilidade);
- Toxicidade reprodutiva;
- Genotoxicidade (mutagenicidade).

7.3.6 *Efeitos em Humanos. Introdução*: Uma discussão abrangente sobre os efeitos conhecidos dos produtos sob investigação em seres humanos deve ser realizada, incluindo informações sobre farmacocinética, metabolismo, farmacodinâmica, resposta à dose, segurança, eficácia e outras atividades farmacológicas. Quando possível, um resumo de cada estudo clínico concluído deve ser elaborado. Também devem ser providenciadas informações a respeito dos resultados de quaisquer usos dos produtos sob investigação não relacionados a estudos clínicos, como, por exemplo, a experiência durante sua comercialização.

a) Farmacocinética e Metabolismo em Seres Humanos

Um resumo das informações sobre a farmacocinética dos produtos sob investigação deve ser elaborado, incluindo o seguinte, se disponível:

- Farmacocinética (incluindo metabolismo, se apropriado, absorção, ligação às proteínas plasmáticas, distribuição e eliminação).
- Biodisponibilidade do produto sob investigação (absoluta, quando possível e/ou relativa) utilizando-se uma forma de dosagem de referência.
- Subgrupos de população (exemplos: gênero, idade e funções orgânicas comprometidas).
- Interações (exemplos: interações produto-produto e efeitos da alimentação).
- Outros dados farmacocinéticos (exemplos: resultados de estudos populacionais realizados dentro de estudos clínicos).

b) Segurança e Eficácia

Deve ser elaborado um resumo das informações sobre o produto sob investigação/segurança do produto (incluindo metabólitos, quando apropriado), farmacodinâmica, eficácia e resposta à dose obtidas a partir de estudos anteriores em humanos (voluntários sadios e/ou pacientes). As implicações dessas informações devem ser discutidas. Quando existirem vários estudos concluídos sobre o produto, a elaboração de resumos sobre a segurança e eficácia considerando-se múltiplos estudos por indicações em subgrupos pode fornecer uma clara apresentação dos dados. Tabelas resumindo as reações adversas à droga para todos os estudos clínicos (incluindo todas as estudadas) serão úteis. Diferenças importantes nos eventos/incidências de reação adversa à droga entre as indicações ou subgrupos devem ser discutidas. A IB deve fornecer uma descrição dos possíveis riscos e reações adversas à droga previstas com base em experiências anteriores com o produto sob investigação e outros produtos relacionados. Uma descrição das precauções necessárias da monitoria a ser realizada como parte do uso dos produtos sob investigação também deve ser elaborada.

c) Experiência de Comercialização

A IB deve identificar os países nos quais o produto sob investigação foi comercializado ou aprovado. Qualquer informação significativa proveniente do uso comercial deve ser resumida (exemplos: formulações, dosagens, vias de administração e reações adversas ao produto). A IB deve também identificar todos os países nos quais o produto sob investigação não recebeu aprovação/licença para comercialização ou nos quais a aprovação/licença foi retirada/cassada.

7.3.7 Resumo dos Dados e Orientação para o Investigador. Esta seção deve fornecer uma discussão global a respeito dos dados clínicos e não-clínicos e deve resumir as informações provenientes de diversas fontes sobre diferentes aspectos dos produtos sob investigação, sempre que possível. Dessa forma, o investigador poderá receber interpretações informativas de dados disponíveis, além de uma avaliação das implicações dessas informações para estudos clínicos futuros. Quando apropriado, os relatórios publicados sobre produtos relacionados com o produto sob investigação devem ser discutidos. Essa discussão pode ajudar o investigador a prever reações adversas à droga ou outros problemas nos estudos clínicos. O objetivo geral desta seção é possibilitar ao investigador um entendimento claro dos possíveis riscos e reações adversas, além dos testes específicos, observações e precauções que possam ser necessárias para um estudo clínico. Esse entendimento deve ser baseado nas informações físicas, químicas, farmacêuticas, farmacológicas, toxicológicas e clínicas disponíveis a respeito dos produtos sob investigação. Orientações sobre o reconhecimento e tratamento de possíveis superdosagens e reações adversas à droga baseadas em experiências anteriores com seres humanos e na farmacologia do produto sob investigação também devem ser fornecidas ao investigador clínico.

7.4. Apêndice 1

PÁGINA DE TÍTULO DA BROCHURA DO INVESTIGADOR *(exemplo)*

NOME DO PATROCINADOR

Produto:

Número da pesquisa:

Nomes: Químicos, Genéricos (se aprovado)

Comerciais (se legalmente permitido e desejado pelo patrocinador)

BROCHURA DO INVESTIGADOR

Número da edição:

Data de liberação:

Número da edição substituída:

Data:

7.5. Apêndice 2

ÍNDICE DA BROCHURA DO INVESTIGADOR *(exemplo)*

- Declaração de Confidencialidade (opcional)
- Página de Assinaturas (opcional)

1. Índice

2. Resumo

3. Introdução

4. Propriedades Físicas, Químicas e Farmacêuticas e Formulação

5. Estudos Não-Clínicos

5.1. Farmacologia Não-Clínica

5.2. Farmacocinética e Metabolismo do Produto em Animais

5.3. Toxicologia

6. Efeitos em Humanos

6.1. Farmacocinética e Metabolismo do Produto em Seres Humanos

6.2. Segurança e Eficácia

6.3. Experiência Comercial

7. Resumo dos Dados e Orientações ao Investigador

NB: Referências sobre: 1. Publicações

2. Relatórios

Essas referências devem ser encontradas no final de cada capítulo.

Apêndices (se houver)

Fonte: http://www.invitare.com.br/portal/index.php?option=com_content&task=view&id=38&Itemid=12

ANEXO 6
RESOLUÇÃO CNS Nº 251/97

CONSELHO NACIONAL DE SAÚDE
Resolução nº 251 de 07 de julho de 1997

Plenário do Conselho Nacional de Saúde em sua Décima Quinta Reunião Extraordinária, realizada no dia 05 de agosto de 1997, no uso de suas competências regimentais e atribuições conferidas pela Lei nº 8.080, de 19 de setembro de 1990, e pela Lei nº 8.142, de 28 de dezembro de 1990, Resolve:

Aprovar as seguintes normas de pesquisa envolvendo seres humanos para a área temática de pesquisa com novos fármacos, medicamentos, vacinas e testes diagnósticos:

I – Preâmbulo

I.1 – A presente Resolução incorpora todas as disposições contidas na Resolução 196/96 do Conselho Nacional de Saúde, sobre Diretrizes e Normas Regulamentadoras de Pesquisa Envolvendo Seres Humanos, da qual esta é parte complementar da área temática específica de pesquisa com novos fármacos, medicamentos, vacinas e testes diagnósticos.

I.2 – Reporta-se ainda à Resolução do Grupo Mercado Comum (GMC) Nº 129/96, da qual o Brasil é signatário, que dispõe acerca de regulamento técnico sobre a verificação de boas práticas de pesquisa clínica.

I.3 – Deverão ser obedecidas as normas, resoluções e regulamentações emanadas da SVS/MS, subordinando-se à sua autorização para execução e subsequente acompanhamento e controle, o desenvolvimento técnico dos projetos de pesquisa de Farmacologia Clínica (Fases I, II, III e IV de produtos não registrados no País) e de Biodisponibilidade e de Bioequivalência. Os projetos de pesquisa nesta área devem obedecer ao disposto na Lei 6.360 (23 de setembro de 1976) regulamentada pelo Decreto nº 79.094 (5 de janeiro de 1977).

I.4 – Em qualquer ensaio clínico e particularmente nos conflitos de interesses envolvidos na pesquisa com novos produtos, a dignidade e o bem-estar do sujeito incluído na pesquisa devem prevalecer sobre outros interesses, sejam econômicos, da ciência ou da comunidade.

I.5 – É fundamental que toda pesquisa na área temática deva estar alicerçada em normas e conhecimentos cientificamente consagrados em experiências laboratoriais, *in vitro*, e conhecimento da literatura pertinente.

I.6 – É necessário que a investigação de novos produtos seja justificada e que estes efetivamente acarretem avanços significativos em relação aos já existentes.

II – Termos e definições

II.1 – Pesquisas com novos fármacos, medicamentos, vacinas ou testes diagnósticos – Refere-se às pesquisas com estes tipos de produtos em fase I, II ou III, ou não registrados no País, ainda que na fase IV quando a pesquisa for referente ao seu uso com modalidades, indicações, doses ou vias de administração diferentes daquelas estabelecidas quando da autorização do registro, incluindo seu emprego em combinações, bem como os estudos de biodisponibilidade e/ou bioequivalência.
II.2 – Ficam incorporados, passando a fazer parte da presente Resolução, os termos a seguir referidos que constam da Resolução do Grupo Mercado Comum (GMC nº 129/96):

a) Fase I
É o primeiro estudo em seres humanos em pequenos grupos de pessoas voluntárias, em geral sadias de um novo princípio ativo, ou nova formulação, pesquisado geralmente em pessoas voluntárias. Estas pesquisas se propõem estabelecer uma evolução preliminar da segurança e do perfil farmacocinético e, quando possível, um perfil farmacodinâmico.

b) Fase II
(Estudo Terapêutico Piloto)
Os objetivos do Estudo Terapêutico Piloto visam demonstrar a atividade e estabelecer a segurança a curto prazo do princípio ativo, em pacientes afetados por uma determinada enfermidade ou condição patológica. As pesquisas realizam-se em um número limitado (pequeno) de pessoas e frequentemente são seguidas de um estudo de administração. Deve ser possível, também, estabelecer-se as relações dose-respostas, com o objetivo de obter sólidos antecedentes para a descrição de estudos terapêuticos ampliados (Fase III).

c) Fase III
Estudo Terapêutico Ampliado
São estudos realizados em grandes e variados grupos de pacientes, com o objetivo de determinar:

- o resultado do risco/benefício a curto e longo prazos das formulações do princípio ativo.
- de maneira global (geral) o valor terapêutico relativo.

Exploram-se nesta fase o tipo e perfil das reações adversas mais frequentes, assim como características especiais do medicamento e/ou especialidade medicinal, por exemplo: interações clinicamente relevantes, principais fatores modificatórios do efeito, tais como idade, etc.

d) Fase IV

São pesquisas realizadas depois de comercializado o produto e/ou especialidade medicinal.

Estas pesquisas são executadas com base nas características com que foi autorizado o medicamento e/ou especialidade medicinal. Geralmente são estudos de vigilância pós-comercialização, para estabelecer o valor terapêutico, o surgimento de novas reações adversas e/ou confirmação da frequência de surgimento das já conhecidas, e as estratégias de tratamento.

Nas pesquisas de fase IV devem-se seguir as mesmas normas éticas e científicas aplicadas às pesquisas de fases anteriores.

Depois que um medicamento e/ou especialidade medicinal tenha sido comercializado, as pesquisas clínicas desenvolvidas para explorar novas indicações, novos métodos de administração ou novas combinações (associações), etc. são consideradas como pesquisa de novo medicamento e/ou especialidade medicinal.

e) Farmacocinética

Em geral, são todas as modificações que um sistema biológico produz em um princípio ativo.

Operativamente, é o estudo da cinética (relação quantitativa entre a variável independente tempo e a variável dependente concentração) dos processos de absorção, distribuição, biotransformação e excreção dos medicamentos (princípios ativos e/ou seus metabolitos).

f) Farmacodinâmica

São todas as modificações que um princípio ativo produz em um sistema biológico. Do ponto de vista prático, é o estudo dos efeitos bioquímicos e fisiológicos dos medicamentos e seus mecanismos de ação.

g) Margem de Segurança

Indicador farmacodinâmico que expressa a diferença entre a dose tóxica (por exemplo DL 50) e a dose efetiva (por exemplo DE 50).

h) Margem Terapêutica

É a relação entre a dose máxima tolerada, ou também tóxica, e a dose terapêutica (Dose tóxica/dose terapêutica). Em farmacologia clínica se emprega como equivalente de Índice Terapêutico.

III – Responsabilidade do pesquisador

III.1 – Reafirma-se a responsabilidade indelegável e intransferível do pesquisador nos termos da Resolução 196/96. Da mesma forma, reafirmam-se todas as responsabilidades previstas na referida Resolução, em particular a garantia de condições para o atendimento dos sujeitos da pesquisa.

III.2 – O pesquisador responsável deverá:

a) Apresentar ao Comitê de Ética em Pesquisa – CEP – o projeto de pesquisa completo, nos termos da Resolução, 196/96 e desta Resolução.

b) Manter em arquivo, respeitando a confidencialidade e o sigilo as fichas correspondentes a cada sujeito incluído na pesquisa, por 5 anos, após o término da pesquisa.

c) Apresentar relatório detalhado sempre que solicitado ou estabelecido pelo CEP, pela Comissão Nacional de Ética em Pesquisa – CONEP ou pela Secretaria de Vigilância Sanitária – SVS/MS.

d) Comunicar ao CEP a ocorrência de efeitos colaterais e/ou de reações adversas não esperadas.

e) Comunicar também propostas de eventuais modificações no projeto e/ou justificativa de interrupção, aguardando a apreciação do CEP, exceto em caso urgente para salvaguardar a proteção dos sujeitos da pesquisa, devendo então ser comunicado o CEP *a posteriori*, na primeira oportunidade.

f) Colocar à disposição, do CEP, da CONEP e da SVS/MS toda informação devidamente requerida.

g) Proceder à análise contínua dos resultados, à medida que prossegue a pesquisa, com o objetivo de detectar o mais cedo possível benefícios de um tratamento sobre outro ou para evitar efeitos adversos em sujeitos de pesquisa.

h) Apresentar relatórios periódicos dentro de prazos estipulados pelo CEP, havendo, no mínimo, relatório semestral e relatório final.

i) Dar acesso aos resultados de exames e de tratamento ao médico do paciente e/ou ao próprio paciente sempre que solicitado e/ou indicado.

j) Recomendar que a mesma pessoa não seja sujeito de pesquisa em novo projeto antes de decorrido um ano de sua participação em pesquisa anterior, a menos que possa haver benefício direto ao sujeito da pesquisa.

IV – Protocolo de pesquisa

IV.1 – O protocolo deve conter todos os itens referidos no Cap. VI da Resolução 196/96 e ainda as informações farmacológicas básicas adequadas à fase do projeto, em cumprimento da Res. GMC 129/96 – Mercosul – incluindo:

a) Especificação e fundamentação da fase de pesquisa clínica, na qual se realizará o estudo, demonstrando que fases anteriores já foram cumpridas.

b) Descrição da substância farmacológica ou produto em investigação, incluindo a fórmula química e/ou estrutural e um breve sumário das propriedades físicas, químicas e farmacêuticas relevantes. Quaisquer semelhanças estruturais com outros compostos conhecidos devem ser também mencionadas.

c) Apresentação detalhada da informação pré-clínica necessária para justificar a fase do projeto, contendo relato dos estudos experimentais (materiais e métodos, animais utilizados, testes laboratoriais, dados referentes a farmacodinâmica, margem de segurança, margem terapêutica, farmacocinética e toxicologia, no caso de drogas, medicamentos ou vacinas). Os resultados pré-clínicos devem ser acompanhados de uma discussão quanto à relevância dos achados em conexão com os efeitos terapêuticos esperados e possíveis efeitos indesejados em humanos.

d) Os dados referentes à toxicologia pré-clínica compreendem o estudo da toxicidade aguda, subaguda a doses repetidas e toxicidade crônica (doses repetidas).

e) Os estudos de toxicidade deverão ser realizados pelo menos em três espécies animais, de ambos os sexos, das quais um deverá ser de mamífero não-roedor.

f) No estudo da toxicidade aguda deverão ser utilizadas duas vias de administração, sendo que uma delas deverá estar relacionada com a recomendada para o uso terapêutico proposto e a outra deverá ser uma via que assegure a absorção do fármaco.

g) No estudo da toxicidade subaguda e a doses repetidas e da toxicidade crônica, a via de administração deverá estar relacionada com a proposta de emprego terapêutico: a duração do experimento deverá ser de no mínimo 24 semanas.

h) Na fase pré-clínica, os estudos da toxicidade deverão abranger também a análise dos efeitos sobre a fertilidade, embriotoxicidade, atividade mutagênica, potencial oncogênico (carcinogênico) e ainda outros estudos, de acordo com a natureza do fármaco e da proposta terapêutica.

i) De acordo com a importância do projeto, tendo em vista a premência de tempo, e na ausência de outros métodos terapêuticos, o CEP poderá aprovar projetos sem cumprimento de todas as fases da farmacologia clínica; neste caso, deverá haver também aprovação da CONEP e da SVS/MS.

j) Informação quanto à situação das pesquisas e do registro do produto no país de origem.

k) Apresentação das informações clínicas detalhadas obtidas durante as fases prévias, relacionadas à segurança, farmacodinâmica, eficácia, dose--resposta, observadas em estudos no ser humano, sejam voluntários sadios ou pacientes. Se possível, cada ensaio deve ser resumido individualmente, com descrição de objetivos, desenho, método, resultados (segurança e eficácia) e conclusões. Quando o número de estudos for grande, resumir em grupos por fase para facilitar a discussão dos resultados e de suas implicações.

l) Justificativa para o uso de placebo e eventual suspensão de tratamento (*washout*).

m) Assegurar por parte do patrocinador ou, na sua inexistência, por parte da instituição, pesquisador ou promotor, acesso ao medicamento em teste, caso se comprove sua superioridade em relação ao tratamento convencional.

n) Em estudos multicêntricos, o pesquisador deve, na medida do possível, participar do delineamento do projeto antes de ser iniciado. Caso não seja possível, deve declarar que concorda com o delineamento já elaborado e que o seguirá.

o) O pesquisador deve receber do patrocinador todos os dados referentes ao fármaco.

p) O financiamento não deve estar vinculado a pagamento *per capita* dos sujeitos efetivamente recrutados.

q) O protocolo deve ser acompanhado do termo de consentimento: quando se tratar de sujeitos cuja capacidade de autodeterminação não seja plena, além do consentimento do responsável legal, deve ser levada em conta a manifestação do próprio sujeito, ainda que com capacidade reduzida (por exemplo, idoso) ou não desenvolvida (por exemplo, criança).

r) Pesquisa em pacientes psiquiátricos: o consentimento, sempre que possível, deve ser obtido do próprio paciente. É imprescindível que, para cada paciente psiquiátrico candidato a participar da pesquisa, se estabeleça o grau de capacidade de expressar o consentimento livre e esclarecido, avaliado por profissional psiquiatra e que não seja pesquisador envolvido no projeto.

No caso de drogas com ação psicofarmacológica deve ser feita análise crítica quanto aos riscos eventuais de se criar dependência.

IV.2 – Inclusão na pesquisa de sujeitos sadios:

a) Justificar a necessidade de sua inclusão no projeto de pesquisa. Analisar criticamente os riscos envolvidos.

b) Descrever as formas de recrutamento, não devendo haver situação de dependência.
c) No caso de drogas com ação psicofarmacológica, analisar criticamente os riscos de se criar dependência.

V – Atribuições do CEP

V.1 – O CEP assumirá com o pesquisador a corresponsabilidade pela preservação de condutas eticamente corretas no projeto e no desenvolvimento da pesquisa, cabendo-lhe ainda:
a) Emitir parecer consubstanciado apreciando o embasamento científico e a adequação dos estudos das fases anteriores, inclusive pré-clínica, com ênfase na segurança, toxicidade, reações ou efeitos adversos, eficácia e resultados;
b) Aprovar a justificativa do uso de placebo e "washout";
c) Solicitar ao pesquisador principal os relatórios parciais e final, estabelecendo os prazos (no mínimo um relatório semestral) de acordo como as características da pesquisa. Cópias dos relatórios devem ser enviadas à SVS/MS.
d) No caso em que, para o recrutamento de sujeitos da pesquisa, se utilizem avisos em meios de comunicação, estes deverão ser autorizados pelo CEP. Não se deverá indicar de forma implícita ou explícita que o produto em investigação é eficaz e/ou seguro ou que é equivalente ou melhor que outros produtos existentes.
e) Convocar sujeitos da pesquisa para acompanhamento e avaliação.
f) Requerer à direção da instituição a instalação de sindicância, a suspensão ou interrupção da pesquisa, comunicando o fato à CONEP e à SVS/MS;
g) Qualquer indício de fraude ou infringência ética de qualquer natureza deve levar o CEP a solicitar a instalação de Comissão de Sindicância e comunicar à CONEP, SVS/MS e demais órgãos (direção da Instituição, Conselhos Regionais pertinentes), os resultados.
h) Comunicar à CONEP e a SVS/MS a ocorrência de eventos adversos graves;
i) Comunicar à instituição a ocorrência ou existência de problemas de responsabilidade administrativa que possam interferir com a ética da pesquisa: em seguida dar ciência à CONEP e à SVS/MS, e, se for o caso, aos Conselhos Regionais;
V.2 – Fica delegado ao CEP a aprovação, do ponto de vista da ética, dos projetos de pesquisa com novos fármacos, medicamentos e testes diagnósticos, devendo, porém, ser encaminhado à CONEP e à SVS/MS:
a) Cópia do parecer consubstanciado de aprovação, com folha de rosto preenchida;

b) Parecer sobre os relatórios parciais e final da pesquisa;
c) Outros documentos que, eventualmente, o próprio CEP, a CONEP ou a SVS considerem necessários.
V.3 – Em pesquisas que abrangem pacientes submetidos a situações de emergência ou de urgência, caberá ao CEP aprovar previamente as condições ou limites em que se dará o consentimento livre e esclarecido, devendo o pesquisador comunicar oportunamente ao sujeito da pesquisa sua participação no projeto.
V.4 – Avaliar se estão sendo asseguradas todas as medidas adequadas, nos casos de pesquisas em seres humanos cuja capacidade de autodeterminação seja ou esteja reduzida ou limitada.

VI – Operacionalização

VI.1 – A CONEP exercerá suas atribuições nos termos da Resolução 196/96, com destaque para as seguintes atividades:
a) organizar, com base nos dados fornecidos pelos CEPs (parecer consubstanciado de aprovação, folha de rosto devidamente preenchida, relatórios parciais e final, etc.), o sistema de informação e acompanhamento (item VIII,4,g, da Resolução 196/96).
b) organizar sistema de avaliação e acompanhamento das atividades dos CEPs. Tal sistema, que deverá também servir para o intercâmbio de informações e para a troca de experiências entre os CEPs, será disciplinado por normas específicas da CONEP, tendo, porém, a característica de atuação interpares, isto é, realizado por membros dos diversos CEPs, com relatório à CONEP.
c) comunicar às autoridades competentes, em particular à Secretária de Vigilância Sanitária/MS, para as medidas cabíveis, os casos de infração ética apurados na execução dos projetos de pesquisa.
d) prestar as informações necessárias aos órgãos do Ministério da Saúde, em particular à Secretaria de Vigilância Sanitária, para o pleno exercício das suas respectivas atribuições, no que se refere às pesquisas abrangidas pela presente Resolução.
VI.2 – A Secretaria de Vigilância Sanitária/MS exercerá suas atribuições nos termos da Resolução 196/96, com destaque para as seguintes atividades:
a) Comunicar, por escrito, à CONEP os eventuais indícios de infrações de natureza ética que sejam observados ou detectados durante a execução dos projetos de pesquisa abrangidos pela presente Resolução.
b) Prestar, quando solicitado ou julgado pertinente, as informações necessárias para o pleno exercício das atribuições da CONEP.

c) Nos casos de pesquisas envolvendo situações para as quais não há tratamento consagrado ("uso humanitário" ou "por compaixão") poderá vir a ser autorizada a liberação do produto, em caráter de emergência, desde que tenha havido aprovação pelo CEP, ratificada pela CONEP e pela SVS/MS.
d) Normatizar seus procedimentos operacionais internos, visando o efetivo controle sanitário dos produtos objeto de pesquisa clínica.

Carlos César S. de Albuquerque
Ministro de Estado da Saúde

Homologo a Resolução CNS nº 251, de 07 de agosto de 1997, nos termos do Decreto de Delegação de Competência de 12 de novembro de 1991.

Carlos César S. de Albuquerque
Presidente do Conselho Nacional de Saúde

Fonte: http://conselho.saude.gov.br/resolucoes/1997/Reso251.doc

ANEXO 7

RESOLUÇÃO CNS Nº 222/1997

CONSELHO NACIONAL DE SAÚDE

Resolução nº 222 de 03 de abril de 1997

O Plenário do Conselho Nacional de Saúde em Sexagésima Quarta Reunião Ordinária, realizada no dia 02 e 03 de abril de 1997, no uso de suas competências regimentais e atribuições conferidas pela Lei n.º 8.080, de 19 de setembro de 1990, e pela Lei n.º 8.142, de 28 de dezembro de 1990, considerando:

a) A necessidade de um maior para as instituições organizarem os Comitês de Ética em Pesquisa – CEP e, também, enviarem nomes para a composição da CONEP, conforme Res. 196/96, a fim de que esta seja a mais representativa possível;

b) E a necessidade de dar continuidade às atividades que vêm sendo desenvolvidas pelo Grupo Executivo de Trabalho/Comissão Nacional de Ética em Pesquisa – GET/CONEP, em cumprimento à Resolução 196/96, Capítulo X, e à Resolução 201/97.

Resolve:

- Prorrogar o prazo de atuação do GET, estabelecido na Resolução 196/96, Capítulo X, item 2, por mais 90 dias.
- Determinar que GET/CONEP tome as providências necessárias para a estruturação da CONEP e apresente as indicações recebidas, ao Conselho Nacional de Saúde, na reunião de julho/97.

Carlos César S. de Albuquerque
Presidente do Conselho Nacional de Saúde

Homologo a Resolução n.º 222, de 03 de abril de 1997, nos termos do Decreto de Delegação de Competência de 12 de novembro de 1991.

Carlos César S. de Albuquerque
Ministro de Estado da Saúde

Fonte: http://conselho.saude.gov.br/resolucoes/1997/Reso222.doc

ANEXO 8
RESOLUÇÃO CNS Nº 292/99

CONSELHO NACIONAL DE SAÚDE
Resolução nº 292 de 08 de julho de 1999

O Plenário do Conselho Nacional de Saúde em sua Octogésima Oitava Reunião Ordinária, realizada nos dias 07 e 08 de julho de 1999, no uso de suas competências regimentais e atribuições conferidas pela Lei nº 8.080, de 19 de setembro de 1990, e pela Lei 8.142, de 28 de dezembro de 1990, e considerando a necessidade de regulamentação complementar da Resolução CNS nº 196/96 (Diretrizes e Normas Regulamentadoras de Pesquisas Envolvendo Seres Humanos), atribuição da CONEP conforme item VIII.4.d da mesma Resolução, no que diz respeito à área temática especial *"pesquisas coordenadas do exterior ou com participação estrangeira e pesquisas que envolvam remessa de material biológico para o exterior"* (item VIII.4.c.8), **Resolve** aprovar a seguinte norma:

I – Definição: São consideradas pesquisas coordenadas do exterior ou com participação estrangeira, as que envolvem, na sua promoção e/ou execução:
a) a colaboração de pessoas físicas ou jurídicas estrangeiras, sejam públicas ou privadas;
b) o envio e/ou recebimento de materiais biológicos oriundos do ser humano;
c) o envio e/ou recebimento de dados e informações coletados para agregação nos resultados da pesquisa;
d) os estudos multicêntricos internacionais.
I.1 – Respeitadas as condições acima, não se incluem nessa área temática:
a) pesquisas totalmente realizadas no País por pesquisador estrangeiro que pertença ao corpo técnico de entidade nacional;
b) pesquisas desenvolvidas por multinacional com sede no País.

II – Em todas as pesquisas deve-se:
II.1 – comprovar a participação brasileira e identificar o pesquisador e instituição nacionais corresponsáveis;
II.2 – explicitar as responsabilidades, os direitos e obrigações, mediante acordo entre as partes envolvidas.

III – A presente Resolução incorpora todas as disposições contidas na Resolução nº 196/96 do Conselho Nacional de Saúde, sobre Diretrizes e Normas Regulamentadoras de Pesquisas Envolvendo Seres Humanos, da qual esta é parte complementar da área temática específica.

III.1 – Resoluções do CNS referentes a outras áreas temáticas simultaneamente contempladas na pesquisa deverão ser cumpridas, no que couber.

IV – Os ônus e benefícios advindos do processo de investigação e dos resultados da pesquisa devem ser distribuídos de forma justa entre as partes envolvidas, e devem estar explicitados no protocolo.

V – O pesquisador e a instituição nacionais devem estar atentos às normas e disposições legais sobre remessa de material para o exterior e às que protegem a propriedade industrial e/ou transferência tecnológica (Lei nº 9.279 de 14/05/96 que regula direitos e obrigações relativos à propriedade industrial, Decreto nº 2.553/98 que a regulamenta e Lei nº 9.610/98 sobre direito autoral), explicitando, quando couber, os acordos estabelecidos, além das normas legais vigentes sobre remessa de material biológico para o exterior.

VI – Durante o decurso da pesquisa, os patrocinadores e pesquisadores devem comunicar aos Comitês de Ética em Pesquisa – CEP, informações relevantes de interesse público, independentemente dos relatórios periódicos previstos.

VII – Na elaboração do protocolo deve-se zelar de modo especial pela apresentação dos seguintes itens:
VII.1 – Documento de aprovação emitido por Comitê de Ética em Pesquisa ou equivalente de instituição do país de origem, que promoverá ou que também executará o projeto.
VII.2 – Quando não estiver previsto o desenvolvimento do projeto no país de origem, a justificativa deve ser colocada no protocolo para apreciação do CEP da instituição brasileira.
VII.3 – Detalhamento dos recursos financeiros envolvidos: fontes (se internacional e estrangeira e se há contrapartida nacional/institucional), forma e valor de remuneração do pesquisador e outros recursos humanos, gastos com infraestrutura e impacto na rotina do serviço de saúde da instituição onde se realizará. Deve-se evitar, na medida do possível, que o aporte de recursos financeiros crie situações de discriminação entre profissionais e/ou entre usuários, uma vez que esses recursos podem conduzir a benefícios extraordinários para os participantes e sujeitos da pesquisa.
VII.4 – Declaração do promotor ou patrocinador, quando houver, de compromisso em cumprir os termos das resoluções do CNS relativas à ética na pesquisa que envolve seres humanos.

VII.5 – Declaração do uso do material biológico e dos dados e informações coletados exclusivamente para os fins previstos no protocolo, de todos os que vão manipular o material.
VII.6 – Parecer do pesquisador sobre o protocolo, caso tenha sido impossível a sua participação no delineamento do projeto.

VIII – Dentro das atribuições previstas no item VIII.4.c.8 da Resolução nº 196/96, cabe à CONEP, após a aprovação do CEP institucional, apreciar as pesquisas enquadradas nessa área temática, ainda que simultaneamente enquadradas em outras.
VIII.1 – Os casos omissos, referentes aos aspectos éticos da pesquisa, serão resolvidos pela Comissão Nacional de Ética em Pesquisa.

José Serra
Presidente do Conselho Nacional de Saúde

Homologo a Resolução CNS nº 292, de 08 de julho de 1999, nos termos do Decreto de Delegação de Competência de 12 de novembro de 1991.

José Serra
Ministro de Estado da Saúde

Fonte: http://conselho.saude.gov.br/resolucoes/1999/Reso292.doc

ANEXO 9
REGULAMENTAÇÃO DA RESOLUÇÃO CNS Nº 292/99

CONSELHO NACIONAL DE SAÚDE
Regulamentação da Resolução nº 292/99
Aprovada no CNS em 08.08.2002

A Resolução CNS 292/99 define a área temática específica de pesquisas com cooperação estrangeira. Segundo o item VIII dessa Resolução, projetos abrangidos pela área, conforme definições, devem ter aprovação da CONEP, além daquela do CEP.

A CONEP, com a experiência já acumulada (seis anos), julga cabível propor delegação de competência aos Comitês de Ética em Pesquisa – CEP, para análise final de parte dos projetos dessa área temática.

Dessa forma e dadas às características e complexidades envolvidas na questão, a CONEP estabeleceu que:

1 – Deverão continuar dependentes da aprovação pela CONEP os projetos de cooperação estrangeira que envolva:

a) Fases I (um) e II (dois);

b) Grupo comparativo de sujeitos de pesquisa mantidos, durante qualquer período, em regime de uso exclusivo de placebo e/ou mesmo sem tratamento específico, incluindo período de *washout*;

c) Armazenamento ou formação de banco de material biológico;

d) Medicamentos para HIV/AIDS.

2 – Poderá ser delegada ao CEP competência para a aprovação final dos demais projetos dessa área temática, desde que:

a) o CEP manifeste essa opção, solicitando formalmente à CONEP a delegação de competência para aprovação final dos projetos;

b) O CEP seja avaliado dentro de Programa de Avaliação proposto pela CONEP, considerando-se necessário, pelo menos, o cumprimento da primeira fase do programa, compreendendo:

- Análise dos questionários recebidos sobre organização e funcionamento do CEP;
- Análise dos dados de acompanhamento do CEP disponíveis na CONEP, incluindo relatórios e perfil de projetos recebidos no ano anterior com o índice de consistência entre os pareceres do CEP e da CONEP.

c) o CEP exija a apresentação do protocolo completo, conforme itens específicos das Resoluções 196/96 e suas complementares, para efetiva apreciação.

3 – A CONEP poderá solicitar ao CEP, a qualquer momento e a seu critério, o projeto completo para exame.

4 – A delegação em pauta tem caráter experimental, podendo ser revista pela CONEP.

Brasília, 07 de agosto de 2002.

William Saad Hossne
Comissão Nacional de Ética em Pesquisa
Coordenador

Fonte: http://www.uniara.com.br/pesquisa/resolucoes/resolucao_292-99.pdf

ANEXO 10
RESOLUÇÃO CNS Nº 301/00

CONSELHO NACIONAL DE SAÚDE
Resolução nº 301 de 16 de março de 2000

O Plenário do Conselho Nacional de Saúde, em sua Nonagésima Quinta Reunião Ordinária, realizada nos dias 15 e 16 de março de 2000, no uso de suas competências regimentais e atribuições conferidas pela Lei nº 8.080, de 19 de setembro de 1990, e pela Lei nº 8.142, de 28 de dezembro de 1990, **considerando:**

A responsabilidade do CNS na proteção da integridade dos sujeitos de pesquisa, tendo constituído a Comissão Nacional de Ética em Pesquisa – CONEP;

As Diretrizes e Normas Regulamentadoras de Pesquisas Envolvendo Seres Humanos, Resoluções CNS 196/96, 251/87 e 292/99;

A discussão de propostas de modificação da Declaração de Helsinque, pautada para a Assembleia Geral da Associação Médica Mundial, a realizar-se em outubro/2000 em Edinburgo;

A representação da Associação Médica Brasileira na referida Assembleia;

Resolve:

1 – Que se mantenha inalterado o Item II.3 da referida Declaração de Helsinque: "Em qualquer estudo médico, a todos os pacientes, incluindo àqueles do grupo controle, se houver, deverá ser assegurado o melhor tratamento diagnóstico ou terapêutico comprovado".

2 – Manifestar-se contrariamente às alterações propostas, sobretudo, a referente ao uso de placebo diante da existência de métodos diagnósticos e terapêuticos comprovados.

3 – Instar à Associação Médica Brasileira que este posicionamento seja remetido com a presteza necessária aos organizadores da Assembleia Geral da Associação Médica Mundial.

José Serra
Presidente do Conselho Nacional de Saúde

Homologo a Resolução CNS nº 301, de 16 de março de 2000, nos termos do Decreto de Delegação de Competência de 12 de novembro de 1991.

José Serra
Ministro de Estado da Saúde

Fonte: http://conselho.saude.gov.br/resolucoes/2000/Reso301.doc

ANEXO 11

RESOLUÇÃO CNS Nº 303/00

CONSELHO NACIONAL DE SAÚDE
Resolução nº 303 de 06 de julho de 2000

O Plenário do Conselho Nacional de Saúde, em sua Nonagésima Nona Reunião Ordinária, realizada nos dias 05 e 06 de julho de 2000, no uso de suas competências regimentais e atribuições conferidas pela Lei nº 8.080, de 19 de setembro de 1990, e pela Lei nº 8.142, de 28 de dezembro de 1990, e **Considerando:**

A necessidade de regulamentação complementar da Resolução CNS nº 196/96 (Diretrizes e Normas Regulamentadoras de Pesquisas Envolvendo Seres Humanos), atribuição da CONEP conforme item VIII.4.d da mesma Resolução, no que diz respeito à área temática especial "reprodução humana" (item VIII.4.c.2), **resolve** aprovar a seguinte norma:

I – Definição: Pesquisas em Reprodução Humana são aquelas que se ocupam com o funcionamento do aparelho reprodutor, procriação e fatores que afetam a saúde reprodutiva da pessoa humana.

II – Nas pesquisas com intervenção em:

- Reprodução Assistida;
- Anticoncepção;
- Manipulação de Gametas, Pré-embriões, Embriões e Feto;
- Medicina Fetal.

O CEP deverá examinar o protocolo, elaborar o Parecer consubstanciado e encaminhar ambos à CONEP com a documentação completa conforme Resolução CNS nº 196/96, itens VII.13.a, b; VIII.4.c.2.
Caberá à CONEP a provação final destes protocolos.

III – Fica delegada ao CEP a aprovação das pesquisas envolvendo outras áreas de reprodução humana.

IV – Nas pesquisas em Reprodução Humana serão considerados "sujeitos da pesquisa" todos os que forem afetados pelos seus procedimentos.

V – A presente Resolução incorpora todas as disposições contidas na Resolução CNS 196/96, da qual esta faz parte complementar e em outras resoluções do CNS referentes a outras áreas temáticas, simultaneamente contempladas na pesquisa, que deverão ser cumpridas no que couber.

José Serra
Presidente do Conselho Nacional de Saúde

Homologo a Resolução CNS nº 303, de 06 de julho de 2000, nos termos do Decreto de Delegação de Competência de 12 de novembro de 1991.

José Serra
Ministro de Estado da Saúde

Fonte: http://conselho.saude.gov.br/resolucoes/2000/Reso303.doc

ANEXO 12
LEI Nº 10.406/02

CÓDIGO CIVIL
Lei nº 10.406 de 10 de janeiro de 2002

LIVRO I – Das pessoas

TÍTULO I – Das pessoas naturais

CAPÍTULO I – Da personalidade e da capacidade

Art. 1. Toda pessoa é capaz de direitos e deveres na ordem civil.

Art. 2. A personalidade civil da pessoa começa do nascimento com vida; mas a lei põe a salvo, desde a concepção, os direitos do nascituro.

Art. 3. São absolutamente incapazes de exercer pessoalmente os atos da vida civil:
I – os menores de dezesseis anos;
II – os que, por enfermidade ou deficiência mental, não tiverem o necessário discernimento para a prática desses atos;
III – os que, mesmo por causa transitória, não puderem exprimir sua vontade.

Art. 4. São incapazes, relativamente a certos atos, ou à maneira de os exercer:
I – os maiores de dezesseis e menores de dezoito anos;
II – os ébrios habituais, os viciados em tóxicos, e os que, por deficiência mental, tenham o discernimento reduzido;
III – os excepcionais, sem desenvolvimento mental completo;
IV – os pródigos.
Parágrafo único. A capacidade dos índios será regulada por legislação especial.

Art. 5. A menoridade cessa aos dezoito anos completos, quando a pessoa fica habilitada à prática de todos os atos da vida civil.
Parágrafo único. Cessará, para os menores, a incapacidade:
I – pela concessão dos pais, ou de um deles na falta do outro, mediante instrumento público, independentemente de homologação judicial, ou por sentença do juiz, ouvido o tutor, se o menor tiver dezesseis anos completos;
II – pelo casamento;
III – pelo exercício de emprego público efetivo;

IV – pela colação de grau em curso de ensino superior;
V – pelo estabelecimento civil ou comercial, ou pela existência de relação de emprego, desde que, em função deles, o menor com dezesseis anos completos tenha economia própria.

Art. 6. A existência da pessoa natural termina com a morte; presume-se esta, quanto aos ausentes, nos casos em que a lei autoriza a abertura de sucessão definitiva.

Art. 7. Pode ser declarada a morte presumida, sem decretação de ausência:
I – se for extremamente provável a morte de quem estava em perigo de vida;
II – se alguém, desaparecido em campanha ou feito prisioneiro, não for encontrado até dois anos após o término da guerra.
Parágrafo único. A declaração da morte presumida, nesses casos, somente poderá ser requerida depois de esgotadas as buscas e averiguações, devendo a sentença fixar a data provável do falecimento.

Art. 8. Se dois ou mais indivíduos falecerem na mesma ocasião, não se podendo averiguar se algum dos comorientes precedeu aos outros, presumir-se-ão simultaneamente mortos.

Art. 9. Serão registrados em registro público:
I – os nascimentos, casamentos e óbitos;
II – a emancipação por outorga dos pais ou por sentença do juiz;
III – a interdição por incapacidade absoluta ou relativa;
IV – a sentença declaratória de ausência e de morte presumida.

Art. 10. Far-se-á averbação em registro público:
I – das sentenças que decretarem a nulidade ou anulação do casamento, o divórcio, a separação judicial e o restabelecimento da sociedade conjugal;
II – dos atos judiciais ou extrajudiciais que declararem ou reconhecerem a filiação;
III – dos atos judiciais ou extrajudiciais de adoção.

Fonte: http://www.bioetica.ufrgs.br/codcivil.htm

ANEXO 13
INTERNATIONAL ETHICAL GUIDELINES FOR BIOMEDICAL RESEACH INVOLVING HUMAN SUBJECTS

International Ethical Guidelines for Biomedical Research Involving Human Subjects

Prepared by the Council for International Organizations of Medical Sciences (CIOMS) in collaboration with the World Health Organization (WHO)

Geneva, 2002

Acknowledgements

The Council for International Organizations of Medical Sciences (CIOMS) acknowledges the substantial financial contribution of the Joint United Nations Programme on HIV/AIDS (UNAIDS) to the preparation of the 2002 *International Ethical Guidelines for Biomedical Research Involving Human Subjects.* The World Health Organization in Geneva contributed generously also through the departments of Reproductive Health and Research, Essential Drugs and Medicines Policy, Vaccines and Biologicals, and HIV/AIDS/Sexually Transmitted Infections, as well as the Special Programme for Research and Training in Tropical Diseases. CIOMS was at all times free to avail of the services and facilities of WHO.

CIOMS acknowledges also with much appreciation the financial support to the project from the Government of Finland, the Government of Switzerland, the Swiss Academy of Medical Sciences, the Fogarty International Center at the National Institutes of Health, USA, and the Medical Research Council of the United Kingdom.

A number of institutions and organizations made valuable contributions by making their experts available at no cost to CIOMS for the three meetings held in relation to the revision project. This has been highly appreciated.

The task of finalizing the various drafts was in the hands of Professor Robert J. Levine, who served as consultant to the project and chair of the steering committee, and whose profound knowledge and understanding of the field is remarkable. He was ably assisted by Dr James Gallagher of the CIOMS secretariat, who managed the electronic discussion and endeavored to accommodate or reflect in the text the numerous comments received. He also edited the final text. Special mention must be made of the informal drafting group set up to bring the influence of various cultures to bear on the process. The group, with two members of the CIOMS secretariat, met for five days in New York in January 2001 and continued for several months to interact electronically with one another and with the secretariat to prepare the third draft, posted on the CIOMS website in June 2001: Fernando Lolas Stepke (chair), John Bryant, Leonardo de Castro, Robert Levine, Ruth Macklin, and Godfrey Tangwa; the group continued from October 2001, together with Florencia Luna and Rodolfo Saracci, to cooperate in preparing the fourth draft. The contribution of this group was invaluable.

The interest and comments of the many organizations and individuals who responded to the several drafts of the guidelines posted on the CIOMS website or otherwise made available are gratefully acknowledged (Appendix 6).

At CIOMS, Sev Fluss was at all times ready and resourceful when consulted, with advice and constructive comment, and Mrs Kathryn Chalaby-Amsler responded most competently to the sometimes considerable demands made on her administrative and secretarial skills.

Background

The Council for International Organizations of Medical Sciences (CIOMS) is an international nongovernmental organization in official relations with the World Health Organization (WHO). It was founded under the auspices of WHO and the United Nations Educational, Scientific and Cultural and Organization (UNESCO) in 1949 with among its mandates that of maintaining collaborative relations with the United Nations and its specialized agencies, particularly with UNESCO and WHO. CIOMS, in association with WHO, undertook its work on ethics in relation to biomedical research in the late 1970s. At that time, newly independent WHO Member States were setting up health-care systems. WHO was not then in a position to promote ethics as an aspect of health care or research. It was thus that CIOMS set out, in cooperation with WHO, to prepare guidelines "to indicate how the ethical principles that should guide the conduct of biomedical research involving human subjects, as set forth in the Declaration of Helsinki, could be effectively applied, particularly in developing countries, given their socioeconomic circumstances, laws and regulations, and executive and administrative arrangements". The World Medical Association had issued the original Declaration of Helsinki in 1964 and an amended version in 1975. The outcome of the CIOMS/WHO undertaking was, in 1982, *Proposed International Ethical Guidelines for Biomedical Research Involving Human Subjects.*

The period that followed saw the outbreak of the HIV/AIDS pandemic and proposals to undertake large-scale trials of vaccine and treatment drugs for the condition. These raised new ethical issues that had not been considered in the preparation of *Proposed Guidelines.* There were other factors also – rapid advances in medicine and biotechnology, changing research practices such as multinational field trials, experimentation involving vulnerable population groups, and also a changing view, in rich and poor countries, that research involving human subjects was largely beneficial and not threatening. The Declaration of Helsinki was revised twice in the 1980s – in 1983 and 1989. It was timely to revise and update the 1982 guidelines, and CIOMS, with the cooperation of WHO and its Global Programme on AIDS, undertook the task. The outcome was the issuing of two sets of guidelines: in 1991, *International Guidelines for Ethical Review of Epidemiological Studies*; and, in 1993, *International Ethical Guidelines for Biomedical Research Involving Human Subjects.*

After 1993, ethical issues arose for which the CIOMS Guidelines had no specific provision. They related mainly to controlled clinical trials, with external sponsors and investigators, carried out in low-resource countries and to the use of comparators other than an established effective intervention. The issue in question was the perceived need in those countries for low-cost, technologically appropriate, public health solutions, and in particular for HIV/AIDS treatment drugs or vaccines that poorer countries could afford. Commentators took opposing sides on this issue. One advocated, for low-resource countries, trials of interventions that, while they might be less effective than the treatment available in the better-off countries, would be less expensive. All research efforts for public solutions appropriate to developing countries should not be rejected as unethical, they claimed. The research context should be considered. Local decision-making should be the norm. Paternalism on the part of the richer countries towards poorer countries should be avoided. The challenge was to encourage research for local solutions to the burden of disease in much of the world, while providing clear guidance on protecting against exploitation of vulnerable communities and individuals.

The other side argued that such trials constituted, or risked constituting, exploitation of poor countries by rich countries and were inherently unethical. Economic factors should not influence ethical considerations. It was within the capacity of rich countries or the pharmaceutical industry to make established effective treatment available for comparator purposes. Certain low-resource countries had already made available from their own resources established effective treatment for their HIV/AIDS patients.

This conflict complicated the revision and updating of the 1993 Guidelines. Ultimately, it became clear that the conflicting views could not be reconciled, though the proponents of the former view claimed that the new guidelines had built in effective safeguards against exploitation. The commentary to the Guideline concerned (11) recognizes the unresolved, or unresolvable, conflict.

The revision/updating of the 1993 Guidelines began in December 1998, and a first draft prepared by the CIOMS consultant for the project was reviewed by the project steering committee, which met in May 1999. The committee proposed amendments and listed topics on which new or revised guidelines were indicated; it recommended papers to be commissioned on the topics, as well as authors and commentators, for presentation and discussion at a CIOMS interim consultation. It was considered that an interim consultation meeting, of members of the steering committee together with the authors of commissioned papers and designated commentators, followed by further redrafting and electronic distribution and feedback, would better serve the purpose of the project than the process originally envisaged, which had been to complete the revision in one further step. The consultation was accordingly organized for March 2000, in Geneva.

At the consultation, progress on the revision was reported and contentious matters reviewed. Eight commissioned papers previously distributed were presented, commented upon, and discussed. The work of the consultation continued with *ad hoc* electronic working groups over the following several weeks, and the outcome was made available for the preparation of the third draft. The material commissioned for the consultation was made the subject of a CIOMS publication: *Biomedical Research Ethics: Updating International Guidelines. A Consultation* (December 2000).

An informal redrafting group of eight, from Africa, Asia, Latin America, the United States and the CIOMS secretariat met in New York City in January 2001, and subsequently interacted electronically with one another and with the CIOMS secretariat. A revised draft was posted on the CIOMS website in June 2001 and otherwise widely distributed. Many organizations and individuals commented, some extensively, some critically. Views on certain positions, notably on placebo-controlled trials, were contradictory. For the subsequent revision two members were added to the redrafting group, from Europe and Latin America. The consequent draft was posted on the website in January 2002 in preparation for the CIOMS Conference in February/March 2002.

The CIOMS Conference was convened to discuss and, as far as possible, endorse a final draft to be submitted for final approval to the CIOMS Executive Committee. Besides representation of member organizations of CIOMS, participants included experts in ethics and research from all continents. They reviewed the draft guidelines seriatim and suggested modifications. Guideline 11, *Choice of control in clinical trials*, was redrafted at the conference in an effort to reduce disagreement. The redrafted text of that guideline was intensively discussed and generally well received. Some participants, however, continued to question the ethical acceptability of the exception to the general rule limiting the use of placebo to the conditions set out in the guideline; they argued that research subjects should not be exposed to risk of serious or irreversible harm when an established effective intervention could prevent such harm, and that such exposure could constitute exploitation. Ultimately, the commentary of Guideline 11 reflects the opposing positions on use of a comparator other than an established effective intervention for control purposes.

The new text, the 2002 text, which supersedes that of 1993, consists of a statement of general ethical principles, a preamble and 21 guidelines, with an introduction and a brief account of earlier declarations and guidelines. Like the 1982 and 1993 Guidelines, the present publication is designed to be of use, particularly to low-resource countries, in defining national policies on the ethics of biomedical research, applying ethical standards in local circumstances, and establishing or redefining adequate mechanisms for ethical review of research involving human subjects.

Comments on the Guidelines are welcome and should be addressed to the Secretary-General, Council for International Organizations of Medical Sciences, c/o World Health Organization, CH-1211 Geneva 27, Switzerland; or by e-mail to cioms@who.int.

Introduction

This is the third in the series of international ethical guidelines for biomedical research involving human subjects issued by the Council for International Organizations of Medical Sciences since 1982. Its scope and preparation reflect well the transformation that has occurred in the field of research ethics in the almost quarter century since CIOMS first undertook to make this contribution to medical sciences and the ethics of research. The CIOMS Guidelines, with their stated concern for the application of the Declaration of Helsinki in developing countries, necessarily reflect the conditions and the needs of biomedical research in those countries, and the implications for multinational or transnational research in which they may be partners.

An issue, mainly for those countries and perhaps less pertinent now than in the past, has been the extent to which ethical principles are considered universal or as culturally relative – the universalist versus the pluralist view. The challenge to international research ethics is to apply universal ethical principles to biomedical research in a multicultural world with a multiplicity of health-care systems and considerable variation in standards of health care. The Guidelines take the position that research involving human subjects must not violate any universally applicable ethical standards, but acknowledge that, in superficial aspects, the application of the ethical principles, e.g., in relation to individual autonomy and informed consent, needs to take account of cultural values, while respecting absolutely the ethical standards.

Related to this issue is that of the human rights of research subjects, as well as of health professionals as researchers in a variety of sociocultural contexts, and the contribution that international human rights instruments can make in the application of the general principles of ethics to research involving human subjects. The issue concerns largely, though not exclusively, two principles: respect for autonomy and protection of dependent or vulnerable persons and populations. In the preparation of the Guidelines the potential contribution in these respects of human rights instruments and norms was discussed, and the Guideline drafters have represented the views of commentators on safeguarding the corresponding rights of subjects.

Certain areas of research are not represented by specific guidelines. One such is human genetics. It is, however, considered in Guideline 18 Commentary under *Issues of confidentiality in genetics research.* The ethics of genetics research was the subject of a commissioned paper and commentary.

Another unrepresented area is research with products of conception (embryo and fetal research, and fetal tissue research). An attempt to craft a guideline on the topic proved unfeasible. At issue was the moral status of embryos and fetuses and the degree to which risks to the life or well-being of these entities are ethically permissible.

In relation to the use of comparators in controls, commentators have raised the the question of standard of care to be provided to a control group. They emphasize that standard of care refers to more than the comparator drug or other intervention, and that research subjects in the poorer countries do not usually enjoy the same standard of all-round care enjoyed by subjects in richer countries. This issue is not addressed specifically in the Guidelines.

In one respect the Guidelines depart from the terminology of the Declaration of Helsinki. "Best current intervention" is the term most commonly used to describe the active comparator that is ethically preferred in controlled clinical trials. For many indications, however, there is more than one established "current" intervention and expert clinicians do not agree on which is superior. In other circumstances in which there are several established "current" interventions, some expert clinicians recognize one as superior to the rest; some commonly prescribe another because the superior intervention may be locally unavailable, for example, or prohibitively expensive or unsuited to the capability of particular patients to adhere to a complex and rigorous regimen. "Established effective intervention" is the term used in Guideline 11 to refer to all such interventions, including the best and the various alternatives to the best. In some cases an ethical review committee may determine that it is ethically acceptable to use an established effective intervention as a comparator, even in cases where such an intervention is not considered the best current intervention.

The mere formulation of ethical guidelines for biomedical research involving human subjects will hardly resolve all the moral doubts that can arise in association with much research, but the Guidelines can at least draw the attention of sponsors, investigators and ethical review committees to the need to consider carefully the ethical implications of research protocols and the conduct of research, and thus conduce to high scientific and ethical standards of biomedical research.

International instruments and guidelines

The first international instrument on the ethics of medical research, the Nuremberg Code, was promulgated in 1947 as a consequence of the trial of physicians (the Doctors' Trial) who had conducted atrocious experiments on unconsenting prisoners and detainees during the second world war. The Code, designed to protect the integrity of the research subject, set out conditions for the ethical conduct of research involving human subjects, emphasizing their voluntary consent to research.

The Universal Declaration of Human Rights was adopted by the General Assembly of the United Nations in 1948. To give the Declaration legal as well as moral force, the General Assembly adopted in 1966 the International Covenant on Civil and Political Rights. Article 7 of the Covenant states "*No one shall be subjected to torture or to cruel, inhuman or degrading treatment or punishment. In particular, no one shall be subjected without his free consent to medical or scientific experimentation*". It is through this statement that society expresses the fundamental human value that is held to govern all research involving human subjects – the protection of the rights and welfare of all human subjects of scientific experimentation.

The Declaration of Helsinki, issued by the World Medical Association in 1964, is the fundamental document in the field of ethics in biomedical research and has influenced the formulation of international, regional and national legislation and codes of conduct. The Declaration, amended several times, most recently in 2000 (Appendix 2), is a comprehensive international statement of the ethics of research involving human subjects. It sets out ethical guidelines for physicians engaged in both clinical and nonclinical biomedical research.

Since the publication of the CIOMS 1993 Guidelines, several international organizations have issued ethical guidance on clinical trials. This has included, from the World Health Organization, in 1995, *Guidelines for Good Clinical Practice for Trials on Pharmaceutical Products*; and from the International Conference on Harmonization of Technical Requirements for Registration of Pharmaceuticals for Human Use (ICH), in 1996, *Guideline on Good Clinical*

Practice, designed to ensure that data generated from clinical trials are mutually acceptable to regulatory authorities in the European Union, Japan and the United States of America. The Joint United Nations Programme on HIV/AIDS published in 2000 the UNAIDS Guidance Document *Ethical Considerations in HIV Preventive Vaccine Research.*

In 2001 the Council of Ministers of the European Union adopted a Directive on clinical trials, which will be binding in law in the countries of the Union from 2004. The Council of Europe, with more than 40 member States, is developing a Protocol on Biomedical Research, which will be an additional protocol to the Council's 1997 Convention on Human Rights and Biomedicine.

Not specifically concerned with biomedical research involving human subjects but clearly pertinent, as noted above, are international human rights instruments. These are mainly the Universal Declaration of Human Rights, which, particularly in its science provisions, was highly influenced by the Nuremberg Code; the International Covenant on Civil and Political Rights; and the International Covenant on Economic, Social and Cultural Rights. Since the Nuremberg experience, human rights law has expanded to include the protection of women (Convention on the Elimination of All Forms of Discrimination Against Women) and children (Convention on the Rights of the Child). These and other such international instruments endorse in terms of human rights the general ethical principles that underlie the CIOMS International Ethical Guidelines.

General ethical principles

All research involving human subjects should be conducted in accordance with three basic ethical principles, namely respect for persons, beneficence and justice. It is generally agreed that these principles, which in the abstract have equal moral force, guide the conscientious preparation of proposals for scientific studies. In varying circumstances they may be expressed differently and given different moral weight, and their application may lead to different decisions or courses of action. The present guidelines are directed at the application of these principles to research involving human subjects.

Respect for persons incorporates at least two fundamental ethical considerations, namely:
a) respect for autonomy, which requires that those who are capable of deliberation about their personal choices should be treated with respect for their capacity for self--determination; and
b) protection of persons with impaired or diminished autonomy, which requires that those who are dependent or vulnerable be afforded security against harm or abuse.

Beneficence refers to the ethical obligation to maximize benefits and to minimize harms. This principle gives rise to norms requiring that the risks of research be reasonable in the light of the expected benefits, that the research design be sound, and that the investigators be competent both to conduct the research and to safeguard the welfare of the research subjects.

Beneficence further proscribes the deliberate infliction of harm on persons; this aspect of beneficence is sometimes expressed as a separate principle, ***nonmaleficence*** (do no harm).

Justice refers to the ethical obligation to treat each person in accordance with what is morally right and proper, to give each person what is due to him or her. In the ethics of research involving human subjects the principle refers primarily to ***distributive justice,*** which requires the equitable distribution of both the burdens and the benefits of participation in research. Differences in distribution of burdens and benefits are justifiable only if they are based on morally relevant distinctions between persons; one such distinction is vulnerability. "Vulnerability" refers to a substantial incapacity to protect one's own interests owing to such impediments as lack of capability to give informed consent, lack of alternative means of obtaining medical care or other expensive necessities, or being a junior or subordinate member of a hierarchical group. Accordingly, special provision must be made for the protection of the rights and welfare of vulnerable persons.

Sponsors of research or investigators cannot, in general, be held accountable for unjust conditions where the research is conducted, but they must refrain from practices that are likely to worsen unjust conditions or contribute to new inequities. Neither should they take advantage of the relative inability of low-resource countries or vulnerable populations to protect their own interests, by conducting research inexpensively and avoiding complex regulatory systems of industrialized countries in order to develop products for the lucrative markets of those countries.

In general, the research project should leave low-resource countries or communities better off than previously or, at least, no worse off. It should be responsive to their health needs and priorities in that any product developed is made reasonably available to them, and as far as possible leave the population in a better position to obtain effective health care and protect its own health.

Justice requires also that the research be responsive to the health conditions or needs of vulnerable subjects. The subjects selected should be the least vulnerable necessary to accomplish the purposes of the research. Risk to vulnerable subjects is most easily justified when it arises from interventions or procedures that hold out for them the prospect of direct health-related benefit. Risk that does not hold out such prospect must be justified by the anticipated benefit to the population of which the individual research subject is representative.

Preamble

The term "research" refers to a class of activity designed to develop or contribute to generalizable knowledge. Generalizable knowledge consists of theories, principles or relationships, or the accumulation of information on which they are based, that can be corroborated by accepted scientific methods of observation and inference. In the present context "research" includes both medical and behavioral studies pertaining to human health. Usually "research" is modified by the adjective "biomedical" to indicate its relation to health.

Progress in medical care and disease prevention depends upon an understanding of physiological and pathological processes or epidemiological findings, and requires at some time research involving human subjects. The collection, analysis and interpretation of information obtained from research involving human beings contribute significantly to the improvement of human health.

Research involving human subjects includes:

- studies of a physiological, biochemical or pathological process, or of the response to a specific intervention – whether physical, chemical or psychological – in healthy subjects or patients;
- controlled trials of diagnostic, preventive or therapeutic measures in larger groups of persons, designed to demonstrate a specific generalizable response to these measures against a background of individual biological variation;
- studies designed to determine the consequences for individuals and communities of specific preventive or therapeutic measures; and
- studies concerning human health-related behavior in a variety of circumstances and environments.

Research involving human subjects may employ either observation or physical, chemical or psychological intervention; it may also either generate records or make use of existing records containing biomedical or other information about individuals who may or may not be identifiable from the records or information. The use of such records and the protection of the confidentiality of data obtained from those records are discussed in *International Guidelines for Ethical Review of Epidemiological Studies (CIOMS, 1991).*

The research may be concerned with the social environment, manipulating environmental factors in a way that could affect incidentally-exposed individuals. It is defined in broad terms in order to embrace field studies of pathogenic organisms and toxic chemicals under investigation for health-related purposes.

Biomedical research with human subjects is to be distinguished from the practice of medicine, public health and other forms of health care, which is designed to contribute directly to the health of individuals or communities. Prospective subjects may find it confusing when research and practice are to be conducted simultaneously, as when research is designed to obtain new information about the efficacy of a drug or other therapeutic, diagnostic or preventive modality.

As stated in Paragraph 32 of the Declaration of Helsinki, "In the treatment of a patient, where proven prophylactic, diagnostic and therapeutic methods do not exist or have been ineffective, the physician, with informed consent from the patient, must be free to use unproven or new prophylactic, diagnostic and therapeutic measures, if in the physician's judgment it offers hope of saving life, re-establishing health or alleviating suffering. Where possible, these measures should be made the object of research, designed to evaluate their safety and efficacy.

In all cases, new information should be recorded and, where appropriate, published. The other relevant guidelines of this Declaration should be followed".

Professionals whose roles combine investigation and treatment have a special obligation to protect the rights and welfare of the patient-subjects. An investigator who agrees to act as physician-investigator undertakes some or all of the legal and ethical responsibilities of the subject's primary-care physician. In such a case, if the subject withdraws from the research owing to complications related to the research or in the exercise of the right to withdraw without loss of benefit, the physician has an obligation to continue to provide medical care, or to see that the subject receives the necessary care in the health-care system, or to offer assistance in finding another physician.

Research with human subjects should be carried out only by, or strictly supervised by, suitably qualified and experienced investigators and in accordance with a protocol that clearly states: the aim of the research; the reasons for proposing that it involve human subjects; the nature and degree of any known risks to the subjects; the sources from which it is proposed to recruit subjects; and the means proposed for ensuring that subjects' consent will be adequately informed and voluntary. The protocol should be scientifically and ethically appraised by one or more suitably constituted review bodies, independent of the investigators.

New vaccines and medicinal drugs, before being approved for general use, must be tested on human subjects in clinical trials; such trials constitute a substantial part of all research involving human subjects.

THE GUIDELINES

GUIDELINE 1: Ethical justification and scientific validity of biomedical research involving human beings

The ethical justification of biomedical research involving human subjects is the prospect of discovering new ways of benefiting people's health. Such research can be ethically justifiable only if it is carried out in ways that respect and protect, and are fair to, the subjects of that research and are morally acceptable within the communities in which the research is carried out. Moreover, because scientifically invalid research is unethical in that it exposes research subjects to risks without possible benefit, investigators and sponsors must ensure that proposed studies involving human subjects conform to generally accepted scientific principles and are based on adequate knowledge of the pertinent scientific literature.

Commentary on Guideline 1

Among the essential features of ethically justified research involving human subjects, including research with identifiable human tissue or data, are that the research offers a means of developing information not otherwise obtainable, that the design of the research is scientifically sound, and that the investigators and other research personnel are competent. The methods to be used should be appropriate to the objectives of the research and the field of study. Investigators and sponsors must also ensure that all who participate in the conduct of the research are qualified by virtue of their education and experience to perform competently in their roles. These considerations should be adequately reflected in the research protocol submitted for review and clearance to scientific and ethical review committees (Appendix I).

Scientific review is discussed further in the Commentaries to Guidelines 2 and 3: *Ethical review committees* and *Ethical review of externally sponsored research.* Other ethical aspects of research are discussed in the remaining guidelines and their commentaries. The protocol designed for submission for review and clearance to scientific and ethical review committees should include, when relevant, the items specified in Appendix I, and should be carefully followed in conducting the research.

GUIDELINE 2: Ethical review committees

All proposals to conduct research involving human subjects must be submitted for review of their scientific merit and ethical acceptability to one or more scientific review and ethical review committees. The review committees must be independent of the research team, and any direct financial or other material benefit they may derive from the research should not be contingent on the outcome of their review. The investigator must obtain their approval or clearance before undertaking the research. The ethical review committee should conduct further reviews as necessary in the course of the research, including monitoring of the progress of the study.

Commentary on Guideline 2

Ethical review committees may function at the institutional, local, regional, or national level, and in some cases at the international level. The regulatory or other governmental authorities concerned should promote uniform standards across committees within a country, and, under all systems, sponsors of research and institutions in which the investigators are employed should allocate sufficient resources to the review process. Ethical review committees may receive money for the activity of reviewing protocols, but under no circumstances may payment be offered or accepted for a review committee's approval or clearance of a protocol.

- **Scientific review.** According to the Declaration of Helsinki (*Paragraph 11*), medical research involving humans must conform to generally accepted scientific principles, and be based on a thorough knowledge of the scientific literature, other relevant sources of information, and adequate laboratory and, where indicated, animal experimentation. Scientific review must consider, inter alia, the study design, including the provisions for avoiding or minimizing risk and for monitoring safety. Committees competent to review and approve scientific aspects of research proposals must be multidisciplinary.
- **Ethical review.** The ethical review committee is responsible for safeguarding the rights, safety, and well-being of the research subjects. Scientific review and ethical review cannot be separated: scientifically unsound research involving humans as subjects is ipso facto unethical in that it may expose them to risk or inconvenience to no purpose; even if there

is no risk of injury, wasting of subjects "and researchers" time in unproductive activities represents loss of a valuable resource. Normally, therefore, an ethical review committee considers both the scientific and the ethical aspects of proposed research. It must either carry out a proper scientific review or verify that a competent expert body has determined that the research is scientifically sound. Also, it considers provisions for monitoring of data and safety.

If the ethical review committee finds a research proposal scientifically sound, or verifies that a competent expert body has found it so, it should then consider whether any known or possible risks to the subjects are justified by the expected benefits, direct or indirect, and whether the proposed research methods will minimize harm and maximize benefit. (See Guideline 8: *Benefits and risks of study participation.)* If the proposal is sound and the balance of risks to anticipated benefits is reasonable, the committee should then determine whether the procedures proposed for obtaining informed consent are satisfactory and those proposed for the selection of subjects are equitable.

- **Ethical review of emergency compassionate use of an investigational therapy.** In some countries, drug regulatory authorities require that the so-called compassionate or humanitarian use of an investigational treatment be reviewed by an ethical review committee as though it were research. Exceptionally, a physician may undertake the compassionate use of an investigational therapy before obtaining the approval or clearance of an ethical review committee, provided three criteria are met: a patient needs emergency treatment, there is some evidence of possible effectiveness of the investigational treatment, and there is no other treatment available that is known to be equally effective or superior. Informed consent should be obtained according to the legal requirements and cultural standards of the community in which the intervention is carried out. Within one week the physician must report to the ethical review committee the details of the case and the action taken, and an independent health-care professional must confirm in writing to the ethical review committee the treating physician's judgment that the use of the investigational intervention was justified according to the three specified criteria. (See also Guideline 13: Commentary section: *Other vulnerable groups).*
- **National (centralized) or local review.** Ethical review committees may be created under the aegis of national or local health administrations, national (or centralized) medical research councils or other nationally representative bodies. In a highly centralized administration a national, or centralized, review committee may be constituted for both the scientific and the ethical review of research protocols. In countries where medical research is not centrally administered, ethical review is more effectively and conveniently undertaken at a local or regional level. The authority of a local ethical review committee may be confined

to a single institution or may extend to all institutions in which biomedical research is carried out within a defined geographical area. The basic responsibilities of ethical review committees are:

- to determine that all proposed interventions, particularly the administration of drugs and vaccines or the use of medical devices or procedures under development, are acceptably safe to be undertaken in humans or to verify that another competent expert body has done so;
- to determine that the proposed research is scientifically sound or to verify that another competent expert body has done so;
- to ensure that all other ethical concerns arising from a protocol are satisfactorily resolved both in principle and in practice;
- to consider the qualifications of the investigators, including education in the principles of research practice, and the conditions of the research site with a view to ensuring the safe conduct of the trial; and
- to keep records of decisions and to take measures to follow up on the conduct of ongoing research projects.

❍ **Committee membership.** National or local ethical review committees should be so composed as to be able to provide complete and adequate review of the research proposals submitted to them. It is generally presumed that their membership should include physicians, scientists and other professionals such as nurses, lawyers, ethicists and clergy, as well as lay persons qualified to represent the cultural and moral values of the community and to ensure that the rights of the research subjects will be respected. They should include both men and women. When uneducated or illiterate persons form the focus of a study they should also be considered for membership or invited to be represented and have their views expressed.

A number of members should be replaced periodically with the aim of blending the advantages of experience with those of fresh perspectives.

A national or local ethical review committee responsible for reviewing and approving proposals for externally sponsored research should have among its members or consultants persons who are thoroughly familiar with the customs and traditions of the population or community concerned and sensitive to issues of human dignity.

Committees that often review research proposals directed at specific diseases or impairments, such as HIV/AIDS or paraplegia, should invite or hear the views of individuals or bodies representing patients with such diseases or impairments. Similarly, for research involving such subjects as children, students, elderly persons or employees, committees should invite or hear the views of their representatives or advocates.

To maintain the review committee's independence from the investigators and sponsors and to avoid conflict of interest, any member with a special or particular, direct or indirect, interest in a proposal should not take part in its assessment if that interest could subvert the member's objective judgment. Members of ethical review committees should be held to the same standard of disclosure as scientific and medical research staff with regard to financial or other interests that could be construed as conflicts of interest. A practical way of avoiding such conflict of interest is for the committee to insist on a declaration of possible conflict of interest by any of its members. A member who makes such a declaration should then withdraw, if to do so is clearly the appropriate action to take, either at the member's own discretion or at the request of the other members. Before withdrawing, the member should be permitted to offer comments on the protocol or to respond to questions of other members.

- **Multi-centre research.** Some research projects are designed to be conducted in a number of centre's in different communities or countries. Generally, to ensure that the results will be valid, the study must be conducted in an identical way at each centre. Such studies include clinical trials, research designed for the evaluation of health service programmes, and various kinds of epidemiological research. For such studies, local ethical or scientific review committees are not normally authorized to change doses of drugs, to change inclusion or exclusion criteria, or to make other similar modifications. They should be fully empowered to prevent a study that they believe to be unethical. Moreover, changes that local review committees believe are necessary to protect the research subjects should be documented and reported to the research institution or sponsor responsible for the whole research programme for consideration and due action, to ensure that all other subjects can be protected and that the research will be valid across sites.

To ensure the validity of multi-centre research, any change in the protocol should be made at every collaborating centre or institution, or, failing this, explicit inter-centre comparability procedures must be introduced; changes made at some but not all will defeat the purpose of multi-centre research. For some multi-centre studies, scientific and ethical review may be facilitated by agreement among centre's to accept the conclusions of a single review committee; its members could include a representative of the ethical review committee at each of the centre's at which the research is to be conducted, as well as individuals competent to conduct scientific review. In other circumstances, a centralized review may be complemented by local review relating to the local participating investigators and institutions. The central committee could review the study from a scientific and ethical standpoint, and the local committees could verify the practicability of the study in their communities, including the infrastructures, the state of training, and ethical considerations of local significance.

In a large multi-centre trial, individual investigators will not have authority to act independently, with regard to data analysis or to preparation and publication of manuscripts, for instance. Such a trial usually has a set of committees which operate under the direction of a steering committee and are responsible for such functions and decisions. The function of the ethical review committee in such cases is to review the relevant plans with the aim of avoiding abuses.

- **Sanctions.** Ethical review committees generally have no authority to impose sanctions on researchers who violate ethical standards in the conduct of research involving humans. They may, however, withdraw ethical approval of a research project if judged necessary. They should be required to monitor the implementation of an approved protocol and its progression, and to report to institutional or governmental authorities any serious or continuing non-compliance with ethical standards as they are reflected in protocols that they have approved or in the conduct of the studies. Failure to submit a protocol to the committee should be considered a clear and serious violation of ethical standards.

Sanctions imposed by governmental, institutional, professional or other authorities possessing disciplinary power should be employed as a last resort. Preferred methods of control include cultivation of an atmosphere of mutual trust, and education and support to promote in researchers and in sponsors the capacity for ethical conduct of research.

Should sanctions become necessary, they should be directed at the non-compliant researchers or sponsors. They may include fines or suspension of eligibility to receive research funding, to use investigational interventions, or to practice medicine. Unless there are persuasive reasons to do otherwise, editors should refuse to publish the results of research conducted unethically, and retract any articles that are subsequently found to contain falsified or fabricated data or to have been based on unethical research. Drug regulatory authorities should consider refusal to accept unethically obtained data submitted in support of an application for authorization to market a product. Such sanctions, however, may deprive of benefit not only the errant researcher or sponsor but also that segment of society intended to benefit from the research; such possible consequences merit careful consideration.

- **Potential conflicts of interest related to project support.** Increasingly, biomedical studies receive funding from commercial firms. Such sponsors have good reasons to support research methods that are ethically and scientifically acceptable, but cases have arisen in which the conditions of funding could have introduced bias. It may happen that investigators have little or no input into trial design, limited access to the raw data, or limited participation in data interpretation, or that the results of a clinical trial may not be published if they are unfavourable to the sponsor's product. This risk of bias may also be associated with other sources of support, such as government or foundations. As the persons directly responsible for their work, investigators should not enter into agreements that interfere unduly with their access to the data or their ability to analyse the data independently, to prepare manuscripts, or to publish them. Investigators must also disclose potential or apparent conflicts of interest on their part to the ethical review committee or to other institutional committees designed to evaluate and manage such conflicts. Ethical review committees should therefore ensure that these conditions are met. See also *Multi-centre research*, above.

GUIDELINE 3: Ethical review of externally sponsored research

An external sponsoring organization and individual investigators should submit the research protocol for ethical and scientific review in the country of the sponsoring organization, and the ethical standards applied should be no less stringent than they would be for research carried out in that country. The health authorities of the host country, as well as a national or local ethical review committee, should ensure that the proposed research is responsive to the health needs and priorities of the host country and meets the requisite ethical standards.

Commentary on Guideline 3

- **Definition.** The term *externally sponsored research* refers to research undertaken in a host country but sponsored, financed, and sometimes wholly or partly carried out by an external international or national organization or pharmaceutical company with the collaboration or agreement of the appropriate authorities, institutions and personnel of the host country.
- **Ethical and scientific review.** Committees in both the country of the sponsor and the host country have responsibility for conducting both scientific and ethical review, as well as the authority to withhold approval of research proposals that fail to meet their scientific or ethical standards. As far as possible, there must be assurance that the review is independent and that there is no conflict of interest that might affect the judgment of members of the review committees in relation to any aspect of the research. When the external sponsor is an international organization, its review of the research protocol must be in accordance with its own independent ethical-review procedures and standards.

Committees in the external sponsoring country or international organization have a special responsibility to determine whether the scientific methods are sound and suitable to the aims of the research; whether the drugs, vaccines, devices or procedures to be studied meet adequate standards of safety; whether there is sound justification for conducting the research in the host country rather than in the country of the external sponsor or in another country; and whether the proposed research is in compliance with the ethical standards of the external sponsoring country or international organization.

Committees in the host country have a special responsibility to determine whether the objectives of the research are responsive to the health needs and priorities of that country. The ability to judge the ethical acceptability of various aspects of a research proposal requires a thorough understanding of a community's customs and traditions. The ethical review committee in the host country, therefore, must have as either members or consultants persons with such understanding; it will then be in a favourable position to determine the acceptability of the proposed means of obtaining informed consent and otherwise respecting the rights of prospective subjects as well as of the means proposed to protect the welfare of the research subjects. Such persons should be able, for example, to indicate suitable members of the community to serve as intermediaries between investigators and subjects, and to advise on whether material benefits or inducements may be regarded as appropriate in the light of a community's gift-exchange and other customs and traditions.

When a sponsor or investigator in one country proposes to carry out research in another, the ethical review committees in the two countries may, by agreement, undertake to review different aspects of the research protocol. In short, in respect of host countries either with developed capacity for independent ethical review or in which external sponsors and investigators are contributing substantially to such capacity, ethical review in the external, sponsoring country may be limited to ensuring compliance with broadly stated ethical standards. The ethical review committee in the host country can be expected to have greater competence for reviewing the detailed plans for compliance, in view of its better understanding of the cultural and moral values of the population in which it is proposed to conduct the research; it is also likely to be in a better position to monitor compliance in the course of a study. However, in respect of research in host countries with inadequate capacity for independent ethical review, full review by the ethical review committee in the external sponsoring country or international agency is necessary.

GUIDELINE 4: Individual informed consent

For all biomedical research involving humans the investigator must obtain the voluntary informed consent of the prospective subject or, in the case of an individual who is not capable of giving informed consent, the permission of a legally authorized representative in accordance with applicable law. Waiver of informed consent is to be regarded as uncommon and exceptional, and must in all cases be approved by an ethical review committee.

Commentary on Guideline 4

- **General considerations.** Informed consent is a decision to participate in research, taken by a competent individual who has received the necessary information; who has adequately understood the information; and who, after considering the information, has arrived at a decision without having been subjected to coercion, undue influence or inducement, or intimidation.

Informed consent is based on the principle that competent individuals are entitled to choose freely whether to participate in research. Informed consent protects the individual's freedom of choice and respects the individual's autonomy. As an additional safeguard, it must always be complemented by independent ethical review of research proposals. This safeguard of independent review is particularly important as many individuals are limited in their capacity to give adequate informed consent; they include young children, adults with severe mental or behavioral disorders, and persons who are unfamiliar with medical concepts and technology (See Guidelines 13, 14, 15).

- **Process.** Obtaining informed consent is a process that is begun when initial contact is made with a prospective subject and continues throughout the course of the study. By informing the prospective subjects, by repetition and explanation, by answering their questions as they arise, and by ensuring that each individual understands each procedure, investigators elicit their informed consent and in so doing manifest respect for their dignity and autonomy. Each individual must be given as much time as is needed to reach a decision, including time for consultation with family members or others. Adequate time and resources should be set aside for informed-consent procedures.
- **Language.** Informing the individual subject must not be simply a ritual recitation of the contents of a written document. Rather, the investigator must convey the information, whether orally or in writing, in language that suits the individual's level of understanding. The investigator must bear in mind that the prospective subject's ability to understand the information necessary to give informed consent depends on that individual's maturity, intelligence, education and belief system. It depends also on the investigator's ability and willingness to communicate with patience and sensitivity.
- **Comprehension.** The investigator must then ensure that the prospective subject has adequately understood the information. The investigator should give each one full opportunity to ask questions and should answer them honestly, promptly and completely. In some instances the investigator may administer an oral or a written test or otherwise determine whether the information has been adequately understood.
- **Documentation of consent.** Consent may be indicated in a number of ways. The subject may imply consent by voluntary actions, express consent orally, or sign a consent form. As a general rule, the subject should sign a consent form, or, in the case of incompetence, a legal guardian or other duly authorized representative should do so. The ethical review committee may approve waiver of the requirement of a signed consent form if the research carries no more than minimal risk – that is, risk that is no more likely and not greater than that attached to routine medical or psychological examination – and if the procedures to be used are only those for which signed consent forms are not customarily required outside the research context. Such waivers may also be approved when existence of a signed consent form would be an unjustified threat to the subject's confidentiality. In some cases, particularly when the information is complicated, it is advisable to give subjects information sheets to retain; these may resemble consent forms in all respects except that subjects are not required to sign them. Their wording should be cleared by the ethical review committee. When consent has been obtained orally, investigators are responsible for providing documentation or proof of consent.
- **Waiver of the consent requirement.** Investigators should never initiate research involving human subjects without obtaining each subject's informed consent, unless they have received explicit approval to do so from an ethical review committee. However, when the research design involves no more than minimal risk and a requirement of individual

informed consent would make the conduct of the research impracticable (for example, where the research involves only excerpting data from subjects' records), the ethical review committee may waive some or all of the elements of informed consent.

- **Renewing consent.** When material changes occur in the conditions or the procedures of a study, and also periodically in long-term studies, the investigator should once again seek informed consent from the subjects. For example, new information may have come to light, either from the study or from other sources, about the risks or benefits of products being tested or about alternatives to them. Subjects should be given such information promptly. In many clinical trials, results are not disclosed to subjects and investigators until the study is concluded. This is ethically acceptable if an ethical review committee has approved their non-disclosure.
- **Cultural considerations.** In some cultures an investigator may enter a community to conduct research or approach prospective subjects for their individual consent only after obtaining permission from a community leader, a council of elders, or another designated authority. Such customs must be respected. In no case, however, may the permission of a community leader or other authority substitute for individual informed consent. In some populations the use of a number of local languages may complicate the communication of information to potential subjects and the ability of an investigator to ensure that they truly understand it. Many people in all cultures are unfamiliar with, or do not readily understand, scientific concepts such as those of placebo or randomization. Sponsors and investigators should develop culturally appropriate ways to communicate information that is necessary for adherence to the standard required in the informed consent process. Also, they should describe and justify in the research protocol the procedure they plan to use in communicating information to subjects. For collaborative research in developing countries the research project should, if necessary, include the provision of resources to ensure that informed consent can indeed be obtained legitimately within different linguistic and cultural settings.
- **Consent to use for research purposes biological materials (including genetic material) from subjects in clinical trials.** Consent forms for the research protocol should include a separate section for clinical-trial subjects who are requested to provide their consent for the use of their biological specimens for research. Separate consent may be appropriate in some cases (e.g., if investigators are requesting permission to conduct basic research which is not a necessary part of the clinical trial), but not in others (e.g., the clinical trial requires the use of subjects biological materials).
- **Use of medical records and biological specimens.** Medical records and biological specimens taken in the course of clinical care may be used for research without the consent of the patients/subjects only if an ethical review committee has determined that the research poses minimal risk, that the rights or interests of the patients will not be violated, that their privacy and confidentiality or anonymity are assured, and that the research is designed to answer an important question and would be impracticable if the

requirement for informed consent were to be imposed. Patients have a right to know that their records or specimens may be used for research. Refusal or reluctance of individuals to agree to participate would not be evidence of impracticability sufficient to warrant waiving informed consent. Records and specimens of individuals who have specifically rejected such uses in the past may be used only in the case of public health emergencies. (See Guideline 18: Commentary, *Confidentiality between physician and patient.)*

- **Secondary use of research records or biological specimens.** Investigators may want to use records or biological specimens that another investigator has used or collected for use, in another institution in the same or another country. This raises the issue of whether the records or specimens contain personal identifiers, or can be linked to such identifiers, and by whom. (See also Guideline 18: *Safeguarding confidentiality*). If informed consent or permission was required to authorize the original collection or use of such records or specimens for research purposes, secondary uses are generally constrained by the conditions specified in the original consent. Consequently, it is essential that the original consent process anticipate, to the extent that this is feasible, any foreseeable plans for future use of the records or specimens for research. Thus, in the original process of seeking informed consent a member of the research team should discuss with, and, when indicated, request the permission of, prospective subjects as to: i) whether there will or could be any secondary use and, if so, whether such secondary use will be limited with regard to the type of study that may be performed on such materials; ii) the conditions under which investigators will be required to contact the research subjects for additional authorization for secondary use; iii) the investigators' plans, if any, to destroy or to strip of personal identifiers the records or specimens; and iv) the rights of subjects to request destruction or anonymization of biological specimens or of records or parts of records that they might consider particularly sensitive, such as photographs, videotapes or audiotapes.

(See also Guidelines 5: *Obtaining informed consent: Essential information for prospective research subjects;* 6: *Obtaining informed consent: Obligations of sponsors and investigators;* and 7: *Inducement to participate.)*

GUIDELINE 5: Obtaining informed consent: Essential information for prospective research subjects

Before requesting an individual's consent to participate in research, the investigator must provide the following information, in language or another form of communication that the individual can understand:

1. that the individual is invited to participate in research, the reasons for considering the individual suitable for the research, and that participation is voluntary;

2. that the individual is free to refuse to participate and will be free to withdraw from the research at any time without penalty or loss of benefits to which he or she would otherwise be entitled;

3. the purpose of the research, the procedures to be carried out by the investigator and the subject, and an explanation of how the research differs from routine medical care;
4. for controlled trials, an explanation of features of the research design (e.g., randomization, double-blinding), and that the subject will not be told of the assigned treatment until the study has been completed and the blind has been broken;
5. the expected duration of the individual's participation (including number and duration of visits to the research centre and the total time involved) and the possibility of early termination of the trial or of the individual's participation in it;
6. whether money or other forms of material goods will be provided in return for the individual's participation and, if so, the kind and amount;
7. that, after the completion of the study, subjects will be informed of the findings of the research in general, and individual subjects will be informed of any finding that relates to their particular health status;
8. that subjects have the right of access to their data on demand, even if these data lack immediate clinical utility (unless the ethical review committee has approved temporary or permanent non-disclosure of data, in which case the subject should be informed of, and given, the reasons for such non-disclosure);
9. any foreseeable risks, pain or discomfort, or inconvenience to the individual (or others) associated with participation in the research, including risks to the health or well-being of a subject's spouse or partner;
10. the direct benefits, if any, expected to result to subjects from participating in the research
11. the expected benefits of the research to the community or to society at large, or contributions to scientific knowledge;
12. whether, when and how any products or interventions proven by the research to be safe and effective will be made available to subjects after they have completed their participation in the research, and whether they will be expected to pay for them;
13. any currently available alternative interventions or courses of treatment;
14. the provisions that will be made to ensure respect for the privacy of subjects and for the confidentiality of records in which subjects are identified;
15. the limits, legal or other, to the investigators' ability to safeguard confidentiality, and the possible consequences of breaches of confidentiality;
16. policy with regard to the use of results of genetic tests and familial genetic information, and the precautions in place to prevent disclosure of the results of a subject's genetic tests to immediate family relatives or to others (e.g., insurance companies or employers) without the consent of the subject;
17. the sponsors of the research, the institutional affiliation of the investigators, and the nature and sources of funding for the research;
18. the possible research uses, direct or secondary, of the subject's medical records and of biological specimens taken in the course of clinical care. (See also Guidelines 4 and 18 Commentaries);

19. whether it is planned that biological specimens collected in the research will be destroyed at its conclusion, and, if not, details about their storage (where, how, for how long, and final disposition) and possible future use, and that subjects have the right to decide about such future use, to refuse storage, and to have the material destroyed (See Guideline 4: Commentary);
20. whether commercial products may be developed from biological specimens, and whether the participant will receive monetary or other benefits from the development of such products;
21. whether the investigator is serving only as an investigator or as both investigator and the subject's physician;
22. the extent of the investigator's responsibility to provide medical services to the participant;
23. that treatment will be provided free of charge for specified types of research-related injury or for complications associated with the research, the nature and duration of such care, the name of the organization or individual that will provide the treatment, and whether there is any uncertainty regarding funding of such treatment;
24. in what way, and by what organization, the subject or the subject's family or dependants will be compensated for disability or death resulting from such injury (or, when indicated, that there are no plans to provide such compensation);
25. whether or not, in the country in which the prospective subject is invited to participate in research, the right to compensation is legally guaranteed;
26. that an ethical review committee has approved or cleared the research protocol.

GUIDELINE 6: Obtaining informed consent: Obligations of sponsors and investigators

Sponsors and investigators have a duty to:

- refrain from unjustified deception, undue influence, or intimidation;
- seek consent only after ascertaining that the prospective subject has adequate understanding of the relevant facts and of the consequences of participation and has had sufficient opportunity to consider whether to participate;
- as a general rule, obtain from each prospective subject a signed form as evidence of informed consent – investigators should justify any exceptions to this general rule and obtain the approval of the ethical review committee (See Guideline 4: Commentary, *Documentation of consent*);
- renew the informed consent of each subject if there are significant changes in the conditions or procedures of the research or if new information becomes available that could affect the willingness of subjects to continue to participate; and
- renew the informed consent of each subject in long-term studies at predetermined intervals, even if there are no changes in the design or objectives of the research.

Commentary on Guideline 6

The investigator is responsible for ensuring the adequacy of informed consent from each subject. The person obtaining informed consent should be knowledgeable about the research and capable of answering questions from prospective subjects. Investigators in charge of the study must make themselves available to answer questions at the request of subjects. Any restrictions on the subject`s opportunity to ask questions and receive answers before or during the research undermines the validity of the informed consent.

In some types of research, potential subjects should receive counseling about risks of acquiring a disease unless they take precautions. This is especially true of HIV/AIDS vaccine research (UNAIDS Guidance Document *Ethical Considerations in HIV Preventive Vaccine Research, Guidance Point 14).*

- **Withholding information and deception.** Sometimes, to ensure the validity of research, investigators withhold certain information in the consent process. In biomedical research, this typically takes the form of withholding information about the purpose of specific procedures. For example, subjects in clinical trials are often not told the purpose of tests performed to monitor their compliance with the protocol, since if they knew their compliance was being monitored they might modify their behavior and hence invalidate results. In most such cases, the prospective subjects are asked to consent to remain uninformed of the purpose of some procedures until the research is completed; after the conclusion of the study they are given the omitted information. In other cases, because a request for permission to withhold some information would jeopardize the validity of the research, subjects are not told that some information has been withheld until the research has been completed. Any such procedure must receive the explicit approval of the ethical review committee.

Active deception of subjects is considerably more controversial than simply withholding certain information. Lying to subjects is a tactic not commonly employed in biomedical research. Social and behavioral scientists, however, sometimes deliberately misinform subjects to study their attitudes and behavior. For example, scientists have pretended to be patients to study the behavior of health-care professionals and patients in their natural settings.

Some people maintain that active deception is never permissible. Others would permit it in certain circumstances. Deception is not permissible, however, in cases in which the deception itself would disguise the possibility of the subject being exposed to more than minimal risk. When deception is deemed indispensable to the methods of a study the investigators must demonstrate to an ethical review committee that no other research method would suffice; that significant advances could result from the research; and that nothing has been withheld that, if divulged, would cause a reasonable person to refuse to participate. The ethical review committee should determine the consequences for the subject of being deceived, and whether and how deceived subjects should be informed of the deception upon completion of the research. Such informing, commonly called "debriefing", ordinarily entails explaining the reasons for the deception. A subject who disapproves of having been deceived should be offered an opportunity to refuse to allow the investigator to use information thus obtained. Investigators and ethical review committees should be aware that deceiving research subjects may wrong them as well as harm them; subjects may resent not having been informed when they learn that they have participated in a study under false pretences. In some studies there may be justification for deceiving persons other than the subjects by either withholding or disguising elements of information. Such tactics are often proposed, for example, for studies of the abuse of spouses or children. An ethical review committee must review and approve all proposals to deceive persons other than the subjects. Subjects are entitled to prompt and honest answers to their questions; the ethical review committee must determine for each study whether others who are to be deceived are similarly entitled.

- **Intimidation and undue influence.** Intimidation in any form invalidates informed consent. Prospective subjects who are patients often depend for medical care upon the physician/investigator, who consequently has certain credibility in their eyes, and whose influence over them may be considerable, particularly if the study protocol has a therapeutic component. They may fear, for example, that refusal to participate would damage the therapeutic relationship or result in the withholding of health services. The physician/investigator must assure them that their decision on whether to participate will not affect the therapeutic relationship or other benefits to which they are entitled. In this situation the ethical review committee should consider whether a neutral third party should seek informed consent.

The prospective subject must not be exposed to undue influence. The borderline between justifiable persuasion and undue influence is imprecise, however. The researcher should give no unjustifiable assurances about the benefits, risks or inconveniences of the research, for example, or induce a close relative or a community leader to influence a prospective subject's decision. (See also Guideline 4: *Individual informed consent.)*

- **Risks.** Investigators should be completely objective in discussing the details of the experimental intervention, the pain and discomfort that it may entail, and known risks and possible hazards. In complex research projects it may be neither feasible nor desirable to inform prospective participants fully about every possible risk. They must, however, be informed of all risks that a "reasonable person" would consider material to making a decision about whether to participate, including risks to a spouse or partner associated with trials of, for example, psychotropic or genital-tract medicaments. (See also Guideline 8 Commentary, *Risks to groups of persons.*)
- **Exception to the requirement for informed consent in studies of emergency situations in which the researcher anticipates that many subjects will be unable to consent.** Research protocols are sometimes designed to address conditions occurring suddenly

and rendering the patients/subjects incapable of giving informed consent. Examples are head trauma, cardiopulmonary arrest and stroke. The investigation cannot be done with patients who can give informed consent in time and there may not be time to locate a person having the authority to give permission. In such circumstances it is often necessary to proceed with the research interventions very soon after the onset of the condition in order to evaluate an investigational treatment or develop the desired knowledge. As this class of emergency exception can be anticipated, the researcher must secure the review and approval of an ethical review committee before initiating the study. If possible, an attempt should be made to identify a population that is likely to develop the condition to be studied. This can be done readily, for example, if the condition is one that recurs periodically in individuals; examples include grand mal seizures and alcohol binges. In such cases, prospective subjects should be contacted while fully capable of informed consent, and invited to consent to their involvement as research subjects during future periods of incapacitation. If they are patients of an independent physician who is also the physician-researcher, the physician should likewise seek their consent while they are fully capable of informed consent. In all cases in which approved research has begun without prior consent of patients/subjects incapable of giving informed consent because of suddenly occurring conditions, they should be given all relevant information as soon as they are in a state to receive it, and their consent to continued participation should be obtained as soon as is reasonably possible.

Before proceeding without prior informed consent, the investigator must make reasonable efforts to locate an individual who has the authority to give permission on behalf of an incapacitated patient. If such a person can be located and refuses to give permission, the patient may not be enrolled as a subject. The risks of all interventions and procedures will be justified as required by Guideline 9 (*Special limitations on risks when research involves individuals who are not capable of giving consent).* The researcher and the ethical review committee should agree to a maximum time of involvement of an individual without obtaining either the individual's informed consent or authorization according to the applicable legal system if the person is not able to give consent. If by that time the researcher has not obtained either consent or permission – owing either to a failure to contact a representative or to a refusal of either the patient or the person or body authorized to give permission – the participation of the patient as a subject must be discontinued. The patient or the person or body providing authorization should be offered an opportunity to forbid the use of data derived from participation of the patient as a subject without consent or permission.

Where appropriate, plans to conduct emergency research without prior consent of the subjects should be publicized within the community in which it will be carried out. In the design and conduct of the research, the ethical review committee, the investigators and the sponsors should be responsive to the concerns of the community. If there is cause for concern about the acceptability of the research in the community, there should be a formal consultation with representatives designated by the community. The research should not be carried out if it does not have substantial support in the community concerned. (See Guideline 8: Commentary, *Risks to groups of persons.*)

- **Exception to the requirement of informed consent for inclusion in clinical trials of persons rendered incapable of informed consent by an acute condition.** Certain patients with an acute condition that renders them incapable of giving informed consent may be eligible for inclusion in a clinical trial in which the majority of prospective subjects will be capable of informed consent. Such a trial would relate to a new treatment for an acute condition such as sepsis, stroke or myocardial infarction. The investigational treatment would hold out the prospect of direct benefit and would be justified accordingly, though the investigation might involve certain procedures or interventions that were not of direct benefit but carried no more than minimal risk; an example would be the process of randomization or the collection of additional blood for research purposes. For such cases the initial protocol submitted for approval to the ethical review committee should anticipate that some patients may be incapable of consent, and should propose for such patients a form of proxy consent, such as permission of the responsible relative. When the ethical review committee has approved or cleared such a protocol, an investigator may seek the permission of the responsible relative and enroll such a patient.

GUIDELINE 7: Inducement to participate

Subjects may be reimbursed for lost earnings, travel costs and other expenses incurred in taking part in a study; they may also receive free medical services. Subjects, particularly those who receive no direct benefit from research, may also be paid or otherwise compensated for inconvenience and time spent. The payments should not be so large, however, or the medical services so extensive as to induce prospective subjects to consent to participate in the research against their better judgment ("undue inducement"). All payments, reimbursements and medical services provided to research subjects must have been approved by an ethical review committee.

Commentary on Guideline 7

- **Acceptable recompense.** Research subjects may be reimbursed for their transport and other expenses, including lost earnings, associated with their participation in research. Those who receive no direct benefit from the research may also receive a small sum of money for inconvenience due to their participation in the research. All subjects may receive medical services unrelated to the research and have procedures and tests performed free of charge.
- **Unacceptable recompense.** Payments in money or in kind to research subjects should not be so large as to persuade them to take undue risks or volunteer against their better judgment. Payments or rewards that undermine a person's capacity to exercise free choice invalidate consent. It may be difficult to distinguish between suitable recompense and

undue influence to participate in research. An unemployed person or a student may view promised recompense differently from an employed person. Someone without access to medical care may or may not be unduly influenced to participate in research simply to receive such care. A prospective subject may be induced to participate in order to obtain a better diagnosis or access to a drug not otherwise available; local ethical review committees may find such inducements acceptable. Monetary and in-kind recompense must, therefore, be evaluated in the light of the traditions of the particular culture and population in which they are offered, to determine whether they constitute undue influence. The ethical review committee will ordinarily be the best judge of what constitutes reasonable material recompense in particular circumstances. When research interventions or procedures that do not hold out the prospect of direct benefit present more than minimal risk, all parties involved in the research – sponsors, investigators and ethical review committees – in both funding and host countries should be careful to avoid undue material inducement.

- **Incompetent persons.** Incompetent persons may be vulnerable to exploitation for financial gain by guardians. A guardian asked to give permission on behalf of an incompetent person should be offered no recompense other than a refund of travel and related expenses.
- **Withdrawal from a study.** A subject who withdraws from research for reasons related to the study, such as unacceptable side-effects of a study drug, or who is withdrawn on health grounds, should be paid or recompensed as if full participation had taken place. A subject who withdraws for any other reason should be paid in proportion to the amount of participation. An investigator who must remove a subject from the study for willful noncompliance is entitled to withhold part or all of the payment.

GUIDELINE 8: Benefits and risks of study participation

For all biomedical research involving human subjects, the investigator must ensure that potential benefits and risks are reasonably balanced and risks are minimized.

Interventions or procedures that hold out the prospect of direct diagnostic, therapeutic or preventive benefit for the individual subject must be justified by the expectation that they will be at least as advantageous to the individual subject, in the light of foreseeable risks and benefits, as any available alternative. Risks of such "beneficial" interventions or procedures must be justified in relation to expected benefits to the individual subject.

Risks of interventions that do not hold out the prospect of direct diagnostic, therapeutic or preventive benefit for the individual must be justified in relation to the expected benefits to society (generalizable knowledge). The risks presented by such interventions must be reasonable in relation to the importance of the knowledge to be gained.

Commentary on Guideline 8

The Declaration of Helsinki in several paragraphs deals with the well-being of research subjects and the avoidance of risk. Thus, considerations related to the wellbeing of the human subject should take precedence over the interests of science and society *(Paragraph 5)*; clinical testing must be preceded by adequate laboratory or animal experimentation to demonstrate a reasonable probability of success without undue risk (*Paragraph 11*); every project should be preceded by careful assessment of predictable risks and burdens in comparison with foreseeable benefits to the subject or to others (*Paragraph 16*); physician-researchers must be confident that the risks involved have been adequately assessed and can be satisfactorily managed (*Paragraph 17*); and the risks and burdens to the subject must be minimized, and reasonable in relation to the importance of the objective or the knowledge to be gained (*Paragraph 18*).

Biomedical research often employs a variety of interventions of which some hold out the prospect of direct therapeutic benefit (beneficial interventions) and others are administered solely to answer the research question (non-beneficial interventions). Beneficial interventions are justified as they are in medical practice by the expectation that they will be at least as advantageous to the individuals concerned, in the light of both risks and benefits, as any available alternative. Non-beneficial interventions are assessed differently; they may be justified only by appeal to the knowledge to be gained. In assessing the risks and benefits that a protocol presents to a population, it is appropriate to consider the harm that could result from forgoing the research.

Paragraphs 5 and 18 of the Declaration of Helsinki do not preclude well-informed volunteers, capable of fully appreciating risks and benefits of an investigation, from participating in research for altruistic reasons or for modest remuneration.

- **Minimizing risk associated with participation in a randomized controlled trial.** In randomized controlled trials subjects risk being allocated to receive the treatment that proves inferior. They are allocated by chance to one of two or more intervention arms and followed to a predetermined end-point. (Interventions are understood to include new or established therapies, diagnostic tests and preventive measures.) An intervention is evaluated by comparing it with another intervention (a control), which is ordinarily the best current method, selected from the safe and effective treatments available globally, unless some other control intervention such as placebo can be justified ethically (See Guideline 11).

To minimize risk when the intervention to be tested in a randomized controlled trial is designed to prevent or postpone a lethal or disabling outcome, the investigator must not, for purposes of conducting the trial, withhold therapy that is known to be superior to the intervention being tested, unless the withholding can be justified by the standards set forth in Guideline 11. Also, the investigator must provide in the research protocol for the monitoring of research data by an independent board (Data and Safety Monitoring Board); one function of such a board is to protect the research subjects from previously unknown adverse reactions or unnecessarily prolonged exposure to an inferior therapy. Normally at the outset of a randomized controlled trial, criteria are established for its premature termination (stopping rules or guidelines).

- **Risks to groups of persons.** Research in certain fields, such as epidemiology, genetics or sociology, may present risks to the interests of communities, societies, or racially or ethnically defined groups. Information might be published that could stigmatize a group or expose its members to discrimination. Such information, for example, could indicate, rightly or wrongly, that the group has a higher than average prevalence of alcoholism, mental illness or sexually transmitted disease, or is particularly susceptible to certain genetic disorders. Plans to conduct such research should be sensitive to such considerations, to the need to maintain confidentiality during and after the study, and to the need to publish the resulting data in a manner that is respectful of the interests of all concerned, or in certain circumstances not to publish them. The ethical review committee should ensure that the interests of all concerned are given due consideration; often it will be advisable to have individual consent supplemented by community consultation.

[The ethical basis for the justification of risk is elaborated further in Guideline 9]

GUIDELINE 9: Special limitations on risk when research involves individuals who are not capable of giving informed consent

When there is ethical and scientific justification to conduct research with individuals incapable of giving informed consent, the risk from research interventions that do not hold out the prospect of direct benefit for the individual subject should be no more likely and not greater than the risk attached to routine medical or psychological examination of such persons. Slight or minor increases above such risk may be permitted when there is an overriding scientific or medical rationale for such increases and when an ethical review committee has approved them.

Commentary on Guideline 9

- **The low-risk standard:** Certain individuals or groups may have limited capacity to give informed consent either because, as in the case of prisoners, their autonomy is limited, or because they have limited cognitive capacity. For research involving persons who are unable to consent, or whose capacity to make an informed choice may not fully meet the standard of informed consent, ethical review committees must distinguish between intervention risks that do not exceed those associated with routine medical or psychological examination of such persons and risks in excess of those.

When the risks of such interventions do not exceed those associated with routine medical or psychological examination of such persons, there is no requirement for special substantive or procedural protective measures apart from those generally required for all research involving members of the particular class of persons. When the risks are in excess of those, the ethical review committee must find: 1) that the research is designed to be responsive to the disease affecting the prospective subjects or to conditions to which they are particularly susceptible; 2) that the risks of the research interventions are only slightly greater than those associated with routine medical or psychological examination of such persons for the condition or set of clinical circumstances under investigation; 3) that the objective of the research is sufficiently important to justify exposure of the subjects to the increased risk; and 4) that the interventions are reasonably commensurate with the clinical interventions that the subjects have experienced or may be expected to experience in relation to the condition under investigation.

If such research subjects, including children, become capable of giving independent informed consent during the research, their consent to continued participation should be obtained.

There is no internationally agreed, precise definition of a "slight or minor increase" above the risks associated with routine medical or psychological examination of such persons. Its meaning is inferred from what various ethical review committees have reported as having met the standard. Examples include additional lumbar punctures or bone-marrow aspirations in children with conditions for which such examinations are regularly indicated in clinical practice. The requirement that the objective of the research be relevant to the disease or condition affecting the prospective subjects rules out the use of such interventions in healthy children.

The requirement that the research interventions be reasonably commensurate with clinical interventions that subjects may have experienced or are likely to experience for the condition under investigation is intended to enable them to draw on personal experience as they decide whether to accept or reject additional procedures for research purposes. Their choices will, therefore, be more informed even though they may not fully meet the standard of informed consent.

(See also Guidelines 4: *Individual informed consent*; 13: *Research involving vulnerable persons;* 14: *Research involving children;* and 15: *Research involving individuals who by reason of mental or behavioral disorders are not capable of giving adequately informed consent.)*

GUIDELINE 10: Research in populations and communities with limited resources
Before undertaking research in a population or community with limited resources, the sponsor and the investigator must make every effort to ensure that:

- the research is responsive to the health needs and the priorities of the population or community in which it is to be carried out; and
- any intervention or product developed, or knowledge generated, will be made reasonably available for the benefit of that population or community.

Commentary on Guideline 10

This guideline is concerned with countries or communities in which resources are limited to the extent that they are, or may be, vulnerable to exploitation by sponsors and investigators from the relatively wealthy countries and communities.

- **Responsiveness of research to health needs and priorities.** The ethical requirement that research be responsive to the health needs of the population or community in which it is carried out calls for decisions on what is needed to fulfill the requirement. It is not sufficient simply to determine that a disease is prevalent in the population and that new or further research is needed: the ethical requirement of "responsiveness" can be fulfilled only if successful interventions or other kinds of health benefit are made available to the population. This is applicable especially to research conducted in countries where governments lack the resources to make such products or benefits widely available. Even when a product to be tested in a particular country is much cheaper than the standard treatment in some other countries, the government or individuals in that country may still be unable to afford it. If the knowledge gained from the research in such a country is used primarily for the benefit of populations that can afford the tested product, the research may rightly be characterized as exploitative and, therefore, unethical.

When an investigational intervention has important potential for health care in the host country, the negotiation that the sponsor should undertake to determine the practical implications of "responsiveness", as well as "reasonable availability", should include representatives of stakeholders in the host country; these include the national government, the health ministry, local health authorities, and concerned scientific and ethics groups, as well as representatives of the communities from which subjects are drawn and non-governmental organizations such as health advocacy groups. The negotiation should cover the health-care infrastructure required for safe and rational use of the intervention, the likelihood of authorization for distribution, and decisions regarding payments, royalties, subsidies, technology and intellectual property, as well as distribution costs, when this economic information is not proprietary. In some cases, satisfactory discussion of the availability and distribution of successful products will necessarily engage international organizations, donor governments and bilateral agencies, international nongovernmental organizations, and the private sector. The development of a healthcare infrastructure should be facilitated at the onset so that it can be of use during and beyond the conduct of the research.

Additionally, if an investigational drug has been shown to be beneficial, the sponsor should continue to provide it to the subjects after the conclusion of the study, and pending its approval by a drug regulatory authority. The sponsor is unlikely to be in a position to make a beneficial investigational intervention generally available to the community or population until sometime after the conclusion of the study, as it may be in short supply and in any case cannot be made generally available before a drug regulatory authority has approved it.

For minor research studies and when the outcome is scientific knowledge rather than a commercial product, such complex planning or negotiation is rarely, if ever, needed. There must be assurance, however, that the scientific knowledge developed will be used for the benefit of the population.

- **Reasonable availability.** The issue of "reasonable availability" is complex and will need to be determined on a case-by-case basis. Relevant considerations include the length of time for which the intervention or product developed, or other agreed benefit, will be made available to research subjects, or to the community or population concerned; the severity of a subject's medical condition; the effect of withdrawing the study drug (e.g., death of a subject); the cost to the subject or health service; and the question of undue inducement if an intervention is provided free of charge.

In general, if there is good reason to believe that a product developed or knowledge generated by research is unlikely to be reasonably available to, or applied to the benefit of, the population of a proposed host country or community after the conclusion of the research, it is unethical to conduct the research in that country or community. This should not be construed as precluding studies designed to evaluate novel therapeutic concepts. As a rare exception, for example, research may be designed to obtain preliminary evidence that a drug or a class of drugs has a beneficial effect in the treatment of a disease that occurs only in regions with extremely limited resources, and it could not be carried out reasonably well in more developed communities. Such research may be justified ethically even if there is no plan in place to make a product available to the population of the host country or community at the conclusion of the preliminary phase of its development. If the concept is found to be valid, subsequent phases of the research could result in a product that could be made reasonably available at its conclusion.

(See also Guidelines 3: *Ethical review of externally sponsored research;* 12, *Equitable distribution of burdens and benefits;* 20: *Strengthening capacity for ethical and scientific review and biomedical research;* and 21: *Ethical obligation of external sponsors to provide health-care services.)*

GUIDELINE 11: Choice of control in clinical trials

As a general rule, research subjects in the control group of a trial of a diagnostic, therapeutic, or preventive intervention should receive an established effective intervention. In some circumstances it may be ethically acceptable to use an alternative comparator, such as placebo or "no treatment".

Placebo may be used:

- when there is no established effective intervention;
- when withholding an established effective intervention would expose subjects to, at most, temporary discomfort or delay in relief of symptoms;
- when use of an established effective intervention as comparator would not yield scientifically reliable results and use of placebo would not add any risk of serious or irreversible harm to the subjects.

Commentary on Guideline 11

- **General considerations for controlled clinical trials.** The design of trials of investigational diagnostic, therapeutic or preventive interventions raises interrelated scientific and ethical issues for sponsors, investigators and ethical review committees. To obtain reliable results, investigators must compare the effects of an investigational intervention on subjects assigned to the investigational arm (or arms) of a trial with the effects that a control intervention produces in subjects drawn from the same population and assigned to its control arm. Randomization is the preferred method for assigning subjects to the various arms of the clinical trial unless another method, such as historical or literature controls, can be justified scientifically and ethically. Assignment to treatment arms by randomization, in addition to its usual scientific superiority, offers the advantage of tending to render equivalent to all subjects the foreseeable benefits and risks of participation in a trial.

A clinical trial cannot be justified ethically unless it is capable of producing scientifically reliable results. When the objective is to establish the effectiveness and safety of an investigational intervention, the use of a placebo control is often much more likely than that of an active control to produce a scientifically reliable result. In many cases the ability of a trial to distinguish effective from ineffective interventions (its assay sensitivity) cannot be assured unless the control is a placebo. If, however, an effect of using a placebo would be to deprive subjects in the control arm of an established effective intervention, and thereby to expose them to serious harm, particularly if it is irreversible, it would obviously be unethical to use a placebo.

- **Placebo control in the absence of a current effective alternative.** The use of placebo in the control arm of a clinical trial is ethically acceptable when, as stated in the Declaration of Helsinki (Paragraph 29), "no proven prophylactic, diagnostic or therapeutic method exists." Usually, in this case, a placebo is scientifically preferable to no intervention. In certain circumstances, however, an alternative design may be both scientifically and ethically acceptable, and preferable; an example would be a clinical trial of a surgical intervention, because, for many surgical interventions, either it is not possible or it is ethically unacceptable to devise a suitable placebo; for another example, in certain vaccine trials an investigator might choose to provide for those in the "control" arm a vaccine that is unrelated to the investigational vaccine.
- **Placebo-controlled trials that entail only minor risks.** A placebo-controlled design may be ethically acceptable, and preferable on scientific grounds, when the condition for which patients/subjects are randomly assigned to placebo or active treatment is only a small deviation in physiological measurements, such as slightly raised blood pressure or a modest increase in serum cholesterol; and if delaying or omitting available treatment may cause only temporary discomfort (e.g., common headache) and no serious adverse consequences. The ethical review committee must be fully satisfied that the risks of withholding an established effective intervention are truly minor and short-lived.
- **Placebo control when active control would not yield reliable results.** A related but distinct rationale for using a placebo control rather than an established effective intervention is that the documented experience with the established effective intervention is not sufficient to provide a scientifically reliable comparison with the intervention being

investigated; it is then difficult, or even impossible, without using a placebo, to design a scientifically reliable study. This is not always, however, an ethically acceptable basis for depriving control subjects of an established effective intervention in clinical trials; only when doing so would not add any risk of serious harm, particularly irreversible harm, to the subjects would it be ethically acceptable to do so. In some cases, the condition at which the intervention is aimed (for example, cancer or HIV/AIDS) will be too serious to deprive control subjects of an established effective intervention.

This latter rationale (*when active control would not yield reliable results)* differs from the former *(trials that entail only minor risks)* in emphasis. In trials that entail only minor risks the investigative interventions are aimed at relatively trivial conditions, such as the common cold or hair loss; forgoing an established effective intervention for the duration of a trial deprives control subjects of only minor benefits. It is for this reason that it is not unethical to use a placebo-control design. Even if it were possible to design a so-called "non-inferiority", or "equivalency", trial using an active control, it would still not be unethical in these circumstances to use a placebo-control design. In any event, the researcher must satisfy the ethical review committee that the safety and human rights of the subjects will be fully protected, that prospective subjects will be fully informed about alternative treatments, and that the purpose and design of the study are scientifically sound. The ethical acceptability of such placebo-controlled studies increases as the period of placebo use is decreased, and when the study design permits change to active treatment ("escape treatment") if intolerable symptoms occur.

- **Exceptional use of a comparator other than an established effective intervention.** An exception to the general rule is applicable in some studies designed to develop a therapeutic, preventive or diagnostic intervention for use in a country or community in which an established effective intervention is not available and unlikely in the foreseeable future to become available, usually for economic or logistic reasons. The purpose of such a study is to make available to the population of the country or community an effective alternative to an established effective intervention that is locally unavailable. Accordingly, the proposed investigational intervention must be responsive to the health needs of the population from which the research subjects are recruited and there must be assurance that, if it proves to be safe and effective, it will be made reasonably available to that population. Also, the scientific and ethical review committees must be satisfied that the established effective intervention cannot be used as comparator because its use would not yield scientifically reliable results that would be relevant to the health needs of the study population. In these circumstances an ethical review committee can approve a clinical trial in which the comparator is other than an established effective intervention, such as placebo or no treatment or a local remedy.

However, some people strongly object to the exceptional use of a comparator other than an established effective intervention because it could result in exploitation of poor and disadvantaged populations. The objection rests on three arguments:

Placebo control could expose research subjects to risk of serious or irreversible harm when the use of an established effective intervention as comparator could avoid the risk.

Not all scientific experts agree about conditions under which an established effective intervention used as a comparator would not yield scientifically reliable results.

An economic reason for the unavailability of an established effective intervention cannot justify a placebo-controlled study in a country of limited resources when it would be unethical to conduct a study with the same design in a population with general access to the effective intervention outside the study.

- **Placebo control when an established effective intervention is not available in the host country.** The question addressed here is: when should an exception be allowed to the general rule that subjects in the control arm of a clinical trial should receive an established effective intervention?

The usual reason for proposing the exception is that, for economic or logistic reasons, an established effective intervention is not in general use or available in the country in which the study will be conducted, whereas the investigational intervention could be made available, given the finances and infrastructure of the country.

Another reason that may be advanced for proposing a placebo-controlled trial is that using an established effective intervention as the control would not produce scientifically reliable data relevant to the country in which the trial is to be conducted. Existing data about the effectiveness and safety of the established effective intervention may have been accumulated under circumstances unlike those of the population in which it is proposed to conduct the trial; this, it may be argued, could make their use in the trial unreliable. One reason could be that the disease or condition manifests itself differently in different populations, or other uncontrolled factors could invalidate the use of existing data for comparative purposes.

The use of placebo control in these circumstances is ethically controversial, for the following reasons:

Sponsors of research might use poor countries or communities as testing grounds for research that would be difficult or impossible in countries where there is general access to an established effective intervention, and the investigational intervention, if proven safe and effective, is likely to be marketed in countries in which an established effective intervention is already available and it is not likely to be marketed in the host country.

The research subjects, both active-arm and control-arm, are patients who may have a serious, possibly life-threatening, illness. They do not normally have access to an established effective intervention currently available to similar patients in many other countries. According to the requirements of a scientifically reliable trial, investigators, who may be their attending physicians, would be expected to enroll some of those patients/subjects in the placebo-control arm. This would appear to be a violation of the physician's fiduciary duty of undivided loyalty to the patient, particularly in cases in which known effective therapy could be made available to the patients.

An argument for exceptional use of placebo control may be that a health authority in a country where an established effective intervention is not generally available or affordable, and unlikely to become available or affordable in the foreseeable future, seeks to develop an affordable intervention specifically for a health problem affecting its population. There may then be less reason for concern that a placebo design is exploitative, and therefore unethical, as the health authority has responsibility for the population's health, and there are valid health grounds for testing an apparently beneficial intervention. In such circumstances an ethical review committee may determine that the proposed trial is ethically acceptable, provided that the rights and safety of subjects are safeguarded.

Ethical review committees will need to engage in careful analysis of the circumstances to determine whether the use of placebo rather than an established effective intervention is ethically acceptable. They will need to be satisfied that an established effective intervention is truly unlikely to become available and implementable in that country. This may be difficult to determine, however, as it is clear that, with sufficient persistence and ingenuity, ways may be found of accessing previously unattainable medicinal products, and thus avoiding the ethical issue raised by the use of placebo control.

When the rationale of proposing a placebo-controlled trial is that the use of an established effective intervention as the control would not yield scientifically reliable data relevant to the proposed host country, the ethical review committee in that country has the option of seeking expert opinion as to whether use of an established effective intervention in the control arm would invalidate the results of the research.

- **An "equivalency trial" as an alternative to a placebo-controlled trial.** An alternative to a placebo-control design in these circumstances would be an "equivalency trial", which would compare an investigational intervention with an established effective intervention and produce scientifically reliable data. An equivalency trial in a country in which no established effective intervention is available is not designed to determine whether the investigational intervention is superior to an established effective intervention currently used somewhere in the world; its purpose is, rather, to determine whether the investigational intervention is, in effectiveness and safety, equivalent to, or almost equivalent to, the established effective intervention. It would be hazardous to conclude, however, that an intervention demonstrated to be equivalent, or almost equivalent, to an established effective intervention is better than nothing or superior to whatever intervention is available in the country; there may be substantial differences between the results of superficially identical clinical trials carried out in different countries. If there are such differences, it would be scientifically acceptable and ethically preferable to conduct such "equivalency" trials in countries in which an established effective intervention is already available.

If there are substantial grounds for the ethical review committee to conclude that an established effective intervention will not become available and implementable, the committee should obtain assurances from the parties concerned that plans have been agreed for making the investigational intervention reasonably available in the host country or community once its effectiveness and safety have been established. Moreover, when the study has external sponsorship, approval should usually be dependent on the sponsors and the health authorities of the host country having engaged in a process of negotiation and planning, including justifying the study in regard to local health-care needs.

- **Means of minimizing harm to placebo-control subjects.** Even when placebo controls are justified on one of the bases set forth in the guideline, there are means of minimizing the possibly harmful effect of being in the control arm.

First, a placebo-control group need not be untreated. An add-on design may be employed when the investigational therapy and a standard treatment have different mechanisms of action. The treatment to be tested and placebo are each added to a standard treatment. Such studies have a particular place when a standard treatment is known to decrease mortality or irreversible morbidity but a trial with standard treatment as the active control cannot be carried out or would be difficult to interpret [*International Conference on Harmonization (ICH) Guideline: Choice of Control Group and Related Issues in Clinical Trials, 2000*]. In testing for improved treatment of life-threatening diseases such as cancer, HIV/AIDS, or heart failure, add-on designs are a particularly useful means of finding improvements in interventions that are not fully effective or may cause intolerable side-effects. They have a place also in respect of treatment for epilepsy, rheumatism and osteoporosis, for example, because withholding of established effective therapy could result in progressive disability, unacceptable discomfort or both.

Second, as indicated in Guideline 8 Commentary, when the intervention to be tested in a randomized controlled trial is designed to prevent or postpone a lethal or disabling outcome, the investigator minimizes harmful effects of placebo-control studies by providing in the research protocol for the monitoring of research data by an independent Data and Safety Monitoring Board (DSMB). One function of such a board is to protect the research subjects from previously unknown adverse reactions; another is to avoid unnecessarily prolonged exposure to an inferior therapy. The board fulfils the latter function by means of interim analyses of the data pertaining to efficacy to ensure that the trial does not continue beyond the point at which an investigational therapy is demonstrated to be effective. Normally, at the outset of a randomized controlled trial, criteria are established for its premature termination (stopping rules or guidelines).

In some cases the DSMB is called upon to perform "conditional power calculations", designed to determine the probability that a particular clinical trial could ever show that the investigational therapy is effective. If that probability is very small, the DSMB is expected to recommend termination of the clinical trial, because it would be unethical to continue it beyond that point.

In most cases of research involving human subjects, it is unnecessary to appoint a DSMB. To ensure that research is carefully monitored for the early detection of adverse events, the sponsor or the principal investigator appoints an individual to be responsible for advising on the need to consider changing the system of monitoring for adverse events or the process of informed consent, or even to consider terminating the study.

GUIDELINE 12: Equitable distribution of burdens and benefits in the selection of groups of subjects in research

Groups or communities to be invited to be subjects of research should be selected in such a way that the burdens and benefits of the research will be equitably distributed. The exclusion of groups or communities that might benefit from study participation must be justified.

Commentary on Guideline 12

- **General considerations:** Equity requires that no group or class of persons should bear more than its fair share of the burdens of participation in research. Similarly, no group should be deprived of its fair share of the benefits of research, short-term or long-term; such benefits include the direct benefits of participation as well as the benefits of the new knowledge that the research is designed to yield. When burdens or benefits of research are to be apportioned unequally among individuals or groups of persons, the criteria for unequal distribution should be morally justifiable and not arbitrary. In other words, unequal allocation must not be inequitable. Subjects should be drawn from the qualifying population in the general geographic area of the trial without regard to race, ethnicity, economic status or gender unless there is a sound scientific reason to do otherwise.

In the past, groups of persons were excluded from participation in research for what were then considered good reasons. As a consequence of such exclusions, information about the diagnosis, prevention and treatment of diseases in such groups of persons is limited. This has resulted in a serious class injustice. If information about the management of diseases is considered a benefit that is distributed within a society, it is unjust to deprive groups of persons of that benefit. Such documents as the Declaration of Helsinki and the UNAIDS Guidance Document *Ethical Considerations in HIV Preventive Vaccine Research,* and the policies of many national governments and professional societies, recognize the need to redress these injustices by encouraging the participation of previously excluded groups in basic and applied biomedical research.

Members of vulnerable groups also have the same entitlement to access to the benefits of investigational interventions that show promise of therapeutic benefit as persons not considered vulnerable, particularly when no superior or equivalent approaches to therapy are available.

There has been a perception, sometimes correct and sometimes incorrect, that certain groups of persons have been overused as research subjects. In some cases such overuse has been based on the administrative availability of the populations. Research hospitals are often located in places where members of the lowest socioeconomic classes reside, and this has resulted in an apparent overuse of such persons. Other groups that may have been overused because they were conveniently available to researchers include students in investigators' classes, residents of long-term care facilities and subordinate members of hierarchical institutions. Impoverished groups have been overused because of their willingness to serve as subjects in exchange for relatively small stipends. Prisoners have been considered ideal subjects for Phase I drug studies because of their highly regimented lives and, in many cases, their conditions of economic deprivation.

Overuse of certain groups, such as the poor or the administratively available, is unjust for several reasons. It is unjust to selectively recruit impoverished people to serve as research subjects simply because they can be more easily induced to participate in exchange for small payments. In most cases, these people would be called upon to bear the burdens of research so that others who are better off could enjoy the benefits. However, although the burdens of research should not fall disproportionately on socio-economically disadvantaged groups, neither should such groups be categorically excluded from research protocols. It would not be unjust to selectively recruit poor people to serve as subjects in research designed to address problems that are prevalent in their group – malnutrition, for example. Similar considerations apply to institutionalized groups or those whose availability to the investigators is for other reasons administratively convenient.

Not only may certain groups within a society be inappropriately overused as research subjects, but also entire communities or societies may be overused. This has been particularly likely to occur in countries or communities with insufficiently well-developed systems for the protection of the rights and welfare of human research subjects. Such overuse is especially questionable when the populations or communities concerned bear the burdens of participation in research but are extremely unlikely ever to enjoy the benefits of new knowledge and products developed as a result of the research. (See Guideline 10: *Research in populations and communities with limited resources.)*

GUIDELINE 13: Research involving vulnerable persons

Special justification is required for inviting vulnerable individuals to serve as research subjects and, if they are selected, the means of protecting their rights and welfare must be strictly applied.

Commentary on Guideline 13

Vulnerable persons are those who are relatively (or absolutely) incapable of protecting their own interests. More formally, they may have insufficient power, intelligence, education, resources, strength, or other needed attributes to protect their own interests.

- **General considerations.** The central problem presented by plans to involve vulnerable persons as research subjects is that such plans may entail an inequitable distribution of the burdens and benefits of research participation. Classes of individuals conventionally considered vulnerable are those with limited capacity or freedom to consent or to decline to consent. They are the subject of specific guidelines in this document (Guidelines 14, 15) and include children, and persons who because of mental or behavioral disorders are incapable of giving informed consent. Ethical justification of their involvement usually requires that investigators satisfy ethical review committees that:
  - the research could not be carried out equally well with less vulnerable subjects;
  - the research is intended to obtain knowledge that will lead to improved diagnosis, prevention or treatment of diseases or other health problems characteristic of, or unique to, the vulnerable class – either the actual subjects or other similarly situated members of the vulnerable class;
  - research subjects and other members of the vulnerable class from which subjects are recruited will ordinarily be assured reasonable access to any diagnostic, preventive or therapeutic products that will become available as a consequence of the research;
  - the risks attached to interventions or procedures that do not hold out the prospect of direct health-related benefit will not exceed those associated with routine medical or psychological examination of such persons unless an ethical review committee authorizes a slight increase over this level of risk (Guideline 9); and
  - when the prospective subjects are either incompetent or otherwise substantially unable to give informed consent, their agreement will be supplemented by the permission of their legal guardians or other appropriate representatives.
- **Other vulnerable groups.** The quality of the consent of prospective subjects who are junior or subordinate members of a hierarchical group requires careful consideration, as their agreement to volunteer may be unduly influenced, whether justified or not, by the expectation of preferential treatment if they agree or by fear of disapproval or retaliation if they refuse. Examples of such groups are medical and nursing students, subordinate hospital and laboratory personnel, employees of pharmaceutical companies, and members of the armed forces or police. Because they work in close proximity to investigators, they tend to be called upon more often than others to serve as research subjects, and this could result in inequitable distribution of the burdens and benefits of research.

Elderly persons are commonly regarded as vulnerable. With advancing age, people are increasingly likely to acquire attributes that define them as vulnerable. They may, for example, be institutionalized or develop varying degrees of dementia. If and when they acquire such vulnerability-defining attributes, and not before, it is appropriate to consider them vulnerable and to treat them accordingly.

Other groups or classes may also be considered vulnerable. They include residents of nursing homes, people receiving welfare benefits or social assistance and other poor people and the unemployed, patients in emergency rooms, some ethnic and racial minority groups, homeless persons, nomads, refugees or displaced persons, prisoners, patients with incurable disease, individuals who are politically powerless, and members of communities unfamiliar with modern medical concepts. To the extent that these and other classes of people have attributes resembling those of classes identified as vulnerable, the need for special protection of their rights and welfare should be reviewed and applied, where relevant.

Persons who have serious, potentially disabling or life-threatening diseases are highly vulnerable. Physicians sometimes treat such patients with drugs or other therapies not yet licensed for general availability because studies designed to establish their safety and efficacy have not been completed. This is compatible with the Declaration of Helsinki, which states in Paragraph 32: *" In the treatment of a patient, where proven...therapeutic methods do not exist or have been ineffective, the physician, with informed consent from the patient, must be free to use unproven or new... therapeutic measures, if in the physician's judgment it offers hope of saving life, re-establishing health or alleviating suffering"*. Such treatment, commonly called "compassionate use', is not properly regarded as research, but it can contribute to ongoing research into the safety and efficacy of the interventions used.

Although, on the whole, investigators must study less vulnerable groups before involving more vulnerable groups, some exceptions are justified. In general, children are not suitable for Phase I drug trials or for Phase I or II vaccine trials, but such trials may be permissible after studies in adults have shown some therapeutic or preventive effect. For example, a Phase II vaccine trial seeking evidence of immunogenicity in infants may be justified when a vaccine has shown evidence of preventing or slowing progression of an infectious disease in adults, or Phase I research with children may be appropriate because the disease to be treated does not occur in adults or is manifested differently in children (Appendix 3: *The phases of clinical trials of vaccines and drugs*).

GUIDELINE 14: Research involving children

Before undertaking research involving children, the investigator must ensure that:

- the research might not equally well be carried out with adults;
- the purpose of the research is to obtain knowledge relevant to the health needs of children;
- a parent or legal representative of each child has given permission;
- the agreement (assent) of each child has been obtained to the extent of the child`s capabilities; and
- a child`s refusal to participate or continue in the research will be respected.

Commentary on Guideline 14

- **Justification of the involvement of children in biomedical research.** The participation of children is indispensable for research into diseases of childhood and conditions to which children are particularly susceptible (cf. vaccine trials), as well as for clinical trials of drugs that are designed for children as well as adults. In the past, many new products were not tested for children though they were directed towards diseases also occurring in childhood; thus children either did not benefit from these new drugs or were exposed to them though little was known about their specific effects or safety in children. Now it is widely agreed that, as a general rule, the sponsor of any new therapeutic, diagnostic or preventive product that is likely to be indicated for use in children is obliged to evaluate its safety and efficacy for children before it is released for general distribution.
- **Assent of the child.** The willing cooperation of the child should be sought, after the child has been informed to the extent that the child's maturity and intelligence permit. The age at which a child becomes legally competent to give consent differs substantially from one jurisdiction to another; in some countries the "age of consent" established in their different provinces, states or other political subdivisions varies considerably. Often children who have not yet reached the legally established age of consent can understand the implications of informed consent and go through the necessary procedures; they can therefore knowingly agree to serve as research subjects. Such knowing agreement, sometimes referred to as assent, is insufficient to permit participation in research unless it is supplemented by the permission of a parent, a legal guardian or other duly authorized representative.

Some children who are too immature to be able to give knowing agreement, or assent, may be able to register a "deliberate objection", an expression of disapproval or refusal of a proposed procedure. The deliberate objection of an older child, for example, is to be distinguished from the behavior of an infant, who is likely to cry or withdraw in response to almost any stimulus. Older children, who are more capable of giving assent, should be selected before younger children or infants, unless there are valid scientific reasons related to age for involving younger children first.

A deliberate objection by a child to taking part in research should always be respected even if the parents have given permission, unless the child needs treatment that is not available outside the context of research, the investigational intervention shows promise of therapeutic benefit, and there is no acceptable alternative therapy. In such a case, particularly if the child is very young or immature, a parent or guardian may override the child's objections. If the child is older and more nearly capable of independent informed consent, the investigator should seek the specific approval or clearance of the scientific and ethical review committees for initiating or continuing with the investigational treatment. If child subjects become capable of independent informed consent during the research, their informed consent to continued participation should be sought and their decision respected.

A child with a likely fatal illness may object or refuse assent to continuation of a burdensome or distressing intervention. In such circumstances parents may press an investigator to persist with an investigational intervention against the child's wishes. The investigator may agree to do so if the intervention shows promise of preserving or prolonging life and there is no acceptable alternative treatment. In such cases, the investigator should seek the specific approval or clearance of the ethical review committee before agreeing to override the wishes of the child.

- **Permission of a parent or guardian.** The investigator must obtain the permission of a parent or guardian in accordance with local laws or established procedures. It may be assumed that children over the age of 12 or 13 years are usually capable of understanding what is necessary to give adequately informed consent, but their consent (assent) should normally be complemented by the permission of a parent or guardian, even when local law does not require such permission. Even when the law requires parental permission, however, the assent of the child must be obtained.

In some jurisdictions, some individuals who are below the general age of consent are regarded as "emancipated" or "mature" minors and are authorized to consent without the agreement or even the awareness of their parents or guardians. They may be married or pregnant or be already parents or living independently. Some studies involve investigation of adolescents' beliefs and behavior regarding sexuality or use of recreational drugs; other research addresses domestic violence or child abuse. For studies on these topics, ethical review committees may waive parental permission if, for example, parental knowledge of the subject matter may place the adolescents at some risk of questioning or even intimidation by their parents.

Because of the issues inherent in obtaining assent from children in institutions, such children should only exceptionally be subjects of research. In the case of institutionalized children without parents, or whose parents are not legally authorized to grant permission, the ethical review committee may require sponsors or investigators to provide it with the opinion of an independent, concerned, expert advocate for institutionalized children as to the propriety of undertaking the research with such children.

- **Observation of research by a parent or guardian.** A parent or guardian who gives permission for a child to participate in research should be given the opportunity, to a reasonable extent, to observe the research as it proceeds, so as to be able to withdraw the child if the parent or guardian decides it is in the child's best interests to do so.
- **Psychological and medical support.** Research involving children should be conducted in settings in which the child and the parent can obtain adequate medical and psychological support. As an additional protection for children, an investigator may, when possible, obtain the advice of a child's family physician, pediatrician or other health-care provider on matters concerning the child's participation in the research.

(See also Guideline 8: *Benefits and risks of study participation*; Guideline 9: *Special limitations on risks when subjects are not capable of giving consent*; and Guideline 13: *Research involving vulnerable persons.)*

GUIDELINE 15: Research involving individuals who by reason of mental or behavioral disorders are not capable of giving adequately informed consent

Before undertaking research involving individuals who by reason of mental or behavioral disorders are not capable of giving adequately informed consent, the investigator must ensure that:

- such persons will not be subjects of research that might equally well be carried out on persons whose capacity to give adequately informed consent is not impaired;
- the purpose of the research is to obtain knowledge relevant to the particular health needs of persons with mental or behavioral disorders;
- the consent of each subject has been obtained to the extent of that person's capabilities, and a prospective subject's refusal to participate in research is always respected, unless, in exceptional circumstances, there is no reasonable medical alternative and local law permits overriding the objection; and
- in cases where prospective subjects lack capacity to consent, permission is obtained from a responsible family member or a legally authorized representative in accordance with applicable law.

Commentary on Guideline 15

- **General considerations.** Most individuals with mental or behavioral disorders are capable of giving informed consent; this Guideline is concerned only with those who are not capable or who because their condition deteriorates become temporarily incapable. They should never be subjects of research that might equally well be carried out on persons in full possession of their mental faculties, but they are clearly the only subjects suitable for a large part of research into the origins and treatment of certain severe mental or behavioral disorders.
- **Consent of the individual.** The investigator must obtain the approval of an ethical review committee to include in research persons who by reason of mental or behavioral disorders are not capable of giving informed consent. The willing cooperation of such persons should be sought to the extent that their mental state permits, and any objection on their part to taking part in any study that has no components designed to benefit them directly should always be respected. The objection of such an individual to an investigational intervention intended to be of therapeutic benefit should be respected unless there is no reasonable medical alternative and local law permits overriding the objection. The agreement of an immediate family member or other person with a close personal relationship with the individual should be sought, but it should be recognized that these proxies may have their own interests that may call their permission into question. Some relatives may not be primarily concerned with protecting the rights and welfare of the patients. Moreover,

a close family member or friend may wish to take advantage of a research study in the hope that it will succeed in "curing" the condition. Some jurisdictions do not permit third-party permission for subjects lacking capacity to consent. Legal authorization may be necessary to involve in research an individual who has been committed to an institution by a court order.

- **Serious illness in persons who because of mental or behavioral disorders are unable to give adequately informed consent.** Persons who because of mental or behavioral disorders are unable to give adequately informed consent and who have, or are at risk of, serious illnesses such as HIV infection, cancer or hepatitis should not be deprived of the possible benefits of investigational drugs, vaccines or devices that show promise of therapeutic or preventive benefit, particularly when no superior or equivalent therapy or prevention is available. Their entitlement to access to such therapy or prevention is justified ethically on the same grounds as is such entitlement for other vulnerable groups.

Persons who are unable to give adequately informed consent by reason of mental or behavioral disorders are, in general, not suitable for participation in formal clinical trials except those trials that are designed to be responsive to their particular health needs and can be carried out only with them.

(See also Guidelines 8: *Benefits and risks of study participation;* 9: *Special limitations on risks when subjects are not capable of giving consent;* and 13: *Research involving vulnerable persons.*)

GUIDELINE 16: Women as research subjects

Investigators, sponsors or ethical review committees should not exclude women of reproductive age from biomedical research. The potential for becoming pregnant during a study should not, in itself, be used as a reason for precluding or limiting participation. However, a thorough discussion of risks to the pregnant woman and to her fetus is a prerequisite for the woman's ability to make a rational decision to enroll in a clinical study. In this discussion, if participation in the research might be hazardous to a fetus or a woman if she becomes pregnant, the sponsors/ investigators should guarantee the prospective subject a pregnancy test and access to effective contraceptive methods before the research commences. Where such access is not possible, for legal or religious reasons, investigators should not recruit for such possibly hazardous research women who might become pregnant.

Commentary on Guideline 16

Women in most societies have been discriminated against with regard to their involvement in research. Women who are biologically capable of becoming pregnant have been customarily excluded from formal clinical trials of drugs, vaccines and medical devices owing to concern about undetermined risks to the fetus. Consequently, relatively little is known about the safety and efficacy of most drugs, vaccines or devices for such women, and this lack of knowledge can be dangerous.

A general policy of excluding from such clinical trials women biologically capable of becoming pregnant is unjust in that it deprives women as a class of persons of the benefits of the new knowledge derived from the trials. Further, it is an affront to their right of self-determination. Nevertheless, although women of childbearing age should be given the opportunity to participate in research, they should be helped to understand that the research could include risks to the fetus if they become pregnant during the research.

Although this general presumption favours the inclusion of women in research, it must be acknowledged that in some parts of the world women are vulnerable to neglect or harm in research because of their social conditioning to submit to authority, to ask no questions, and to tolerate pain and suffering. When women in such situations are potential subjects in research, investigators need to exercise special care in the informed consent process to ensure that they have adequate time and a proper environment in which to take decisions on the basis of clearly given information.

- **Individual consent of women:** In research involving women of reproductive age, whether pregnant or non-pregnant, only the informed consent of the woman herself is required for her participation. In no case should the permission of a spouse or partner replace the requirement of individual informed consent. If women wish to consult with their husbands or partners or seek voluntarily to obtain their permission before deciding to enroll in research, that is not only ethically permissible but in some contexts highly desirable. A strict requirement of authorization of spouse or partner, however, violates the substantive principle of respect for persons.

A thorough discussion of risks to the pregnant woman and to her fetus is a prerequisite for the woman's ability to make a rational decision to enroll in a clinical study. For women who are not pregnant at the outset of a study but who might become pregnant while they are still subjects, the consent discussion should include information about the alternative of voluntarily withdrawing from the study and, where legally permissible, terminating the pregnancy. Also, if the pregnancy is not terminated, they should be guaranteed a medical follow-up.

GUIDELINE 17: Pregnant women as research participants

Pregnant women should be presumed to be eligible for participation in biomedical research. Investigators and ethical review committees should ensure that prospective subjects who are pregnant are adequately informed about the risks and benefits to themselves, their pregnancies, the fetus and their subsequent offspring, and to their fertility.

Research in this population should be performed only if it is relevant to the particular health needs of a pregnant woman or her fetus, or to the health needs of pregnant women in general, and, when appropriate, if it is supported by reliable evidence from animal experiments, particularly as to risks of teratogenicity and mutagenicity.

Commentary on Guideline 17

The justification of research involving pregnant women is complicated by the fact that it may present risks and potential benefits to two beings – the woman and the fetus – as well as to the person the fetus is destined to become. Though the decision about acceptability of risk should be made by the mother as part of the informed consent process, it is desirable in research directed at the health of the fetus to obtain the father's opinion also, when possible. Even when evidence concerning risks is unknown or ambiguous, the decision about acceptability of risk to the fetus should be made by the woman as part of the informed consent process.

Especially in communities or societies in which cultural beliefs accord more importance to the fetus than to the woman's life or health, women may feel constrained to participate, or not to participate, in research. Special safeguards should be established to prevent undue inducement to pregnant women to participate in research in which interventions hold out the prospect of direct benefit to the fetus. Where fetal abnormality is not recognized as an indication for abortion, pregnant women should not be recruited for research in which there is a realistic basis for concern that fetal abnormality may occur as a consequence of participation as a subject in research.

Investigators should include in protocols on research on pregnant women a plan for monitoring the outcome of the pregnancy with regard to both the health of the woman and the short-term and long-term health of the child.

GUIDELINE 18: Safeguarding confidentiality

The investigator must establish secure safeguards of the confidentiality of subjects' research data. Subjects should be told the limits, legal or other, to the investigators' ability to safeguard confidentiality and the possible consequences of breaches of confidentiality.

Commentary on Guideline 18

- **Confidentiality between investigator and subject.** Research relating to individuals and groups may involve the collection and storage of information that, if disclosed to third parties, could cause harm or distress. Investigators should arrange to protect the confidentiality of such information by, for example, omitting information that might lead to the identification of individual subjects, limiting access to the information, anonymizing data, or other means. During the process of obtaining informed consent the investigator should inform the prospective subjects about the precautions that will be taken to protect confidentiality.

Prospective subjects should be informed of limits to the ability of investigators to ensure strict confidentiality and of the foreseeable adverse social consequences of breaches of confidentiality. Some jurisdictions require the reporting to appropriate agencies of, for instance, certain communicable diseases or evidence of child abuse or neglect. Drug regulatory authorities have the right to inspect clinical-trial records, and a sponsor's clinical-compliance audit staff may require and obtain access to confidential data. These and similar limits to the ability to maintain confidentiality should be anticipated and disclosed to prospective subjects.

Participation in HIV/AIDS drug and vaccine trials may impose upon the research subjects significant associated risks of social discrimination or harm; such risks merit consideration equal to that given to adverse medical consequences of the drugs and vaccines. Efforts must be made to reduce their likelihood and severity. For example, subjects in vaccine trials must be enabled to demonstrate that their HIV seropositivity is due to their having been vaccinated rather than to natural infection. This may be accomplished by providing them with documents attesting to their participation in vaccine trials, or by maintaining a confidential register of trial subjects, from which information can be made available to outside agencies at a subject's request.

- **Confidentiality between physician and patient.** Patients have the right to expect that their physicians and other health-care professionals will hold all information about them in strict confidence and disclose it only to those who need, or have a legal right to, the information, such as other attending physicians, nurses, or other health-care workers who perform tasks related to the diagnosis and treatment of patients. A treating physician should not disclose any identifying information about patients to an investigator unless each patient has given consent to such disclosure and unless an ethical review committee has approved such disclosure.

Physicians and other health care professionals record the details of their observations and interventions in medical and other records. Epidemiological studies often make use of such records. For such studies it is usually impracticable to obtain the informed consent of each identifiable patient; an ethical review committee may waive the requirement for informed consent when this is consistent with the requirements of applicable law and provided that there are secure safeguards of confidentiality. (See also Guideline 4 Commentary: *Waiver of the consent requirement.)* In institutions in which records may be used for research purposes without the informed consent of patients, it is advisable to notify patients generally of such practices; notification is usually by means of a statement in patient-information brochures. For research limited to patients' medical records, access must be approved or cleared by an ethical review committee and must be supervised by a person who is fully aware of the confidentiality requirements.

- **Issues of confidentiality in genetic research.** An investigator who proposes to perform genetic tests of known clinical or predictive value on biological samples that can be linked to an identifiable individual must obtain the informed consent of the individual or, when indicated, the permission of a legally authorized representative. Conversely, before performing a genetic test that is of known predictive value or gives reliable information about a known heritable condition, and individual consent or permission has not been obtained, investigators must see that biological samples are fully anonymized and unlinked; this ensures that no information about specific individuals can be derived from such research or passed back to them.

When biological samples are not fully anonymized and when it is anticipated that there may be valid clinical or research reasons for linking the results of genetic tests to research subjects, the investigator in seeking informed consent should assure prospective subjects that their identity will be protected by secure coding of their samples (encryption) and by restricted access to the database, and explain to them this process.

When it is clear that for medical or possibly research reasons the results of genetic tests will be reported to the subject or to the subject`s physician, the subject should be informed that such disclosure will occur and that the samples to be tested will be clearly labeled.

Investigators should not disclose results of diagnostic genetic tests to relatives of subjects without the subjects` consent. In places where immediate family relatives would usually expect to be informed of such results, the research protocol, as approved or cleared by the ethical review committee, should indicate the precautions in place to prevent such disclosure of results without the subjects' consent; such plans should be clearly explained during the process of obtaining informed consent.

GUIDELINE 19: Right of injured subjects to treatment and compensation

Investigators should ensure that research subjects who suffer injury as a result of their participation are entitled to free medical treatment for such injury and to such financial or other assistance as would compensate them equitably for any resultant impairment, disability or handicap. In the case of death as a result of their participation, their dependants are entitled to compensation. Subjects must not be asked to waive the right to compensation.

Commentary on Guideline 19

Guideline 19 is concerned with two distinct but closely related entitlements. The first is the uncontroversial entitlement to free medical treatment and compensation for accidental injury inflicted by procedures or interventions performed exclusively to accomplish the purposes of research (non-therapeutic procedures). The second is the entitlement of dependants to material compensation for death or disability occurring as a direct result of study participation. Implementing a compensation system for research-related injuries or death is likely to be complex, however.

- **Equitable compensation and free medical treatment.** Compensation is owed to research subjects who are disabled as a consequence of injury from procedures performed solely to accomplish the purposes of research. Compensation and free medical treatment are generally not owed to research subjects who suffer expected or foreseen adverse reactions to investigational therapeutic, diagnostic or preventive interventions when such reactions are not different in kind from those known to be associated with established interventions in standard medical practice. In the early stages of drug testing (Phase I and early Phase II), it is generally unreasonable to assume that an investigational drug holds out the prospect of direct benefit for the individual subject; accordingly, compensation is usually owed to individuals who become disabled as a result of serving as subjects in such studies.

The ethical review committee should determine in advance: i) the injuries for which subjects will receive free treatment and, in case of impairment, disability or handicap resulting from such injuries, be compensated; and ii) the injuries for which they will not be compensated. Prospective subjects should be informed of the committee's decisions, as part of the process of informed consent. As an ethical review committee cannot make such advance determination in respect of unexpected or unforeseen adverse reactions, such reactions must be presumed compensable and should be reported to the committee for prompt review as they occur.

Subjects must not be asked to waive their rights to compensation or required to show negligence or lack of a reasonable degree of skill on the part of the investigator in order to claim free medical treatment or compensation. The informed consent process or form should contain no words that would absolve an investigator from responsibility in the case of accidental injury, or that would imply that subjects would waive their right to seek compensation for impairment, disability or handicap. Prospective subjects should be informed that they will not need to take legal action to secure the free medical treatment or compensation for injury to which they may be entitled. They should also be told what medical service or organization or individual will provide the medical treatment and what organization will be responsible for providing compensation.

- **Obligation of the sponsor with regard to compensation.** Before the research begins, the sponsor, whether a pharmaceutical company or other organization or institution, or a government (where government insurance is not precluded by law), should agree to provide compensation for any physical injury for which subjects are entitled to compensation, or come to an agreement with the investigator concerning the circumstances in which the investigator must rely on his or her own insurance coverage (for example, for negligence or failure of the investigator to follow the protocol, or where government insurance coverage is limited to negligence). In certain circumstances it may be advisable to follow both courses. Sponsors should seek adequate insurance against risks to cover compensation, independent of proof of fault.

GUIDELINE 20: Strengthening capacity for ethical and scientific review and biomedical research

Many countries lack the capacity to assess or ensure the scientific quality or ethical acceptability of biomedical research proposed or carried out in their jurisdictions. In externally sponsored collaborative research, sponsors and investigators have an ethical obligation to ensure that biomedical research projects for which they are responsible in such countries contribute effectively to national or local capacity to design and conduct biomedical research, and to provide scientific and ethical review and monitoring of such research.

Capacity-building may include, but is not limited to, the following activities:

- establishing and strengthening independent and competent ethical review processes/committees;
- strengthening research capacity;
- developing technologies appropriate to health-care and biomedical research;
- training of research and health-care staff;
- educating the community from which research subjects will be drawn;

Commentary on Guideline 20

External sponsors and investigators have an ethical obligation to contribute to a host country's sustainable capacity for independent scientific and ethical review and biomedical research. Before undertaking research in a host country with little or no such capacity, external sponsors and investigators should include in the research protocol a plan that specifies the contribution they will make. The amount of capacity building reasonably expected should be proportional to the magnitude of the research project. A brief epidemiological study involving only review of medical records, for example, would entail relatively little, if any, such development, whereas a considerable contribution is to be expected of an external sponsor of, for instance, a large-scale vaccine field-trial expected to last two or three years.

The specific capacity-building objectives should be determined and achieved through dialogue and negotiation between external sponsors and host-country authorities. External sponsors would be expected to employ and, if necessary, train local individuals to function as investigators, research assistants or data managers, for example, and to provide, as necessary, reasonable amounts of financial, educational and other assistance for capacity-building. To avoid conflict of interest and safeguard the independence of review committees, financial assistance should not be provided directly to them; rather, funds should be made available to appropriate authorities in the host-country government or to the host research institution.

(See also Guideline 10: *Research in populations and communities with limited resources*)

GUIDELINE 21: Ethical obligation of external sponsors to provide health-care services

External sponsors are ethically obliged to ensure the availability of:

- health-care services that are essential to the safe conduct of the research;
- treatment for subjects who suffer injury as a consequence of research interventions; and
- services that are a necessary part of the commitment of a sponsor to make a beneficial intervention or product developed as a result of the research reasonably available to the population or community concerned.

Commentary on Guideline 21

Obligations of external sponsors to provide health-care services will vary with the circumstances of particular studies and the needs of host countries. The sponsors' obligations in particular studies should be clarified before the research is begun. The research protocol should specify what health-care services will be made available, during and after the research, to the subjects themselves, to the community from which the subjects are drawn, or to the host country, and for how long. The details of these arrangements should be agreed by the sponsor, officials of the host country, other interested parties, and, when appropriate, the community from which subjects are to be drawn. The agreed arrangements should be specified in the consent process and document.

Although sponsors are, in general, not obliged to provide health-care services beyond that which is necessary for the conduct of the research, it is morally praiseworthy to do so. Such services typically include treatment for diseases contracted in the course of the study. It might, for example, be agreed to treat cases of an infectious disease contracted during a trial of a vaccine designed to provide immunity to that disease, or to provide treatment of incidental conditions unrelated to the study.

The obligation to ensure that subjects who suffer injury as a consequence of research interventions obtain medical treatment free of charge, and that compensation be provided for death or disability occurring as a consequence of such injury, is the subject of Guideline 19, on the scope and limits of such obligations.

When prospective or actual subjects are found to have diseases unrelated to the research, or cannot be enrolled in a study because they do not meet the health criteria, investigators should, as appropriate, advise them to obtain, or refer them for, medical care. In general, also, in the course of a study, sponsors should disclose to the proper health authorities information of public health concern arising from the research.

The obligation of the sponsor to make reasonably available for the benefit of the population or community concerned any intervention or product developed, or knowledge generated, as a result of the research is considered in Guideline 10: *Research in populations and communities with limited resources.*

Appendix 1

Items to be included in a protocol (or associated documents) for biomedical research involving human subjects.

(Include the items relevant to the study/project in question)

1. Title of the study;

2. A summary of the proposed research in lay/non-technical language;

3. A clear statement of the justification for the study, its significance in development and in meeting the needs of the country/population in which the research is carried out;

4. The investigators` views of the ethical issues and considerations raised by the study and, if appropriate, how it is proposed to deal with them;
5. Summary of all previous studies on the topic, including unpublished studies known to the investigators and sponsors, and information on previously published research on the topic, including the nature, extent and relevance of animal studies and other preclinical and clinical studies;
6. A statement that the principles set out in these Guidelines will be implemented;
7. An account of previous submissions of the protocol for ethical review and their outcome;
8. A brief description of the site(s) where the research is to be conducted, including information about the adequacy of facilities for the safe and appropriate conduct of the research, and *relevant* demographic and epidemiological information about the country or region concerned;
9. Name and address of the sponsor;
10. Names, addresses, institutional affiliations, qualifications and experience of the principal investigator and other investigators;
11. The objectives of the trial or study, its hypotheses or research questions, its assumptions, and its variables;
12. A detailed description of the design of the trial or study. In the case of controlled clinical trials the description should include, but not be limited to, whether assignment to treatment groups will be randomized (including the method of randomization), and whether the study will be blinded (single blind, double blind), or open;
13. The number of research subjects needed to achieve the study objective, and how this was statistically determined;
14. The criteria for inclusion or exclusion of potential subjects, and justification for the exclusion of any groups on the basis of age, sex, social or economic factors, or for other reasons;
15. The justification for involving as research subjects any persons with limited capacity to consent or members of vulnerable social groups, and a description of special measures to minimize risks and discomfort to such subjects;
16. The process of recruitment, e.g., advertisements, and the steps to be taken to protect privacy and confidentiality during recruitment;
17. Description and explanation of all interventions (the method of treatment administration, including route of administration, dose, dose interval and treatment period for investigational and comparator products used);
18. Plans and justification for withdrawing or withholding standard therapies in the course of the research, including any resulting risks to subjects;
19. Any other treatment that may be given or permitted, or contraindicated, during the study;
20. Clinical and laboratory tests and other tests that are to be carried out;

21. Samples of the standardized case-report forms to be used, the methods of recording therapeutic response (description and evaluation of methods and frequency of measurement), the follow-up procedures, and, if applicable, the measures proposed to determine the extent of compliance of subjects with the treatment;
22. Rules or criteria according to which subjects may be removed from the study or clinical trial, or (in a multi-centre study) a centre may be discontinued, or the study may be terminated;
23. Methods of recording and reporting adverse events or reactions, and provisions for dealing with complications;
24. The known or foreseen risks of adverse reactions, including the risks attached to each proposed intervention and to any drug, vaccine or procedure to be tested;
25. For research carrying more than minimal risk of physical injury, details of plans, including insurance coverage, to provide treatment for such injury, including the funding of treatment, and to provide compensation for research-related disability or death;
26. Provision for continuing access of subjects to the investigational treatment after the study, indicating its modalities, the individual or organization responsible for paying for it, and for how long it will continue;
27. For research on pregnant women, a plan, if appropriate, for monitoring the outcome of the pregnancy with regard to both the health of the woman and the short-term and long-term health of the child;
28. The potential benefits of the research to subjects and to others;
29. The expected benefits of the research to the population, including new knowledge that the study might generate;
30. The means proposed to obtain individual informed consent and the procedure planned to communicate information to prospective subjects, including the name and position of the person responsible for obtaining consent;
31. When a prospective subject is not capable of informed consent, satisfactory assurance that permission will be obtained from a duly authorized person, or, in the case of a child who is sufficiently mature to understand the implications of informed consent but has not reached the legal age of consent, that knowing agreement, or assent, will be obtained, as well as the permission of a parent, or a legal guardian or other duly authorized representative;
32. An account of any economic or other inducements or incentives to prospective subjects to participate, such as offers of cash payments, gifts, or free services or facilities, and of any financial obligations assumed by the subjects, such as payment for medical services;
33. Plans and procedures, and the persons responsible, for communicating to subjects information arising from the study (on harm or benefit, for example), or from other research on the same topic, that could affect subjects' willingness to continue in the study;
34. Plans to inform subjects about the results of the study;

35. The provisions for protecting the confidentiality of personal data, and respecting the privacy of subjects, including the precautions that are in place to prevent disclosure of the results of a subject's genetic tests to immediate family relatives without the consent of the subject;

36. Information about how the code, if any, for the subjects' identity is established, where it will be kept and when, how and by whom it can be broken in the event of an emergency;

37. Any foreseen further uses of personal data or biological materials;

38. A description of the plans for statistical analysis of the study, including plans for interim analyses, if any, and criteria for prematurely terminating the study as a whole if necessary;

39. Plans for monitoring the continuing safety of drugs or other interventions administered for purposes of the study or trial and, if appropriate, the appointment for this purpose of an independent data-monitoring (data and safety monitoring) committee;

40. A list of the references cited in the protocol;

41. The source and amount of funding of the research: the organization that is sponsoring the research and a detailed account of the sponsor's financial commitments to the research institution, the investigators, the research subjects, and, when relevant, the community;

42. The arrangements for dealing with financial or other conflicts of interest that might affect the judgment of investigators or other research personnel: informing the institutional conflict-of-interest committee of such conflicts of interest; the communication by that committee of the pertinent details of the information to the ethical review committee; and the transmission by that committee to the research subjects of the parts of the information that it decides should be passed on to them;

43. The time schedule for completion of the study;

44. For research that is to be carried out in a developing country or community, the contribution that the sponsor will make to capacity-building for scientific and ethical review and for biomedical research in the host country, and an assurance that the capacity--building objectives are in keeping with the values and expectations of the subjects and their communities;

45. Particularly in the case of an industrial sponsor, a contract stipulating who possesses the right to publish the results of the study, and a mandatory obligation to prepare with, and submit to, the principal investigators the draft of the text reporting the results;

46. In the case of a negative outcome, an assurance that the results will be made available, as appropriate, through publication or by reporting to the drug registration authority;

47. Circumstances in which it might be considered inappropriate to publish findings, such as when the findings of an epidemiological, sociological or genetics study may present risks to the interests of a community or population or of a racially or ethnically defined group of people;

48. A statement that any proven evidence of falsification of data will be dealt with in accordance with the policy of the sponsor to take appropriate action against such unacceptable procedures.

Appendix 2

WORLD MEDICAL ASSOCIATION DECLARATION OF HELSINKI
www.wma.net

Appendix 3

THE PHASES OF CLINICAL TRIALS OF VACCINES AND DRUGS

Vaccine development

Phase I refers to the first introduction of a candidate vaccine into a human population for initial determination of its safety and biological effects, including immunogenicity. This phase may include studies of dose and route of administration, and usually involves fewer than 100 volunteers.

Phase II refers to the initial trials examining effectiveness in a limited number of volunteers (usually between 200 and 500); the focus of this phase is immunogenicity.

Phase III trials are intended for a more complete assessment of safety and effectiveness in the prevention of disease, involving a larger number of volunteers in a multicentre adequately controlled study.

Drug development

Phase I refers to the first introduction of a drug into humans. Normal volunteer subjects are usually studied to determine levels of drugs at which toxicity is observed. Such studies are followed by dose-ranging studies in patients for safety and, in some cases, early evidence of effectiveness.

Phase II investigation consists of controlled clinical trials designed to demonstrate effectiveness and relative safety. Normally, these are performed on a limited number of closely monitored patients.

Phase III trials are performed after a reasonable probability of effectiveness of a drug has been established and are intended to gather additional evidence of effectiveness for specific indications and more precise definition of drug-related adverse effects. This phase includes both controlled and uncontrolled studies.

Phase IV trials are conducted after the national drug registration authority has approved a drug for distribution or marketing. These trials may include research designed to explore a specific pharmacological effect, to establish the incidence of adverse reactions, or to determine the effects of long-term administration of a drug. Phase IV trials may also be designed to evaluate a drug in a population not studied adequately in the pre-marketing phases (such as children or the elderly) or to establish a new clinical indication for a drug. Such research is to be distinguished from marketing research, sales promotion studies, and routine post-marketing surveillance for adverse drug reactions in that these categories ordinarily need not be reviewed by ethical review committees (see Guideline 2).

Fonte: http://www.cioms.ch/guidelines_nov_2002_blurb.htm

ANEXO 14
RESOLUÇÃO CNS Nº 340/04

CONSELHO NACIONAL DE SAÚDE
Resolução nº 340 de 08 de julho de 2004

O Plenário do Conselho Nacional de Saúde, em sua Centésima Quadragésima Quarta Reunião Ordinária, realizada nos dias 7 e 8 de julho de 2004, no uso de suas competências regimentais e atribuições conferidas pela Lei nº 8.080, de 19 de setembro de 1990, e pela Lei nº 8.142, de 28 de dezembro de 1990, e:

Considerando o recente avanço técnico-científico e suas aplicações na pesquisa em genética humana, exigindo posicionamento de instituições, pesquisadores e Comitês de Ética em Pesquisa (CEP) em todo o País, demandando, portanto, regulamentação complementar à Resolução CNS nº 196/96 (Diretrizes e Normas Regulamentadoras de Pesquisas Envolvendo Seres Humanos), atribuição da Comissão Nacional de Ética em Pesquisa (CONEP), conforme item VIII.4 daquela Resolução;

Considerando os subsídios advindos do sistema CEPs-CONEP e a experiência acumulada na análise dos projetos de pesquisa dessa área até o momento; e

Considerando a necessidade de serem observados os riscos potenciais à saúde e a proteção dos direitos humanos, das liberdades fundamentais e do respeito à dignidade humana na coleta, processamento, uso e armazenamento de dados e materiais genéticos humanos,

Resolve:

Aprovar as seguintes Diretrizes para Análise Ética e Tramitação dos Projetos de Pesquisa da Área Temática Especial de Genética Humana:

I – Preâmbulo

A presente Resolução incorpora todas as disposições contidas na Resolução CNS nº 196/96 do Conselho Nacional de Saúde, sobre Diretrizes e Normas Regulamentadoras de Pesquisas Envolvendo Seres Humanos, da qual esta é parte complementar da área temática específica, e incorpora também, no que couber, as disposições constantes das Resoluções CNS nºs 251/97, 292/99, 303/2000 e 304/2000.

II – Termos e definições

II.1 – A pesquisa em genética humana é a que envolve a produção de dados genéticos ou proteômicos de seres humanos, podendo apresentar várias formas:

a) pesquisa de mecanismos genéticos básicos: estudos sobre localização, estrutura, função e expressão de genes humanos e da organização cromossômica;
b) pesquisa em genética clínica: pesquisa que consiste no estudo descritivo de sujeitos individualmente e/ou em suas famílias, visando elucidar determinadas condições de provável etiologia genética, podendo envolver análise de informações clínicas e testes de material genético;
c) pesquisa em genética de populações: estudos da variabilidade genética normal ou patológica em grupos de indivíduos e da relação entre esses grupos e uma condição particular;
d) pesquisas moleculares humanas: pesquisa que envolve testes moleculares associados ou não a doenças; estudos genéticos ou epigenéticos dos ácidos nucleicos (DNA e RNA) ou de proteínas visando a novos tratamentos ou à prevenção de desordens genéticas, de outras patologias ou à identificação de variabilidade molecular;
e) pesquisa em terapia gênica e celular: introdução de moléculas de DNA ou RNA recombinante em células somáticas humanas *in vivo* (terapia gênica *in vivo*) ou células somáticas humanas *in vitro* e posterior transferência dessas células para o organismo (terapia gênica *ex vivo)* e pesquisas com células-tronco humanas com modificações genéticas; e
f) pesquisa em genética do comportamento: estudo com o objetivo de estabelecer possíveis relações entre características genéticas e comportamento humano.

II.2 – Todo procedimento relacionado à genética humana, cuja aceitação não esteja ainda consagrada na literatura científica, será considerado pesquisa e, portanto, deverá obedecer às diretrizes desta Resolução. Incluem-se procedimentos de genética em reprodução assistida, não regulados pelo Conselho Federal de Medicina.

III – Aspectos éticos

A finalidade precípua das pesquisas em genética deve estar relacionada ao acúmulo do conhecimento científico que permita aliviar o sofrimento e melhorar a saúde dos indivíduos e da humanidade.

III.1 – A pesquisa genética produz uma categoria especial de dados por conter informação médica, científica e pessoal e deve por isso ser avaliado o impacto do seu conhecimento sobre o indivíduo, a família e a totalidade do grupo a que o indivíduo pertença.

III.2 – Devem ser previstos mecanismos de proteção dos dados visando evitar a estigmatização e a discriminação de indivíduos, famílias ou grupos.

III.3 – As pesquisas envolvendo testes preditivos deverão ser precedidas, antes da coleta do material, de esclarecimentos sobre o significado e o possível uso dos resultados previstos.

III.4 – Aos sujeitos de pesquisa deve ser oferecida a opção de escolher entre serem informados ou não sobre resultados de seus exames.

III.5 – Os projetos de pesquisa deverão ser acompanhados de proposta de aconselhamento genético, quando for o caso.

III.6 – Aos sujeitos de pesquisa cabe autorizar ou não o armazenamento de dados e materiais coletados no âmbito da pesquisa, após informação dos procedimentos definidos na Resolução sobre armazenamento de materiais biológicos.

III.7 – Todo indivíduo pode ter acesso a seus dados genéticos, assim como tem o direito de retirá-los de bancos onde se encontrem armazenados, a qualquer momento.

III.8 – Para que dados genéticos individuais sejam irreversivelmente dissociados de qualquer indivíduo identificável, deve ser apresentada justificativa para tal procedimento para avaliação pelo CEP e pela CONEP.

III.9 – Nos casos de aprovação de desassociação de dados genéticos pelo CEP e pela CONEP, deve haver esclarecimento ao sujeito de pesquisa sobre as vantagens e desvantagens da dissociação e Termo de Consentimento específico para esse fim.

III.10 – Deve ser observado o item V.7 da Resolução CNS No 196/96, inclusive no que se refere a eventual registro de patentes.

III.11 – Os dados genéticos resultantes de pesquisa associados a um indivíduo identificável não poderão ser divulgados nem ficar acessíveis a terceiros, notadamente a empregadores, empresas seguradoras e instituições de ensino, e também não devem ser fornecidos para cruzamento com outros dados armazenados para propósitos judiciais ou outros fins, exceto quando for obtido o consentimento do sujeito da pesquisa.

III.12 – Dados genéticos humanos coletados em pesquisa com determinada finalidade só poderão ser utilizados para outros fins se for obtido o consentimento prévio do indivíduo doador ou seu representante legal e mediante a elaboração de novo protocolo de pesquisa, com aprovação do Comitê de Ética em Pesquisa e, se for o caso, da CONEP. Nos casos em que não for possível a obtenção do TCLE, deve ser apresentada justificativa para apreciação pelo CEP.

III.13 – Quando houver fluxo de dados genéticos humanos entre instituições deve ser estabelecido acordo entre elas de modo a favorecer a cooperação e o acesso equitativo aos dados.

III.14 – Dados genéticos humanos não devem ser armazenados por pessoa física, requerendo a participação de instituição idônea responsável, que garanta proteção adequada.

III.15 – Os benefícios do uso de dados genéticos humanos coletados no âmbito da pesquisa, incluindo os estudos de genética de populações, devem ser compartilhados entre a comunidade envolvida, internacional ou nacional, em seu conjunto.

III.16 – As pesquisas com intervenção para modificação do genoma humano só poderão ser realizadas em células somáticas.

IV – Protocolo de pesquisa

IV.1 – As pesquisas da área de genética humana devem ser submetidas à apreciação do CEP e, quando for o caso, da CONEP como protocolos completos, de acordo com o capítulo VI da Resolução CNS nº 196/96, não sendo aceitos como emenda, adendo ou subestudo de protocolo de outra área, devendo ainda incluir:

a) justificativa da pesquisa;

b) como os genes/segmentos do DNA ou do RNA ou produtos gênicos em estudo se relacionam com eventual condição do sujeito da pesquisa;

c) explicitação clara dos exames e testes que serão realizados e indicação dos genes/segmentos do DNA ou do RNA ou de produtos gênicos que serão estudados;

d) justificativa para a escolha e tamanho da amostra, particularmente quando se tratar de população ou grupo vulnerável e de culturas diferenciadas (grupos indígenas, por exemplo);

e) formas de recrutamento dos sujeitos da pesquisa e de controles, quando for o caso;

f) análise criteriosa dos riscos e benefícios atuais e potenciais para o indivíduo, o grupo e gerações futuras, quando couber;

g) informações quanto ao uso, armazenamento ou outros destinos do material biológico;

h) medidas e cuidados para assegurar a privacidade e evitar qualquer tipo ou situação de estigmatização e discriminação do sujeito da pesquisa, da família e do grupo;

i) explicitação de acordo preexistente quanto à propriedade das informações geradas e quanto à propriedade industrial, quando couber;

j) descrição do plano de aconselhamento genético e acompanhamento clínico, quando indicado, incluindo nomes e contatos dos profissionais responsáveis, tipo de abordagens de acordo com situações esperadas, consequências para os sujeitos e condutas previstas. Os profissionais responsáveis pelo aconselhamento genético e acompanhamento clínico deverão ter a formação profissional e as habilitações exigidas pelos conselhos profissionais e sociedades de especialidade;

k) justificativa de envio do material biológico e/ou dados obtidos para outras instituições, nacionais ou no exterior, com indicação clara do tipo de material e/ou dados, bem como a relação dos exames e testes a serem realizados. Esclarecer as razões pelas quais os exames ou testes não podem ser realizados no Brasil, quando for o caso; e

l) em projetos cooperativos internacionais, descrição das oportunidades de transferência de tecnologia.

V – Termo de consentimento livre e esclarecido (TCLE)

V.1 – O TCLE deve ser elaborado de acordo com o disposto no capítulo IV da Resolução CNS No 196/96, com enfoque especial nos seguintes itens:

a) explicitação clara dos exames e testes que serão realizados, indicação dos genes/segmentos do DNA ou do RNA ou produtos gênicos que serão estudados e sua relação com eventual condição do sujeito da pesquisa;

b) garantia de sigilo, privacidade e, quando for o caso, anonimato;

c) plano de aconselhamento genético e acompanhamento clínico, com a indicação dos responsáveis, sem custos para os sujeitos da pesquisa;

d) tipo e grau de acesso aos resultados por parte do sujeito, com opção de tomar ou não conhecimento dessas informações;

e) no caso de armazenamento do material, a informação deve constar do TCLE, explicitando a possibilidade de ser usado em novo projeto de pesquisa. É indispensável que conste também que o sujeito será contatado para conceder ou não autorização para uso do material em futuros projetos e que, quando não for possível, o fato será justificado perante o CEP. Explicitar também que o material somente será utilizado mediante aprovação do novo projeto pelo CEP e pela CONEP (quando for o caso);

f) informação quanto a medidas de proteção de dados individuais, resultados de exames e testes, bem como do prontuário, que somente serão acessíveis aos pesquisadores envolvidos e que não será permitido o acesso a terceiros (seguradoras, empregadores, supervisores hierárquicos, etc.);

g) informação quanto a medidas de proteção contra qualquer tipo de discriminação e/ou estigmatização, individual ou coletiva; e

h) em investigações familiares deverá ser obtido o Termo de Consentimento Livre e Esclarecido de cada indivíduo estudado.

VI – Operacionalização

VI.1 – Cabe ao CEP, conforme o disposto no capítulo VII da Resolução CNS Nº 196/96, a análise dos projetos de pesquisa, assumindo corresponsabilidade no que diz respeito aos aspectos éticos.

VI.2 – Cabe ao CEP devolver de imediato ao pesquisador o protocolo que não contiver todas as informações relevantes (capítulo VI – Resolução CNS Nº 196/96, assim como as referidas nos capítulos III e IV da presente Resolução).

VI.3 – Cabe à CONEP a aprovação final das pesquisas em genética humana que incluam:

a) envio para o exterior de material genético ou qualquer material biológico humano para obtenção de material genético;

b) armazenamento de material biológico ou dados genéticos humanos no exterior e no País, quando de forma conveniada com instituições estrangeiras ou em instituições comerciais;

c) alterações da estrutura genética de células humanas para utilização *in vivo;*

d) pesquisas na área da genética da reprodução humana (reprogenética);

e) pesquisas em genética do comportamento; e

f) pesquisas em que esteja prevista a dissociação irreversível dos dados dos sujeitos de pesquisa.

VI.4 – Nos casos previstos no item VI.3 acima, o CEP deverá examinar o protocolo, elaborar o parecer consubstanciado e enviar ambos à CONEP com a documentação completa conforme a Resolução CNS nº 196/96, itens VII.13.a e b e VIII.4.c.1. O pesquisador deve ser informado que deverá aguardar o parecer da CONEP para início da execução do projeto.

VI.5 – Fica delegada ao CEP a aprovação final dos projetos de genética humana que não se enquadrem no item VI.3 acima. Nesses casos, o CEP deve enviar à CONEP a folha de rosto e o parecer consubstanciado final, seja de aprovação ou não aprovação.

VI.6 – A remessa de material para o exterior deve obedecer às disposições normativas e legais do País.

Humberto Costa
Presidente do Conselho Nacional de Saúde

Homologo a Resolução CNS nº 340, de 8 de julho de 2004, nos termos do Decreto de Delegação de Competência de 12 de novembro de 1991.

Humberto Costa
Ministro de Estado da Saúde

Fonte: http://conselho.saude.gov.br/resolucoes/2004/Reso340.doc

ANEXO 15
RESOLUÇÃO CNS Nº 346/05

CONSELHO NACIONAL DE SAÚDE
Resolução nº 346 de 13 de janeiro de 2005

O Plenário do Conselho Nacional de Saúde em sua Centésima Quinquagésima Reunião Ordinária, realizada nos dias 11, 12 e 13 de janeiro de 2005, no uso de suas competências regimentais e atribuições conferidas pela Lei nº 8.080, de 19 de setembro de 1990, e pela Lei nº 8.142, de 28 de dezembro de 1990, e considerando a experiência acumulada na Comissão Nacional de Ética em Pesquisa-CONEP na apreciação de projetos de pesquisa multicêntricos e objetivando uma tramitação simplificada, estabelece a seguinte regulamentação para tramitação de projetos de pesquisa multicêntricos no sistema Comitês de Ética em Pesquisa-CEPs – CONEP.

Resolve:

I – Definição do termo

Projetos multicêntricos – projeto de pesquisa a ser conduzida de acordo com protocolo único em vários centros de pesquisa e, portanto, a ser realizada por pesquisador responsável em cada centro, que seguirá os mesmos procedimentos.

II – Tramitação dos protocolos de pesquisa multicêntricos

Os protocolos de pesquisa multicêntricos que devem receber parecer da CONEP, por força da Resolução CNS nº 196/96 e suas complementares, terão a seguinte tramitação:

1. Será analisado pela CONEP apenas o primeiro protocolo, enviado por um dos centros. A listagem dos centros envolvidos deverá acompanhar o protocolo e o parecer consubstanciado do CEP. A CONEP, após terem sido atendidas eventuais pendências, enviará o parecer final a este CEP e aos demais centros envolvidos;

a) No caso de existir um coordenador nacional da pesquisa, o CEP a receber inicialmente o protocolo e enviá-lo à CONEP deverá ser o CEP da instituição a qual pertence ou, conforme Resolução CNS nº 196/96 item VII.2, o CEP indicado pela CONEP.

2. O protocolo de pesquisa não aprovado na CONEP para o primeiro centro não poderá ser realizado em nenhum centro.

3. O protocolo de pesquisa aprovado pela CONEP deve ser apresentado pelos respectivos pesquisadores aos CEPs dos demais centros, que deverão exigir que o pesquisador anexe declaração de que o protocolo é idêntico ao apresentado ao primeiro centro.
a) Eventuais modificações ou acréscimos referentes a respostas aos requisitos do parecer da CONEP devem ser apresentados em separado, de forma bem identificada, juntadas ao protocolo após os documentos acima.

4. A CONEP delegará aos demais CEPs a aprovação final dos projetos citados no item 3 acima, mantida a prerrogativa desses CEPs de aprovar ou não o protocolo na sua instituição, cabendo-lhes sempre:
a) verificar a adequação do protocolo às condições institucionais e à competência do pesquisador responsável na instituição;
b) exigir o cumprimento de eventuais modificações aprovadas pela CONEP e requisitos do próprio CEP; e
c) enviar o parecer consubstanciado à CONEP, em caso de não aprovação final no CEP.

5. Apenas o CEP do primeiro centro se encarregará das notificações à CONEP em caso de eventos adversos sérios ocorridos em centros estrangeiros, interrupções das pesquisas ou modificações relevantes, mantendo-se as notificações necessárias de cada pesquisador ao CEP local.
a) em caso de evento adverso ocorrido no país, o pesquisador responsável do centro onde ocorreu, após análise, deverá notificar ao CEP e este, em caso de evento adverso sério, à CONEP.

6. Fica revogada a regulamentação de 08/08/02 da Resolução CNS nº 292/99, sobre delegação para pesquisas com cooperação estrangeira, mantendo-se a Resolução CNS nº 292/99 de 08/07/99 na íntegra.

Humberto Costa
Presidente do Conselho Nacional de Saúde

Homologo a Resolução CNS nº 346, de 13 de janeiro de 2005, nos termos do Decreto de Delegação de Competência de 12 de novembro de 1991.

Humberto Costa
Ministro de Estado da Saúde

Fonte: http://conselho.saude.gov.br/resolucoes/2005/Reso346.doc

ANEXO 16
RESOLUÇÃO CNS Nº 347/05

CONSELHO NACIONAL DE SAÚDE
Resolução nº 347 de 13 de janeiro de 2005

O Plenário do Conselho Nacional de Saúde em sua Centésima Quinquagésima Reunião Ordinária, realizada nos dias 11, 12 e 13 de janeiro de 2005, no uso de suas competências regimentais e atribuições conferidas pela Lei nº 8.080, de 19 de setembro de 1990, e pela Lei nº 8.142, de 28 de dezembro de 1990, e considerando a necessidade de regulamentar o armazenamento e utilização de material biológico humano no âmbito de projetos de pesquisa

Resolve:

Aprovar as seguintes diretrizes para análise ética de projetos de pesquisa que envolva armazenamento de materiais ou uso de materiais armazenados em pesquisas anteriores:

1. Quando, em projetos de pesquisa, estiver previsto o armazenamento de materiais biológicos humanos para investigações futuras, além dos pontos previstos na Resolução CNS nº 196/96, devem ser apresentados:
1.1. Justificativa quanto a necessidade e oportunidade para usos futuros;
1.2. Consentimento dos sujeitos da pesquisa doadores do material biológico, autorizando a guarda do material;
1.3. Declaração de que toda nova pesquisa a ser feita com o material será submetida para aprovação do CEP da instituição e, quando for o caso, da Comissão Nacional de Ética em Pesquisa-CONEP;
1.4. Norma ou regulamento elaborado pela instituição depositária para armazenamento de materiais biológicos humanos.

2. O material biológico será armazenado sob a responsabilidade de instituição depositária, a qual deverá ter norma ou regulamento aprovado pelo CEP dessa instituição, que deverá incluir:
2.1. Definição dos responsáveis pela guarda e pela autorização de uso do material;
2.2. Mecanismos que garantam sigilo e respeito à confidencialidade (codificação);
2.3. Mecanismos que assegurem a possibilidade de contato com os doadores para fornecimento de informação de seu interesse (por exemplo, resultados

de exames para acompanhamento clínico ou aconselhamento genético) ou para a obtenção de consentimento específico para uso em novo projeto de pesquisa;

3. O armazenamento poderá ser autorizado pelo período de 5 anos, quando houver aprovação do projeto pelo CEP e, quando for o caso, pela CONEP, podendo haver renovação mediante solicitação da instituição depositária, acompanhada de justificativa e relatório das atividades de pesquisa desenvolvidas com o material.

4. No caso de pesquisa envolvendo mais de uma instituição, deve haver acordo entre as instituições participantes, contemplando formas de operacionalização e de utilização do material armazenado.

5. No caso de armazenamento e/ou formação do banco de material biológico no Exterior, deve ser obedecida a legislação vigente para remessa de material para o Exterior e ser apresentado o regulamento para análise do CEP quanto ao atendimento dos requisitos do item II.
5.1. O pesquisador e instituição brasileiros deverão ser considerados como cotistas do banco, com direito de acesso a este para futuras pesquisas. Dessa forma, o material armazenado não poderá ser considerado como propriedade exclusiva de país ou instituição depositária.

6. Sobre o uso de amostras armazenadas:
6.1. Amostras armazenadas podem ser usadas em novas pesquisas aprovadas pelo CEP e, quando for o caso, pela CONEP;
6.2. Os protocolos de pesquisa que pretendam utilizar material armazenado devem incluir:

- Justificativa do uso do material;
- Descrição da sistemática de coleta e armazenamento, com definição de data de início ou período;
- Cópia do Termo de Consentimento Livre e Esclarecido-TCLE obtido quando da pesquisa em que foi colhido o material, incluindo autorização de armazenamento e possível uso futuro, se o armazenamento ocorreu a partir de pesquisa aprovada depois da Resolução CNS nº 196/96; e
- TCLE específico para nova pesquisa: em caso de impossibilidade da obtenção do consentimento específico para nova pesquisa (doador falecido, tentativas anteriores de contato sem sucesso ou outros) devem ser apresentadas as justificativas como parte do protocolo para apreciação do CEP, que dispensará ou não o consentimento individual.

6.3. No caso de material biológico para cujo armazenamento se dispõe de normas da ANVISA, estas devem também ser observadas.

Humberto Costa
Presidente do Conselho Nacional de Saúde

Homologo a Resolução CNS nº 347, de 13 de janeiro de 2005, nos termos do Decreto de Delegação de Competência de 12 de novembro de 1991.

Humberto Costa
Ministro de Estado da Saúde

Fonte: http://conselho.saude.gov.br/resolucoes/2005/Reso347.doc

ANEXO 17

RESOLUÇÃO RDC Nº 39/08

MINISTÉRIO DA SAÚDE
Agência Nacional de Vigilância Sanitária
Resolução RDC nº 39 de 05 de junho de 2008
Aprova o REGULAMENTO PARA A REALIZAÇÃO DE PESQUISA CLÍNICA
e dá outras providências

A Diretoria Colegiada da Agência Nacional de Vigilância Sanitária, no uso da atribuição que lhe confere o inciso do art. 11 do Regulamento aprovado pelo Decreto nº 3.029, de 16 de abril de 1999, e tendo em vista o disposto no inciso II e nos §§ 1º e 3º do art. 54 do Regimento Interno aprovado nos termos do Anexo I da Portaria nº 354 da ANVISA, de 11 de agosto de 2006, republicada no DOU de 21 de agosto de 2006, em reunião realizada em 3 de junho de 2008, e

Considerando a necessidade de atualizar a documentação requerida para a realização de pesquisa clínica no Brasil;

Considerando a necessidade de aperfeiçoar a lista de documentos requeridos à concessão de Licenciamento de Importação de medicamentos e produtos para uso exclusivo em pesquisa clínica;

Considerando o artigo 24 da Lei 6.360 de 23 de setembro de 1976 e o Artigo 30 do Decreto 79.094 janeiro de 1977;

Considerando o artigo 40 da Portaria nº 354 de 11 de agosto de 2006, que relaciona as atribuições e competências da Gerência Geral de Medicamentos (GGMED), especialmente em seu inciso IX;

Considerando a Resolução RDC nº 222, de 28 de dezembro de 2006; e considerando as Resoluções do Conselho Nacional de Saúde nº 196, de 10 de outubro de 1996, nº 251, de 7 de agosto de 1997, nº 292 de 1999, e nº 346 de 13 janeiro de 2005;

Considerando as diretrizes de Boas Práticas Clínicas de acordo com o Documento das Américas, documento resultante de trabalhos da Organização Pan-Americana da Saúde/Organização Mundial da Saúde adota a seguinte Resolução da Diretoria Colegiada e eu, Diretor-Presidente, determino a sua publicação:

Art. 1º Fica aprovada pela presente Resolução o: "REGULAMENTO PARA A OBTENÇÃO DO COMUNICADO ESPECIAL ÚNICO PARA A REALIZAÇÃO DE PESQUISA CLÍNICA EM TERRITÓRIO NACIONAL" e seus anexos.

Art. 2º Entende-se como patrocinador a pessoa física ou jurídica, pública ou privada, que apoia financeiramente a pesquisa.

Art. 3º Além da provisão de recursos financeiros necessários para a condução de pesquisas clínicas nos centros de pesquisa localizados em território nacional, são atribuições do patrocinador:

a) implementação e acompanhamento das pesquisas clínicas;

b) garantia da correta condução do protocolo previamente aprovado pelas autoridades reguladoras competentes;

c) a veracidade dos dados coletados e as demais atribuições que envolvam a garantia das "Boas Práticas Clínicas";

d) o relato dos eventos adversos graves à ANVISA (via NOTIVISA).

§ 1° Para os estudos clínicos regulamentados pela presente norma e que são patrocinados por agências nacionais ou internacionais de fomento à pesquisa, entidades filantrópicas, organizações não governamentais (ONGs) ou outras entidades sem fins lucrativos, fica previsto que o(s) investigador(es) responsável(eis) pela coordenação da pesquisa assume perante a ANVISA o papel de representante do patrocinador, caso não haja uma ORPC responsável pela sua condução, devendo cumprir como representante deste para todas as obrigações previstas no *caput* do presente artigo.

§ 2° No caso de estudos independentes, para os quais o investigador não conta com auxílio financeiro de um patrocinador específico, incluindo os casos em que recebe os medicamentos da pesquisa na forma de doação, doador não deseja ser caracterizado como patrocinador do estudo, o investigador assume, adicionalmente, as responsabilidades previstas no *caput* deste artigo.

§ 3° Para os casos previstos no parágrafo anterior, o investigador passa a ser denominado de "investigador patrocinador".

§ 4º Nos casos acima, os demais centros do mesmo protocolo de pesquisa clínica devem ser submetidos como notificação ou inclusão de centro de pesquisa.

Art. 4º Entende-se por Organização Representativa para Pesquisa Clínica (ORPC) toda empresa regularmente instalada em território nacional contratada pelo patrocinador ou pelo investigador-patrocinador, que assuma parcialmente ou totalmente, junto à ANVISA, as atribuições do patrocinador da pesquisa clínica.

§ 1° Todas as atribuições delegadas às ORPCs contratadas pelo patrocinador ou pelo investigador-patrocinador devem constar em um acordo e/ou contrato pormenorizado, datado e assinado por ambas as partes.

§ 2° A veracidade das informações contidas no acordo são de responsabilidade de ambos os interessados.

§ 3º As ORPCs deverão cumprir com todas as normas sanitárias relacionadas à condução de ensaios clínicos, bem como as demais normas aplicáveis, previstas na legislação brasileira.

§ 4º Para patrocinadores não estabelecidos legalmente em território nacional, a ORPC contratada será responsável por todas as atribuições do patrocinador da pesquisa clínica.
§ 5º Caberá à ANVISA o cadastro e regulamentação das atividades das ORPCs, no que se refere à condução e acompanhamento dos estudos clínicos regulamentados pela presente norma.

Art. 5º A presente norma se aplica a todas as pesquisas clínicas com medicamentos e produtos para saúde (pesquisas envolvendo intervenções terapêuticas ou diagnósticas não registradas no Brasil) fases I, II e III e que poderão subsidiar, junto a ANVISA, o registro de medicamentos ou qualquer alteração pós-registro deste, considerando as normas sanitárias vigentes e para os quais se exige a análise da ANVISA e subsequente emissão de Comunicado Especial (CE)
§ 1º As pesquisas pós-comercialização (fase IV) não são objeto primário desta norma, estando sujeitos apenas à "Notificação em pesquisa clínica – classe 1". Fica estabelecido que o início destes estudos deva ocorrer somente após a obtenção da aprovação ética de acordo com a legislação vigente.
I – Excetua-se do disposto acima, as pesquisa de fase IV envolvendo vacinas e pesquisas que objetivem avaliar eficácia e segurança para fins de registro ou sua revalidação, sendo estes considerados como de fase III.
§ 2º Pesquisas clínicas envolvendo Produtos para Saúde (dispositivos médicos) que se enquadrem nas classes I e II de produtos para a saúde (RDC/ANVISA nº 185/2001) ficam sujeitos à Notificação em Pesquisa Clínica para produtos enquadrados nas classes III e IV de produtos para saúde, ficam sujeitos à Anuência em Pesquisa Clínica.
§ 3º Pesquisas clínicas, envolvendo intervenções dietéticas não passíveis de registro como produto alimentício, ficam sujeitas à "Notificação em Pesquisa Clínica – Classe 3".
§ 4° Pesquisas enquadradas em qualquer uma das condições apresentadas nos parágrafos anteriores, mas que envolvam procedimentos de importação e/ou exportação, estarão sujeitas à "Notificação em Pesquisa Clínica especial" e emissão, em até 30 dias úteis, a partir da data de recebimento da notificação pela área competente da ANVISA, de um Comunicado Especial Específico (CEE).
§ 5° As pesquisas aprovadas por demais órgãos reguladores específicos como a Comissão Técnica Nacional de Biossegurança (CTNBio), Conselho de Gestão do Patrimônio Genético (CGEN), e outros, que envolvam procedimentos de importação e/ou exportação, ficam sujeitas à "Notificação em

pesquisa clínica – classe 4". Enquadram-se aqui pesquisas epidemiológias e observacionais que envolvam procedimentos de importação e/ou exportação.
§ 6º As pesquisas enquadradas nas mesmas condições mencionadas no parágrafo anterior, porém, que não envolvam procedimentos de importação e/ou exportação, não estarão sujeitas a esta norma.

Art. 6º A presente norma não se aplica aos estudos de Biodisponibilidade e Bioequivalência.

Art. 7º Revoga-se a Resolução RDC nº 219, de 20 de setembro de 2004.

Art. 8º Para os efeitos desta resolução, além das definições estabelecidas Artigo 4º da Lei nº 5.991 de dezembro de 1973, no artigo 3º da Lei 6.360 de 23 de setembro de 1976 e da Lei nº 9.782 de 10 de fevereiro de 1999 são adotadas as seguintes definições:
I. Autorização de embarque – Autorização a ser concedida pela ANVISA para a importação de mercadorias sujeitas à anuência previamente à data do seu embarque no exterior.
II. Brochura do Investigador – compilação de dados clínicos e não-clínicos sobre o(s) produtos(s) sob investigação, que tenham relevância para o seu estudo em seres humanos.
III. Centro Coordenador – centro associado ao dossiê de anuência, sendo o primeiro a encaminhar o protocolo clínico para análise pelo CEP e/ou pela CONEP. Centro que assume as atribuições regulatórias junto à ANVISA para os casos previstos no § 1º do artigo 3º desta Resolução.
IV. Centro de Pesquisa – organização pública ou privada, legitimamente constituída, na qual são realizadas pesquisas clínicas. Um Centro de Pesquisa pode ou não estar inserido em um hospital ou clínica. Para a resolução, o termo "Instituição de Pesquisa" é usado como sinônimo de "Centro de Pesquisa".
V. Comissão Nacional de Ética em Pesquisa (CONEP) instância colegiada, de natureza consultiva, deliberativa, normativa, educativa, independente, vinculada ao Conselho Nacional de Saúde, criada pela Resolução CNS 196/96.
VI. Comitê de Ética em Pesquisa (CEP) – Colegiado interdisciplinar e independente, com *munus publico*, de caráter consultivo, deliberativo e educativo, registrado na Comissão Nacional de Ética em Pesquisa (CONEP) conforme Resolução CNS 196/96, criado para defender os interesses, segurança e bem-estar dos sujeitos da pesquisa em sua integridade e dignidade e para contribuir no desenvolvimento da pesquisa dentro dos padrões éticos.
VII. Comunicado Especial (CE) – Documento de caráter autorizador, emitido pela ANVISA, por meio da Coordenação de Pesquisas e Ensaios Clínicos da

Gerência de Pesquisas, Ensaios Clínicos, Medicamentos Biológicos e Novos (GPBEN), necessário para a execução de um determinado protocolo de pesquisa no Brasil e, quando aplicável, a solicitação de Licenciamento de Importação do(s) produto(s) necessário(s) para a condução da pesquisa. Será emitido um único CE por pesquisa clínica submetida à apreciação pela área competente da ANVISA, no qual estarão mencionados todos os centros participantes da referida pesquisa.

VIII. Comunicado Especial Específico – documento semelhante ao Comunicado Especial aplicável somente aos casos previstos no Art. 5° da presente norma.

IX. Dossiê de anuência de pesquisa – coletânea de documentos protocolizados na ANVISA, dentre estes: os formulários de petição, a descrição das etapas da pesquisa e seus aspectos fundamentais, informações relativas ao sujeito da pesquisa, à qualificação dos pesquisadores e da equipe responsável pelo estudo.

X. Eventos Adversos Graves são definidos como aqueles em que resulte qualquer experiência adversa com drogas ou produtos biológicos ou dispositivos, ocorrendo em qualquer dose e que resulte em qualquer um dos seguintes desfechos:

a) óbito;

b) evento adverso potencialmente fatal (aquele que, na opinião do notificante, coloca o indivíduo sob risco imediato de morte devido ao evento adverso ocorrido);

c) incapacidade/invalidez persistente ou significativa;

d) exige internação hospitalar do paciente ou prolonga internação preexistente;

e) anomalia congênita ou defeito de nascimento.

XI. Formulário de Petição em Pesquisa Clínica (FP-PC) – Documento padronizado pela ANVISA no qual o interessado solicita anuência para execução da pesquisa clínica e apresenta informações sobre todos os produtos a serem utilizados na pesquisa clínica.

XII. Inclusão de Centro de Pesquisa Clínica – Solicitação feita pelo patrocinador, investigador-patrocinador ou ORPC, para inclusão de um centro de pesquisa, a fim de figurar entre os demais centros já informados por ocasião da solicitação do CE, desde que tal solicitação ocorra após 6 meses da protocolização da petição para sua obtenção, nestes casos deve ser recolhida a Taxa de Fiscalização de Vigilância Sanitária (TFVS), por inclusão de centro de pesquisa clínica, de acordo com a regulação vigente.

XIII. Investigador-patrocinador – Pessoa Física responsável pela condução e coordenação de pesquisas clínicas com medicamentos, isoladamente ou em um grupo, realizados mediante a sua direção imediata de forma independente, sem patrocínio ou patrocinado por entidades nacionais ou internacionais de fomento à pesquisa, e outras entidades sem fins lucrativos. As obrigações de um investigador-patrocinador incluem tanto aquelas de um patrocinador como as de um investigador.

XIV. Licenciamento de importação (LI) – Requerimento por via eletrônica junto ao SISCOMEX (Sistema Integrado de Comércio Exterior – Módulo Importação), pelo importador ou seu representante legal, para procedimentos de licenciamento não automático de verificação de atendimento de exigências para importação de mercadorias sob vigilância sanitária, de acordo com as normas de importação determinadas pela área responsável pelo controle sanitário de Portos, Aeroportos, Fronteiras e Recintos Alfandegários.

Parágrafo Único: O Licenciamento de Importação (LI) pode ser solicitado apresentando uma lista de todos os produtos de um mesmo lote necessários para a condução da pesquisa em todos os centros peticionados, de acordo com a previsão analisada e autorizada pela área competente da ANVISA. A quantidade poderá ser importada de uma só vez, neste caso o LI será considerado como único, ou por meio de várias autorizações de embarque, até que a quantidade aprovada seja atingida.

XV. Medicamento em Investigação – Produto farmacêutico em teste ou placebo ou produto ativo comparador utilizado na pesquisa clínica.

XVI. Notificação de Centro de Pesquisa Clínica – Solicitação feita pelo patrocinador, investigador-patrocinador ou ORPC, para inclusão de centros de pesquisa, a fim figurar entre os demais centros já informados por ocasião da solicitação do CE, desde que tal solicitação ocorra dentro do prazo de 6 meses a contar do momento de protocolização da petição para obtenção do CE. Esta Notificação de Centro de Pesquisa Clínica está isenta de recolhimento de Taxa de Fiscalização de Vigilância Sanitária (TFVS).

XVII. Notificação em Pesquisa Clínica – Solicitação feita pelo patrocinador, investigador-patrocinador ou ORPC, para os casos definidos nos parágrafos 1°, 2° e 3° do artigo 5° desta norma, objetivando informar à ANVISA sobre a realização dessas pesquisas clínicas.

XVIII. Pesquisa Clínica – Qualquer investigação em seres humanos, envolvendo intervenção terapêutica e diagnóstica com produtos registrados ou passíveis de registro, objetivando descobrir ou verificar os efeitos farmacodinâmicos, farmacocinéticos, farmacológicos, clínicos e/ou outros efeitos do(s) produto(s) investigado(s), e/ou identificar eventos adversos ao(s) produto(s) em investigação, averiguando sua segurança e/ou eficácia, que poderão subsidiar o seu registro ou a alteração deste junto à ANVISA. Os ensaios podem enquadrar-se em quatro grupos: estudos de farmacologia humana (fase I), estudos terapêuticos ou profiláticos de exploração (fase II), estudos terapêuticos ou profiláticos confirmatórios (fase III) e os ensaios pós-comercialização (fase IV).

XIX. Pesquisador responsável – Pessoa capacitada e treinada (dependendo da área da pesquisa clínica) responsável pela coordenação e condução do protocolo clínico, de acordo com as descrições apresentadas no dossiê autorizado pela ANVISA; sendo também responsável pela integridade e bem-estar dos sujeitos da pesquisa, sem prejuízo das responsabilidades do patrocinador, após a assinatura do Termo de Consentimento Livre e Esclarecido, com respeito à manutenção dos critérios éticos para todos os procedimentos ao longo do estudo pela coordenação e realização da pesquisa num determinado centro, e pela integridade e bem-estar dos sujeitos da pesquisa, durante e após a assinatura do Termo de Consentimento Livre e Esclarecido.
A responsabilidade do pesquisador é indelegável, indeclinável e compreende os aspectos éticos e de acordo com o inciso IX, alínea IX.2 da Resolução 196/1996. Para a presente resolução, os termos "Pesquisador-responsável" e "Investigador-responsável" são considerados sinônimos.
XX. Protocolo de Pesquisa – Documento que descreve os objetivos, desenho, metodologia, considerações estatísticas e organização do estudo. Provê também o contexto e a fundamentação da pesquisa.
XXI. Termo de Consentimento Livre e Esclarecido (TCLE) – Documento escrito, datado e assinado pelo participante da pesquisa e/ou de seu representante legal, livre de vícios (simulação, fraude ou erro), dependência, subordinação ou intimidação, no qual é confirmada a sua participação voluntária num determinado estudo, após explicação completa e pormenorizada sobre a natureza da pesquisa, seus objetivos, métodos, benefícios previstos, potenciais riscos e o incômodo que possa ser acarretado. Este documento deve seguir as normatizações éticas nacionais e diretrizes internacionais na sua confecção.

Art. 8º Esta Resolução entra em vigor 30 dias após sua publicação.

Dirceu Raposo de Mello

Anexo I

REGULAMENTO PARA A ELABORAÇÃO DE DOSSIÊS E OBTENÇÃO DE COMUNICADO ESPECIAL (CE) PARA A REALIZAÇÃO DE PESQUISA CLÍNICA COM MEDICAMENTOS EM TERRITÓRIO NACIONAL

Art. 1º O dossiê de submissão para ANUÊNCIA EM PESQUISA CLÍNICA deverá ser composto pelos seguintes documentos:
I – Documento 01: Formulários de Petição, FPP1 e FPP2, devidamente preenchidos, originais, para todos os produtos em investigação e informações

qualitativas do comparador a serem utilizados na pesquisa, conforme modelos dos Anexos IV e V desta Resolução.

II – Documento 02: Ofício de encaminhamento do Protocolo de Pesquisa Clínica, assinado pelo representante legal do Patrocinador ou investigador--patrocinador, acompanhado do Formulário de Petição em Pesquisa Clínica (FPPC), Anexo VI, apresentando:

a) o Título da Pesquisa e o código do protocolo (se houver), apresentando a data e a sua versão;

b) o nome e o número do Cadastro de Pessoa Física (CPF) do Investigador Principal responsável pela condução do estudo em cada centro peticionado;

c) o(s) centro(s) de pesquisa no(s) qual(is) a pesquisa clínica será realizada, acompanhado do posicionamento quanto ao *status* de aprovação ou não pelos respectivos CEPs e do número do Cadastro Nacional de Estabelecimento de Saúde – CNES; para centros de pesquisa vinculados a outra instituição (hospital ou clínica), faculta-se a utilização do CNES desta entidade associada;

d) o número de sujeitos de pesquisa previstos na pesquisa, globalmente, no Brasil, e em cada centro em território nacional;

e) o CEP responsável pela aprovação ética do protocolo junto à CONEP (1° Centro), conforme o modelo previsto no Anexo VI desta Resolução.

III – Documento 03: Formulário de Declaração de Responsabilidade e Compromisso assinado pelo representante legal do Patrocinador ou pelo investigador-patrocinador, conforme formulário previsto no Anexo II desta Resolução.

a) Para caso com patrocinadores não sediados no Brasil, solicita-se também a Declaração de Responsabilidades e Compromisso da ORPC responsável pela condução do estudo no Brasil.

b) Dossiês protocolizados por ORPCs deverão apresentar cópia autenticada do acordo (contrato ou declaração) escrito, datado e assinado entre a ORPC e o patrocinador da pesquisa, o qual deverá conter as delegações e distribuição de tarefas e obrigações legais de cada uma das partes.

IV – Documento 04: Orçamento para a pesquisa, apresentando de forma detalhada os recursos previstos para sua execução, especificando os gastos com visitas médicas e de outros profissionais de saúde, materiais hospitalares, exames subsidiários (entre outros, laboratoriais e radiológicos), equipamentos diversos e remuneração aos Centros de Pesquisa.

V – Documento 05: Comprovante de Depósito de Taxa de Fiscalização de Vigilância Sanitária (TFVS), de acordo com a legislação vigente. Será permitida, via recolhimento de uma mesma TFVS, a notificação de novos centros de pesquisa e/ou alteração de centros já notificados, dentro de um prazo de até 06 (seis) meses, a contar da data de entrada do pedido. Excedido este prazo, há necessidade de petição do assunto: Inclusão de Centro de Pesquisa, com consequente necessidade de novo recolhimento da TFVS. Para a "Anuência em Pesquisa Clínica", solicita-se o original do comprovante de pagamento da TFVS. E, nos casos aplicáveis, o comprovante de isenção de pagamento da TFVS GRU.

VI – Documento 06: Parecer Consubstanciado informando a aprovação da versão mais recente do Protocolo Clínico e do TCLE pelo CEP responsável pelo centro coordenador do estudo. As demais cartas de aprovação exaradas pelos demais CEPs cujos centros estejam listados no processo para ANUÊNCIA EM PESQUISA CLÍNICA deverão ser peticionados (por meio de assunto de petição apropriado) na ANVISA ao processo à medida que forem emitidos.

a) A análise, autorização do estudo e emissão do CE pela ANVISA encontra-se condicionada exclusivamente à aprovação ética do centro coordenador. Sendo assim, a emissão do CE não está vinculada à apresentação das cartas de aprovação do estudo pelos demais CEPs. Contudo, o início da pesquisa nos respectivos centros deverá ocorrer somente após o recebimento da aprovação ética, de acordo com a legislação vigente.

b) Os CEPs responsáveis pela avaliação do protocolo devem estar devidamente registrados na CONEP. O documento comprobatório deve ficar disponível para inspeção sanitária no Centro de Pesquisa, bem como a lista com membros do CEP ao momento da aprovação do protocolo.

c) A atualização da listagem de centros no CE independe da apresentação do documento 06 no caso "Notificação" ou "Inclusão" de centros de pesquisa. Fica estabelecido que o início do estudo nestes centros deva ocorrer somente após a obtenção da aprovação ética, de acordo com a legislação vigente.

VII – Documento 07 – Parecer de aprovação da CONEP a ser protocolizado quando disponível nos casos aplicáveis. A emissão do CE não está vinculada à apresentação deste documento, no entanto, o início da pesquisa somente poderá acontecer após o recebimento de todas as aprovações éticas pertinentes.

VIII – Documento 08: Protocolo de Pesquisa em português.

IX – Documento 09: Carta de Compromisso do Investigador (para cada centro de pesquisa) – declaração datada e assinada pelo investigador responsável pela condução da pesquisa no centro peticionado, na qual ele se compromete a seguir o protocolo proposto, cumprir as exigências regulatórias aplicáveis e as Boas Práticas Clínicas e Boas Práticas de Laboratório, assegurando a todo o momento os direitos, a segurança e o bem-estar dos sujeitos sob a sua responsabilidade (ANEXO VIII).

X – Documento 10: Declaração de infraestrutura do(s) centro(s) necessária ao desenvolvimento da pesquisa, com a concordância do responsável pela instituição.
XI – Documento 11: Informação do estado de registro do medicamento e/ou produto na ANVISA e em outros países.
XII – Documento 12: Informação sumária sobre a realização da pesquisa no Brasil e em outros países, listando todos os países participantes da pesquisa, data prevista para início e término da pesquisa e uma estimativa de inclusão de sujeitos de pesquisa em cada país da pesquisa.
a) Para estudos realizados apenas no Brasil, o documento acima deverá apresentar as informações referentes aos centros locais, incluindo o número de centros e sujeitos estimados, data prevista para início e término da pesquisa.
XIII – Documento 13: Currículo do investigador principal disponível na plataforma Lattes e listagem da equipe de pesquisa clínica, com a formação acadêmica e função que desempenhará na pesquisa, para cada centro participante na pesquisa.
XIV – Documento 14: Brochura do Investigador, para pesquisas em fases I, II e III, e/ou a bula do produto, tratando-se de pesquisas em fase IV (quando aplicável), contendo informações acerca do produto e caracterizando a sua adequação ao estágio de desenvolvimento segundo as Boas Práticas de Fabricação vigentes (nome químico, fórmulas químicas e/ou estruturais, propriedades farmacêuticas e físico-químicas da molécula ou entidade molecular, incluindo descrição acerca da(s) formulação(ões), da dosagem, das condições específicas de armazenagem e manuseio, tabelas com dados dos estudos de estabilidade (realizados até então), e cumprimento das Boas Práticas de Fabricação), fornecendo embasamento científico por meio de resultados obtidos em fases anteriores, inclusive pré-clínicas, dando ênfase à segurança, toxicidade, eventos adversos e eficácia/efetividade do produto.
a) Dada a variabilidade intrínseca dos medicamentos biológicos, devido à forma de obtenção dos produtos, deve ser apresentada comparação com controles em processos específicos entre as partidas produzidas nas diferentes escalas, incluindo estabilidade, produção e controles.
XVI – Documento 16: Quando aplicável, apresentar a estimativa do quantitativo dos medicamentos e demais produtos a serem importados para todos os centros participantes, justificando tal quantitativo, considerando as informações apresentadas no protocolo, como as etapas da pesquisa, o número de sujeitos previstos, a duração da etapa, e a posologia diária, conforme formulário previsto no Anexo VII desta Resolução.
Parágrafo Único: Eventuais modificações no quantitativo decorrentes de alterações logísticas na pesquisa devem ser peticionadas na ANVISA, sendo

que aquelas que requererem aprovação por CEP ou CONEP devem apresentar as aprovações realizadas pelas referidas entidades.

XVII – Documento 17: Apresentar documentação referente ao controle de transmissibilidade de Encefalopatias Espongiformes Transmissíveis (EET), segundo as normas sanitárias vigentes ou justificativas da isenção deste documento.

a) Caso o lote a ser importado seja o mesmo que o peticionado, após liberação do CE, basta apresentação de uma declaração ratificando tal fato ao solicitar anuência de Licenciamento de Importação, uma vez que tais certificados EET foram avaliados e considerados válidos para tal lote fabricado com tais excipientes.

b) Para casos de novos lotes, faz-se necessária a apresentação de comprobatória de inocuidade com relação à EET.

XVIII – Documento 18: Formulário de Solicitação de Licenciamento de Importação. Preenchido conforme modelo do Anexo III desta Resolução. Fica a critério do patrocinador a apresentação deste juntamente ao processo para ANUÊNCIA EM PESQUISA CLÍNICA, ou em separado após a emissão da CE, de forma que a apresentação deste formulário não impeça a protocolização nem tampouco a emissão do CE. Caso este Formulário venha a ser apresentado no processo para ANUÊNCIA EM PESQUISA CLÍNICA, este será apreciado juntamente com o processo, e a devida autorização de embarque no SISCOMEX será concedida juntamente com a ANUÊNCIA EM PESQUISA CLÍNICA.

XIX – Documento 19: Para estudos de confirmação terapêutica (fase III) apresentar comprovante de que a pesquisa clínica está registrada na base de dados de registro de pesquisas clínicas *International Clinical Trials Registration Plataform/World Health Organizartion* (ICTRP/WHO) ou outras reconhecidas pelo *International Commite of Medical Journals Editors* (ICMJE).

Art. 2º O dossiê para obtenção do CE deve estar acompanhado de uma cópia em CD-ROM (arquivo PDF, *Word* ou *Open Documents*).

§ 1º Cabe à ANVISA a segurança e a manutenção de sigilo de todas as informações contidas no CD-ROM.

§ 2º Os documentos eletrônicos deverão permitir busca textual.

§ 3º Este dispositivo se aplica até a adoção, pela ANVISA, de ferramentas de Tecnologia da Informação que permitam a submissão eletrônica dos documentos solicitados.

Art. 3° Para a "Notificação de Centro de Pesquisa Clínica" e "Inclusão de Centro de Pesquisa" solicita documentos I, V, IX, X, XIII, e a folha de rosto que comprove a submissão ao CEP responsável pela análise do centro peticionado.
§ 1º O parecer Consubstanciado do Centro de Pesquisa a ser incluído e/ou notificado deverá ser encaminhado quando emitido pela autoridade ética competente. A atualização do CE independerá da submissão deste documento. Fica condicionado o início do estudo no centro após a devida aprovação das instâncias éticas.
§ 2º Para os casos previstos no Art 3°, § 1° as inclusões e notificações de centro de pesquisa solicita-se todos os documentos da anuência, excetuando-se os documentos V, VI, VII, VIII, XI, XII, XIV, XIX. O procedimento de importação pode ser realizado centralmente pelo centro coordenador ou pelos centros subsequentes individualmente.

Art. 4º Para "Notificação em Pesquisa Clínica" solicita-se a apresentação dos documentos I, II, III, VI, IX, X, XI, XIII, XV, XVI, XVIII, resumo do protocolo de pesquisa clínica, incluindo população, justificativa, objetivos, desenho, número de sujeitos, parâmetros de avaliação de eficácia e segurança, e considerações estatísticas, e a folha de submissão ao CEP responsável pela análise do centro peticionado.
§ 1º Caso o estudo em questão não receba a aprovação ética, o responsável pelo estudo fica obrigado a reexportar o produto experimental ou destruí-lo em território nacional, submentendo a documentação comprovatória à ANVISA.

Art. 5º As emendas ao protocolo de pesquisa sujeitas à aprovação pelo CEP devem ser peticionadas na ANVISA pelo patrocinador ou pelo seu representante legal juntamente com uma cópia do documento que comprove a sua autorização pela referida entidade ética, se aplicável. Tais emendas devem estar acompanhadas de uma cópia em CD-ROM (arquivo PDF, *Word* ou *Open Documents*).

Art. 6º A solicitação inicial do Licenciamento de Importação (LI) deverá ser protocolizada na ANVISA, devendo cumprir as demais determinações sanitárias vigentes pelo preenchimento do formulário, conforme modelo do anexo desta resolução.
§ 1º Para as autorizações de embarque subsequentes, a aprovação do LI ocorrerá no local do desembaraço dos produtos após sua chegada mediante a apresentação do CE, caso não haja mudança de lote e/ou quantitativo.

§ 2º Números da(s) LI(s), quantitativo e data de cada autorização de embarque serão informados nos relatórios periódicos, conforme disposto no artigo 7° desta resolução.
§ 3º O Licenciamento de Importação (LI) pode ser solicitado apresentando uma lista de todos os produtos de um mesmo lote necessários para a condução da pesquisa em todos os centros peticionados, de acordo com a previsão analisada e autorizada pela área competente da ANVISA. A quantidade poderá ser importada de uma só vez, neste caso deverá ser assinalado o campo "LI único" no Anexo III, ou por meio de várias autorizações de embarque, até que a quantidade aprovada seja atingida.
§ 4º Para os casos em que haja mudança de quantitativo ou alteração de lote, a notificação de alteração de quantitativo ou notificação de alteração de lote deve ser peticionada junto à área competente da ANVISA responsável pela análise do protocolo de pesquisa, juntamente com a documentação prevista para o controle da EET, de acordo com a legislação vigente, previamente à submissão de um novo LI.
§ 5º Revoga-se os itens 1, 1.1, 1.2 e 2, 2.1, 2.2 e 2.3 do Anexo XXXII da RDC/ ANVISA nº 350, de 2005.

Art. 7º O patrocinador, ou investigador-patrocinador, ou ORPC deverá peticionar na ANVISA relatórios sobre pesquisa (referente ao protocolo em questão e não individualizado por centro de pesquisa), com periodicidade anual e um relatório final, o qual pode ser apresentado em até 90 dias após o encerramento da pesquisa no Brasil;
§ 1º A não protocolização dos relatórios anuais implicam o cancelamento imediato do CE e/ou LIs peticionadas.
§ 2º Para fins de contagem de prazo que trata o *caput* deste artigo, considera-se como data inicial a em que foi emitido o primeiro CE do estudo.

Art. 8° Para a aprovação de uma pesquisa clínica, no que concerne aos seus aspectos técnico-científicos e à emissão do respectivo Comunicado Especial, a área técnica da ANVISA procederá à análise do dossiê, excetuando a "Notificação em pesquisa clínica – Classe 1", "Notificação em pesquisa clínica – Classe 2" e "Notificação em pesquisa clínica – Classe 3" e poderá, a qualquer momento, inclusive para as notificações supracitadas, solicitar ao responsável pela pesquisa mais informações, incluindo dados sobre a segurança e eficácia do produto em teste, ou, ainda, dados em que as informações controversas ou que gerem dúvidas técnicas, inclusive para as notificações supracitadas.

§ 1° No caso de estudos multicêntricos, a ANVISA emitirá um CE único, contemplando todos os centros autorizados, desde que cumpridas todas as determinações previstas nas normas sanitárias vigentes. Este atualizado quando da "Notificação de Centro de Pesquisa" e/ou "Inclusão de Centro de Pesquisa".

§ 2° A ANVISA poderá também, durante o transcurso de uma pesquisa clínica, solicitar mais informações aos responsáveis pela sua execução e/ou monitoramento, bem como realizar inspeções nos centros peticionados, verificando o grau de aderência à legislação brasileira vigente e às Boas Práticas Clínicas (Documento das Américas em Boas Práticas Clínicas).

Fonte: http://bvsms.saude.gov.br/bvs/saudelegis/anvisa/2008/res0039_05_06_2008.html

ANEXO 18
DECLARAÇÃO DE HELSINQUE

WORLD MEDICAL ASSOCIATION DECLARATION OF HELSINKI
Ethical Principles for Medical Research Involving Human Subjects
59th WMA General Assembly, Seoul, October 2008

Introduction

1. The World Medical Association (WMA) has developed the Declaration of Helsinki as a statement of ethical principles for medical research involving human subjects, including research on identifiable human material and data.

The Declaration is intended to be read as a whole and each of its constituent paragraphs should not be applied without consideration of all other relevant paragraphs.

2. Although the Declaration is addressed primarily to physicians, the WMA encourages other participants in medical research involving human subjects to adopt these principles.

3. It is the duty of the physician to promote and safeguard the health of patients, including those who are involved in medical research. The physician's knowledge and conscience are dedicated to the fulfillment of this duty.

4. The Declaration of Geneva of the WMA binds the physician with the words, "The health of my patient will be my first consideration," and the International Code of Medical Ethics declares that, "A physician shall act in the patient's best interest when providing medical care."

5. Medical progress is based on research that ultimately must include studies involving human subjects. Populations that are underrepresented in medical research should be provided appropriate access to participation in research.

6. In medical research involving human subjects, the well-being of the individual research subject must take precedence over all other interests.

7. The primary purpose of medical research involving human subjects is to understand the causes, development and effects of diseases and improve preventive, diagnostic and therapeutic interventions (methods, procedures and treatments). Even the best current interventions must be evaluated continually through research for their safety, effectiveness, efficiency, accessibility and quality.

8. In medical practice and in medical research, most interventions involve risks and burdens.

9. Medical research is subject to ethical standards that promote respect for all human subjects and protect their health and rights. Some research populations are particularly vulnerable and need special protection. These include those who cannot give or refuse consent for themselves and those who may be vulnerable to coercion or undue influence.

10. Physicians should consider the ethical, legal and regulatory norms and standards for research involving human subjects in their own countries as well as applicable international norms and standards. No national or international ethical, legal or regulatory requirement should reduce or eliminate any of the protections for research subjects set forth in this Declaration.

B. Principles for all medical research

11. It is the duty of physicians who participate in medical research to protect the life, health, dignity, integrity, right to self-determination, privacy, and confidentiality of personal information of research subjects.

12. Medical research involving human subjects must conform to generally accepted scientific principles, be based on a thorough knowledge of the scientific literature, other relevant sources of information, and adequate laboratory and, as appropriate, animal experimentation. The welfare of animals used for research must be respected.

13. Appropriate caution must be exercised in the conduct of medical research that may harm the environment.

14. The design and performance of each research study involving human subjects must be clearly described in a research protocol. The protocol should contain a statement of the ethical considerations involved and should indicate how the principles in this Declaration have been addressed. The protocol should include information regarding funding, sponsors, institutional affiliations, other potential conflicts of interest, incentives for subjects and provisions for treating and/or compensating subjects who are harmed as a consequence of participation in the research study. The protocol should describe arrangements for post-study access by study subjects to interventions identified as beneficial in the study or access to other appropriate care or benefits.

15. The research protocol must be submitted for consideration, comment, guidance and approval to a research ethics committee before the study begins. This committee must be independent of the researcher, the sponsor and any other undue influence. It must take into consideration the laws and regulations of the country or countries in which the research is to be performed as well as applicable international norms and standards but these must not be allowed to reduce or eliminate any of the protections for research subjects set forth in this Declaration. The committee must have the right to monitor ongoing studies. The researcher must provide monitoring information to the committee, especially information about any serious adverse events. No change to the protocol may be made without consideration and approval by the committee.

16. Medical research involving human subjects must be conducted only by individuals with the appropriate scientific training and qualifications. Research on patients or healthy volunteers requires the supervision of a competent and appropriately qualified physician or other health care professional. The responsibility for the protection of research subjects must always rest with the physician or other health care professional and never the research subjects, even though they have given consent.

17. Medical research involving a disadvantaged or vulnerable population or community is only justified if the research is responsive to the health needs and priorities of this population or community and if there is a reasonable likelihood that this population or community stands to benefit from the results of the research.

18. Every medical research study involving human subjects must be preceded by careful assessment of predictable risks and burdens to the individuals and communities involved in the research in comparison with foreseeable benefits to them and to other individuals or communities affected by the condition under investigation.

19. Every clinical trial must be registered in a publicly accessible database before recruitment of the first subject.

20. Physicians may not participate in a research study involving human subjects unless they are confident that the risks involved have been adequately assessed and can be satisfactorily managed. Physicians must immediately stop a study when the risks are found to outweigh the potential benefits or when there is conclusive proof of positive and beneficial results.

21. Medical research involving human subjects may only be conducted if the importance of the objective outweighs the inherent risks and burdens to the research subjects.

22. Participation by competent individuals as subjects in medical research must be voluntary. Although it may be appropriate to consult family members or community leaders, no competent individual may be enrolled in a research study unless he or she freely agrees.

23. Every precaution must be taken to protect the privacy of research subjects and the confidentiality of their personal information and to minimize the impact of the study on their physical, mental and social integrity.

24. In medical research involving competent human subjects, each potential subject must be adequately informed of the aims, methods, sources of funding, any possible conflicts of interest, institutional affiliations of the researcher, the anticipated benefits and potential risks of the study and the discomfort it may entail, and any other relevant aspects of the study. The potential subject must be informed of the right to refuse to participate in the study or to withdraw consent to participate at any time without reprisal. Special attention should be given to the specific information needs of individual potential subjects as well as to the methods used to deliver the information. After ensuring that the potential subject has understood the information, the physician or another appropriately qualified individual must then seek the potential subject's freely-given informed consent, preferably in writing. If the consent cannot be expressed in writing, the non-written consent must be formally documented and witnessed.

25. For medical research using identifiable human material or data, physicians must normally seek consent for the collection, analysis, storage and/or reuse. There may be situations where consent would be impossible or impractical to obtain for such research or would pose a threat to the validity of the research. In such situations the research may be done only after consideration and approval of a research ethics committee.

26. When seeking informed consent for participation in a research study the physician should be particularly cautious if the potential subject is in a dependent relationship with the physician or may consent under duress. In such situations the informed consent should be sought by an appropriately qualified individual who is completely independent of this relationship.

27. For a potential research subject who is incompetent, the physician must seek informed consent from the legally authorized representative. These individuals must not be included in a research study that has no likelihood of benefit for them unless it is intended to promote the health of the population represented by the potential subject, the research cannot instead be performed with competent persons, and the research entails only minimal risk and minimal burden.

28. When a potential research subject who is deemed incompetent is able to give assent to decisions about participation in research, the physician must seek that assent in addition to the consent of the legally authorized representative. The potential subject's dissent should be respected.

29. Research involving subjects who are physically or mentally incapable of giving consent, for example, unconscious patients, may be done only if the physical or mental condition that prevents giving informed consent is a necessary characteristic of the research population. In such circumstances the physician should seek informed consent from the legally authorized representative. If no such representative is available and if the research cannot be delayed, the study may proceed without informed consent provided that the specific reasons for involving subjects with a condition that renders them unable to give informed consent have been stated in the research protocol and the study has been approved by a research ethics committee. Consent to remain in the research should be obtained as soon as possible from the subject or a legally authorized representative.

30. Authors, editors and publishers all have ethical obligations with regard to the publication of the results of research. Authors have a duty to make publicly available the results of their research on human subjects and are accountable for the completeness and accuracy of their reports. They should adhere to accepted guidelines for ethical reporting. Negative and inconclusive as well as positive results should be published or otherwise made publicly available. Sources of funding, institutional affiliations and conflicts of interest should be declared in the publication. Reports of research not in accordance with the principles of this Declaration should not be accepted for publication.

C. Additional principles for medical research combined with medical care

31. The physician may combine medical research with medical care only to the extent that the research is justified by its potential preventive, diagnostic or therapeutic value and if the physician has good reason to believe that participation in the research study will not adversely affect the health of the patients who serve as research subjects.

32. The benefits, risks, burdens and effectiveness of a new intervention must be tested against those of the best current proven intervention, except in the following circumstances:

- The use of placebo, or no treatment, is acceptable in studies where no current proven intervention exists; or
- Where for compelling and scientifically sound methodological reasons the use of placebo is necessary to determine the efficacy or safety of an intervention and the patients who receive placebo or no treatment will not be subject to any risk of serious or irreversible harm. Extreme care must be taken to avoid abuse of this option.

33. At the conclusion of the study, patients entered into the study are entitled to be informed about the outcome of the study and to share any benefits that result from it, for example, access to interventions identified as beneficial in the study or to other appropriate care or benefits.

34. The physician must fully inform the patient which aspects of the care are related to the research. The refusal of a patient to participate in a study or the patient's decision to withdraw from the study must never interfere with the patient-physician relationship.

35. In the treatment of a patient, where proven interventions do not exist or have been ineffective, the physician, after seeking expert advice, with informed consent from the patient or a legally authorized representative, may use an unproven intervention if in the physician's judgment it offers hope of saving life, re-establishing health or alleviating suffering. Where possible, this intervention should be made the object of research, designed to evaluate its safety and efficacy. In all cases, new information should be recorded and, where appropriate, made publicly available.

Fonte: http://www.bioetica.ufrgs.br/helsin7.pdf

ANEXO 19

RESOLUÇÃO CNS Nº 404/08

CONSELHO NACIONAL DE SAÚDE
Resolução nº 404 de 1º de agosto de 2008

O Plenário do Conselho Nacional de Saúde, em sua Centésima Octogésima Oitava Reunião Ordinária, realizada nos dias 31 de julho e 1º de agosto de 2008, no uso de suas competências regimentais e atribuições conferidas pela Lei nº 8.080, de 19 de setembro de 1990, pela Lei nº 8.142, de 28 de dezembro de 1990 e pelo Decreto nº 5.839, de 11 de julho de 2006, e

Considerando a responsabilidade do CNS na proteção da integridade dos sujeitos de pesquisa, tendo constituído a Comissão Nacional de Ética em Pesquisa – CONEP;

Considerando as Diretrizes e Normas Regulamentadoras de Pesquisas Envolvendo Seres Humanos, Resoluções CNS 196/96, 251/87 e 292/99;

Considerando o papel fundamental da Declaração de Helsinque na proteção de sujeitos de pesquisa;

Considerando a discussão de propostas de modificação da Declaração de Helsinque, pautada para a Assembleia Geral da Associação Médica Mundial, a realizar-se em outubro/2008 em Seoul, Coreia do Sul;

Considerando a importância internacional da Declaração de Helsinque no balizamento dos requisitos de proteção principalmente para populações vulneráveis;

Considerando a necessidade de garantir eficientemente o acesso dos voluntários de pesquisas aos produtos que se mostrarem eficazes nos ensaios clínicos;

Considerando que este acesso não só deve ser garantido ao voluntário da pesquisa, mas também é necessário o aprofundamento das discussões sobre acesso a todos os que podem se beneficiar do progresso proporcionado pelas pesquisas clínicas, o que deve incluir, por exemplo, o compromisso da indústria de comercializar no país o método testado na sua população;

Considerando que apesar de haver item na Declaração de Helsinque recomendando que, se possível, os voluntários tenham acesso aos cuidados de saúde reconhecidamente eficazes independentemente de seu local de origem e capacidade econômica, bem como item recomendando não utilizar placebo quando há tratamento eficaz, duas notas de esclarecimento sobre estes dois itens enfraqueceram estes requisitos abrindo espaço para excepcionalidades que facilitam o duplo *standard* (tratamento diferente de voluntários dependendo de sua origem e capacidade econômica);

Considerando que a resistência da indústria em garantir o acesso ao melhor método resultante do processo de pesquisa não encontra justificativa ética uma vez que o voluntário, especialmente o que faz uso crônico de medicamento, não poderá dar continuidade ao tratamento iniciado no curso da pesquisa sem a garantia do acesso;

Considerando que as justificativas apresentadas pela indústria farmacêutica internacional e agencias governamentais (especialmente o FDA-EUA) para a utilização de placebo como controle comparativo nos casos onde há tratamento eficaz não são eticamente aceitáveis, pois expõem o voluntário a riscos desnecessários e atentam contra o direito da pessoa ao cuidado de saúde;

Resolve:

Propor a retirada das notas de esclarecimento dos itens relacionados com cuidados de saúde a serem disponibilizados aos voluntários e ao uso de placebo, uma vez que elas restringem os direitos dos voluntários à assistência à saúde, mantendo os seguintes textos da versão 2000 da Declaração de Helsinque:

a) **Sobre o acesso aos cuidados de saúde:** *No final do estudo, todos os pacientes participantes devem ter assegurados o acesso* aos melhores métodos comprovados profiláticos, diagnósticos e terapêuticos *identificados pelo estudo;*

b) **Utilização de placebo:** Os benefícios, riscos, dificuldades e efetividade de um novo método devem ser testados comparando-os com os melhores métodos profiláticos, diagnósticos e terapêuticos atuais. Isto não exclui o uso de placebo ou nenhum tratamento em estudos onde não existam métodos provados de profilaxia, diagnóstico ou tratamento.

Que seja expandida a discussão sobre acesso a cuidados de saúde e aos produtos que se mostrem eficazes para todos que deles necessitem.

Francisco Batista Júnior
Presidente do Conselho Nacional de Saúde

Homologo a Resolução CNS nº 404, de 1º de agosto de 2008, nos termos do Decreto nº 5.839, de 11 de julho de 2006.

José Gomes Temporão
Ministro de Estado da Saúde

Publicado no DOU nº 186, de 25 de setembro de 2008

Fonte: http://conselho.saude.gov.br/resolucoes/2008/Reso_404.doc

ANEXO 20
RESOLUÇÃO CNS Nº 421/09

CONSELHO NACIONAL DE SAÚDE
Resolução nº 421 de 18 de junho 2009

O Plenário do Conselho Nacional de Saúde, em sua Centésima Nonagésima Oitava Reunião Ordinária, realizada nos dias 17 e 18 de junho de 2009, no uso de suas competências regimentais e atribuições conferidas pela Lei nº 8.080, de 19 de setembro de 1990, pela Lei nº 8.142, de 28 de dezembro de 1990 e pelo Decreto nº 5.839, de 11 de julho de 2006, e:

Considerando a necessidade de se garantir a ampliação da participação dos membros do CNS no colegiado da CONEP, mediante a expansão do Sistema CEP/CONEP desde 1996;

Considerando a necessidade de se assegurar a participação de todos os segmentos do CNS na referida comissão, estando ainda excluído o segmento de trabalhadores;

Considerando a necessidade de manter na referida comissão um número ímpar de membros, uma vez que existem votações de pareceres éticos de pesquisas.

O Conselho Nacional de Saúde resolve:

Art. 1º O inciso VIII-1 da Resolução nº 196 de 10 de outubro de 1996, passa a vigorar com a seguinte redação:
"Composição: A CONEP terá composição multi e transdisciplinar, com pessoas de ambos os sexos, e deverá ser composta por 15 (quinze) membros titulares e seus respectivos suplentes, sendo 05 (cinco) deles personalidades destacadas no campo da ética na pesquisa e na saúde e 06 (seis) personalidades com destacada atuação nos campos teológico, jurídico e outros. Os membros serão selecionados a partir de listas indicativas elaboradas pelas instituições que possuem CEP registrados na CONEP, sendo que 09 (nove) serão escolhidos pelo Conselho Nacional de Saúde e 06 (seis) serão definidos por sorteio. Dentre as escolhas do pleno do CNS será assegurada, 1 (um(a)) conselheiro(a) do segmento dos gestores, 1 (um(a)) conselheiro(a) do segmento de trabalhadores e 2 (dois(uas)) conselheiros(as) do segmento de usuários. A CONEP poderá contar também com consultores e membros *ad hoc*. (NR)"

Art. 2º Esta Resolução entra em vigor na data de sua publicação.

Francisco Batista Júnior
Presidente do Conselho Nacional de Saúde

Homologo a Resolução CNS Nº 421, de 18 de junho de 2009, nos termos do Decreto de Delegação de Competência de 12 de novembro de 1991.

José Gomes Temporão
Ministro de Estado da Saúde

Fonte: http://conselho.saude.gov.br/resolucoes/2009/Reso421.doc

Guia de leitura complementar

LIVROS

CIOMS. ***Diretrizes éticas internacionais para a pesquisa biomédica em seres humanos***. 1ª ed. São Paulo: Loyola, 2004.

CLOTET, Joaquim; FEIJÓ, Anamaria; OLIVEIRA, Marília G. (coord.). ***Bioética: uma visão panorâmica***. Porto Alegre: Edipucrs, 2005.

COHEN, Claudio; SEGRE, Marco (org.). ***Bioética***. 3ª ed. rev. ampl. São Paulo: Edusp, 2002.

COSTA, Ediná A. ***Vigilância sanitária: proteção e defesa da saúde***. 2ª ed. São Paulo: Sobravime, 2004.

FACHINI, A. ***Fundamentos de metodologia científica***. São Paulo: Saraiva, 2001.

GUYATT, Gordon H.; SACKETT, David L.; HAYNES, R. Brian. ***Epidemiologia clínica – como realizar pesquisa clínica na prática***. 3ª ed. Porto Alegre: Artmed, 2008.

HULLEY, Stephen B. ***Delineando a pesquisa clínica – uma abordagem epidemiológica***. 3ª ed. Porto Alegre: Artmed, 2008.

KÖCHE, Jose C. ***Fundamentos de metodologia científica***. 19ª ed. Rio de Janeiro: Vozes.

LEVIN, J. ***Estatística aplicada às ciências humanas***. Trad. e adapt. Sérgio F. Costa. São Paulo: Harba, 1987.

LOUSANA, Greyce. ***Boas práticas clínicas nos centros de pesquisa***. Rio de Janeiro: Revinter, 2005.

LOUSANA, Greyce; ACCETTURI, Conceição. ***Elaboração de dossiês para CEP, CONEP e ANVISA***. 1ª ed. Rio de Janeiro: Revinter, 2006.

LOUSANA, Greyce. ***Gestão de um centro de pesquisa como fator de sucesso***. 1ª ed. Rio de Janeiro: Revinter, 2007.

OLIVEIRA, Granville G. ***Ensaios clínicos: princípios e práticas***. Brasília: Ministérios da Saúde/Anvisa, 2006.

POPPER, Karl R. ***A lógica da pesquisa científica***. São Paulo: Cultrix, 2007.

SITES

Anvisa
http://portal.anvisa.gov.br

CONEP
http://conselho.saude.gov.br/web_comissoes/conep/index.html

CONEP. Resoluções
http://conselho.saude.gov.br/resolucoes/reso_10.htm

FDA. *Science & Research. Running Clinical Trial.*
http://www.fda.gov/ScienceResearch/SpecialTopics/RunningClinicalTrials/default.htm

Ministério da Saúde. Saúde *Legis*
http://portal2.saude.gov.br/saudelegis/LEG_NORMA_PESQ_CONSULTA.CFM

Sociedade Brasileira de Profissionais em Pesquisa Clínica.
http://www.sbppc.org.br/site/

Sociedade Brasileira de Vigilância de Medicamentos (Sobravime)
http://www.sobravime.org.br/

UFRGS. Bioética e Ética na Ciência
http://www.ufrgs.br/bioetica/bioetica.htm

Referências bibliográficas

BRASIL. ***Resolução nº 196***, de 10 de novembro de 1996, que aprova as diretrizes e as normas regulamentadoras de pesquisas em seres humanos. Brasília, DF: Conselho Nacional de Saúde.

CLAVREUL, J. A ordem médica. São Paulo: Brasiliense, 1983. *In:* BARATA, Rita B. Epidemiologia clínica: nova ideologia médica? ***Cad. Saúde Públ.***, v. 12, nº 4, out./dez. 1996. pp. 555-560.

CLOTET, Joaquim; FEIJÓ, Anamaria. Bioética: uma visão panorâmica. *In:* CLOTET, Joaquim; FEIJÓ, Anamaria; OLIVEIRA, Marília G. (coord.). ***Bioética uma visão panorâmica***. Porto Alegre: Edipucrs, 2005. pp. 09-20.

COHEN, Claudio; SEGRE, Marco. Definição de valores, moral, eticidade e ética. *In* COHEN, Claudio; SEGRE, Marco (org.). ***Bioética***. 3ª ed. rev. ampl. São Paulo: Edusp, 2002. pp. 17-26.

COSTA, Humberto. ***Guideline for good clinical practice e legislação brasileira***. Brasília: 1996.

FOUCAULT, M. ***O nascimento da clínica***. Rio de Janeiro: Forense Universitária, 1977.

GARRAFA, Volnei. Bioética e manipulação da vida. *In* NOVAES, Adauto (org.). ***O homem-máquina: a ciência manipula o corpo***. São Paulo: Companhia das Letras, 2003. pp. 213-224.

GOLDIM, José R. Bioética e pesquisa no Brasil. *In* KIPPER, Délio J. (org.). ***Ética teoria e prática: uma visão multidisciplinar***. Porto Alegre: Edipucrs, 2006. pp. 17-28.

GOLDIM, José R. Bioética: orig, ens. e complexidade. ***Rev. HCPA***. Porto Alegre, v. 26, nº 2, 2006. p. 86-92. Disponível em: http://www.ufrgs.br/bioetica/complex.pdf. Acessado em 18 out. 2009.

GOLDIM, José R.; FRANCESCONI, Carlos F. Ética aplicada à pesquisa em saúde. *In* CLOTET, Joaquim; FEIJÓ, Anamaria; OLIVEIRA, Marília G. (coord.). ***Bioética: uma visão panorâmica***. Porto Alegre: Edipucrs, 2005. pp. 119-127.

GOLDIM, José R.; FRANCESCONI, Carlos F. ***Roteiro para abordagem de casos em ética aplicada à pesquisa***. Disponível em: http://www.ufrgs.br/bioetica/casopesq.htm. Acessado em 18 out. 2009.

GOLDIM, José Roberto. Bioética complexa: uma abordagem abrangente para o processo de tomada de decisão. ***Revista da AMRIGS***. Porto Alegre, v. 53, nº 1, jan./mar. 2009. pp. 56-62.

HOSSNE, William S.; VIEIRA, Sonia. Experimentação com seres humanos: aspectos éticos. *In* COHEN, Claudio; SEGRE, Marco (org.). ***Bioética***. 3. ed. rev. ampl. São Paulo: Edusp, 2002. pp. 159-179.

ICH/GCP. ***Harmonised tripartite guideline for good clinical practice***. Londres: Brookwood Medical Publications, 1996.

KESTRING, Bernardo; SANTOS, Eloi C. Bioética. *In* MENDES, Ademir A. P. *et al.* ***Filosofia***. Curitiba: SEED-PR, 2006. pp. 255-265.

LOCH, Jussara A. Modelos de análise de casos em bioética clínica. *In* CLOTET, Joaquim; FEIJÓ, Anamaria; OLIVEIRA, Marília G. (coord.). ***Bioética uma visão panorâmica***. Porto Alegre: Edipucrs, 2005. pp. 129-133.

LOUSANA, Greyce. ***As boas práticas clínicas nos centros de pesquisa***. Rio de Janeiro: Revinter, 2005.

OLIVEIRA, Granville G. ***Ensaios clínicos: princípios e práticas***. Brasília: Ministérios da Saúde/Anvisa, 2006.

ROUSSEAU, Jean-Jacques. ***O contrato social***. São Paulo: Escala, 2001.

SEGRE, Marco. Definição de bioética e sua relação com a ética, deontologia e diceologia. *In* COHEN, Claudio; SEGRE, Marco (org.). ***Bioética***. 3ª ed. rev. ampl. São Paulo: Edusp, 2002. pp. 27-34.

SEGRE, Marco. Limites éticos da intervenção sobre o ser humano. *In* COHEN, Claudio; SEGRE, Marco (org.). ***Bioética***. 3ª ed. rev. ampl. São Paulo: Edusp, 2002. pp. 27-34.

SOCIEDADE Brasileira de Profissionais em Pesquisa Clínica. ***Quais são os direitos do sujeito de pesquisa?***. Disponível em: <http://www.sbppc.org.br/portal/index2.php?option=com_content&do_pdf=1&id=17>. Acesso em: 05 mar. 2010.

SOUZA, Ricardo R. Bases filosóficas da bioética e sua categoria fundamental: visão contemporânea. ***Bioética***. Brasília: CFM, v. 13, nº 2, 2005. pp. 11-30.

VIEIRA, S.; HOSSNE, W. S. ***A experimentação em seres humanos***. São Paulo: Moderna, 1987.

Lista de siglas e abreviaturas

ADR: Reação Adversa à Droga
Anvisa: Agência Nacional de Vigilância Sanitária
BPC: Boas Práticas Clínicas
CE: Comunicado especial
CEI: Comitê de Ética Independente ou IEC (Independent Ethios Committee)
CEP: Comitê de Ética em Pesquisa
CNPJ: Cadastro Nacional de Pessoas Jurídicas
CNS: Conselho Nacional de Saúde
CONEP: Comissão Nacional de Ética em Pesquisa
CRF: Ficha Clínica (Case Report Form)
CRO: Organização de Pesquisa Contratada
EA: Evento Adverso
EAS: Evento Adverso Sério
EET: Encefalopatia Espongiforme Transmissível
FDA: *Food and Drug Administration*
GCP: Boa Prática Clínica (*Good Clinical Practices*)
Gepec: Gerência de Medicamentos Novos, Pesquisa e Ensaios Clínicos
GET: Grupo Executivo de Trabalho
GMC: Grupo Mercado Comum
GMP: Boa Prática de Fabricação
IATA: International Air Transport Association
ICH: Conferência Internacional de Harmonização
IDMC: Comitê Indepndente de Monitoramento de Dados
IEC: Comitê de Ética Independente
LI: Licenciamento de importação
PK: Protein Kinase
POP: Procedimento operacional padrão
SBPPC: Sociedade Brasileira de Profissionais em Pesquisa Clínica
SISNEP: Sistema Nacional de Informação sobre Ética em Pesquisa envolvendo Seres Humanos
SNVS: Secretaria Nacional de Vigilância Sanitária
TC: Termo de Confidencialidade
TCLE: Termo de Consentimento Livre e Esclarecido